国家出版基金项目
NATIONAL PUBLICATION FOUNDATION

“十三五”国家重点图书
2019年度国家出版基金资助项目

总顾问：李　坚　刘泽祥　胡景初
总策划：纪　亮　总主编：周京南

中国古典家具技艺全书

（第一批）

榫卯构造 I

第一卷

（总三十卷）

叶双陶　叶亚超　著

中国林业出版社
·北　京·

图书在版编目（CIP）数据

榫卯构造．Ⅰ／周京南总主编．-- 北京 ：中国林业出版社，2020.5
（中国古典家具技艺全书．第一批）

ISBN 978-7-5219-0606-6

Ⅰ．①榫… Ⅱ．①周… Ⅲ．①木家具－木结构－介绍－中国－古代
Ⅳ．① TS664.103

中国版本图书馆 CIP 数据核字 (2020) 第 093882 号

责任编辑：杜　娟

出　版：中国林业出版社（100009 北京西城区德内大街刘海胡同 7 号）
印　刷：北京雅昌艺术印刷有限公司
发　行：中国林业出版社
电　话：010-8314 3518
版　次：2020 年 10 月　第 1 版
印　次：2020 年 10 月　第 1 次
开　本：889mm×1194mm，1/16
印　张：17.5
字　数：200 千字
图　片：约 520 幅
定　价：360.00 元

《中国古典家具技艺全书——榫卯构造Ⅰ》

总主编：周京南

著　者：叶双陶　叶亚超

序 言

李 坚 中国工程院院士

讲到中国的古家具，可谓博大精深，灿若繁星。

从神秘庄严的商周青铜家具，到浪漫拙朴的秦汉大漆家具；从壮硕华美的大唐壶门结构，到精炼简雅的宋代框架结构；从秀丽俊逸的明式风格，到奢华繁复的清式风格，这一漫长而恢宏的演变过程，每一次改良，每一场突破，无不渗透着中国人的文化思想和审美观念，无不凝聚着中国人的汗水与智慧。

家具本是静物，却在中国人的手中活了起来。

木材，是中国古家具的主要材料。通过中国匠人的手，塑出家具的骨骼和形韵，更是其商品价值的重要载体。红木的珍稀世人多少知晓，紫檀、黄花梨、大红酸枝的尊贵和正统更是为人称道，若是再辅以金、骨、玉、瓷、珐琅、螺钿、宝石等珍贵的材料，其华美与金贵无须言表。

纹饰，是中国古家具的主要装饰。纹必有意，意必吉祥，这是中国传统工艺美术的一大特色。纹饰之于家具，不但起到点缀空间、构图美观的作用，还具有强化主题、烘托喜庆的功能。龙凤麒麟、喜鹊仙鹤、八仙八宝、梅兰竹菊，都寓意着美好和幸福，这些也是刻在中国人骨子里的信念和情结。

造型，是中国古家具的外化表现和功能诉求。流传下来的古家具实物在博物馆里，在藏家手中，在拍卖行里，向世人静静地展现着属于它那个时代的丰姿。即使是从未接触过古家具的人，大概也分得出桌椅几案，柜架床榻，这得益于中国家具的流传有序和中国人制器为用的传统。关于造型的研究更是理论深厚，体系众多，不一而足。

唯有技艺，是成就中国古家具的关键所在，当前并没有被系统地挖掘和梳理，尚处于失传和误传的边缘，显得格外落寞。技艺是连接匠人和器物的桥梁，刀削斧凿，木活生花，是熟练的手法，是自信的底气，也是“手随心驰，心从手思，心手相应”的炉火纯青之境界。但囿于中国传统各行各业间“以师带徒，口传心授”的传承方式的局限，家具匠人们的技艺并没有被完整的记录下来，没有翔实的资料，也无标准可依托，这使得中国古典家具技艺在当今社会环境中很难被传播和继承。

此时，由中国林业出版社策划、编辑和出版的《中国古典家具技艺全书》可以说是应运而生，责无旁贷。全套书共三十卷，分三批出版，并运用了当前最先进的技术手段，最生动的展现方式，对宋、明、清和现代中式的家具进行了一次系统的、全面的、大体量的收集和整理，通过对家具结构的拆解，家具部件的展示，家具工艺的挖掘，家具制作的考证，为世人揭开了古典家具技艺之美的面纱。图文资料的汇编、尺寸数据的测量、CAD和效果图的绘制以及对相关古籍的研究，以五年的时间铸就此套著作，匠人匠心，在家具和出版两个领域，都光芒四射。全书无疑是一次对古代家具文化的抢救性出版，是对古典家具行业“以师带徒，口传心授”的有益补充和锐意创新，为古典家具技艺的传承、弘扬和发展注入强劲鲜活的动力。

党的十八大以来，国家越发重视技艺，重视匠人，并鼓励“推动中华优秀传统文化创造性转化、创新性发展”，大力弘扬“精益求精的工匠精神”。《中国古典家具技艺全书》正是习近平总书记所强调的“坚定文化自信、把握时代脉搏、聆听时代声音，坚持与时代同步伐、以人民为中心、以精品奉献人民、用明德引领风尚”的具体体现和生动诠释。希望《中国古典家具技艺全书》能在全体作者、编辑和其他工作人员的严格把关下，成为家具文化的精品，成为世代流传的经典，不负重托，不辱使命。

2020年5月

前言

纪亮　全书总策划

中国的古家具，有着悠久的历史。传说上古之时，神农氏发明了床，有虞氏时出现了俎。商周时代，出现了曲几、屏风、衣架。汉魏以前，家具形体一般较矮，属于低型家具。自南北朝开始，出现了垂足坐，于是凳、靠背椅等高足家具随之产生。隋唐五代时期，垂足坐的休憩方式逐渐普及，高低型家具并存。宋代以后，高型家具及垂足坐才完全代替了席地坐的生活方式。高型家具经过宋、元两朝的普及发展，到明代中期，已取得了很高的艺术成就，使家具艺术进入成熟阶段，形成了被誉为具有高度艺术成就的“明式家具”。清代家具，承明余绪，在造型特征上，骨架粗壮结实，方直造型多于明式曲线造型，题材生动且富于变化，装饰性强，整体大方而局部装饰细致入微。到了近现代，特别是近20年来，随着我国经济的发展，文化的繁荣，古典家具也随之迅猛发展。在家具风格上，现代古典家具在传承明清家具的基础上，又有了一定的发展，并形成了独具中国特色的现代中式家具，亦有学者称之为中式风格家具。

中国的古典家具，通过唐宋的积淀，明清的飞跃，现代的传承，成为“东方艺术的一颗明珠”。中国古典家具是我国传统造物文化的重要组成和载体，也深深影响着世界近现代的家具设计，国内外研究并出版的古典家具历史文化类、图录资料类的著作较多，而从古典家具技艺的角度出发，挖掘整理的著作少之又少。技艺——是古典家具的精髓，是原汁原味地保护发展我国古典家具的核心所在。为了更好地传承和弘扬我国古典家具文化，全面系统地介绍我国古典家具的制作技艺，提高国家文化软实力，提升民族自信，实现古典家具创造性转化、创新性发展，中国林业出版社聚集行业之力组建“中国古典家具技艺全书”编写工作组。技艺全书以制作技艺为线索，详细介绍了古典家具中的结构、造型、制作、解析、鉴赏等内容，全书共三十卷，分为榫卯构造、匠心营造、大成若缺、解析经典、美在久成这五个系列，并通过数字化手段搭建“中国古典家具技艺网”和“家具技艺APP”等。全书力求通过准确的测量、绘制、挖掘、梳理，向读者展示中国古典家具的结构美、造型美、雕刻美、装饰美、材质美。

《榫卯构造》是全书的第一个系列，共分两卷。榫卯结构是中国古典家具的灵魂，体现着古人的造物理念，彰显了古典家具的内涵美和形式美。本系列图书针对古典家具中的传统榫卯和现代榫卯进行研究、测量、绘制、整理，最终形成了基本概念、应用部位、榫卯口诀、家具实例等详细的技艺内核。为了将古典家具榫卯结构全面而准确地呈现给读者，编写人员多次走访各地实地考察、实地测绘，大家不辞辛苦，力求全面。然而，中国古典家具文化源远流长、家具技艺博大精深，要想系统、全面地挖掘，科学、完善地测量，精准、细致地绘制，是很难的。加之编写人员较多、编写经验不足等因素导致收录的样式不全面、测量不精确、绘制有误差等现象时有出现，具体体现在尺寸标注不一致、不精准，器形绘制不流畅、不细腻，技艺挖掘不系统、不全面等问题，望广大读者批评和指正，我们将在未来的修订再版中予以更正。

最后，感谢国家新闻出版署将本项目列为“十三五”国家重点图书出版规划，感谢国家出版基金规划管理办公室对本项目的支持，感谢为全书的编撰而付出努力的每位匠人、专家、学者和绘图人员。

纪亮

2020 年 5 月

目
录

目　录

榫卯构造 I（第一卷）

目录

目录

目　　录

榫卯构造Ⅱ（第二卷）

榫卯的文化内涵与接合原理

一

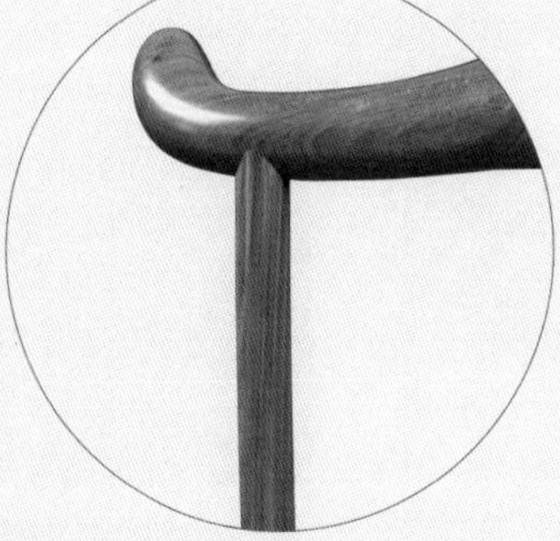

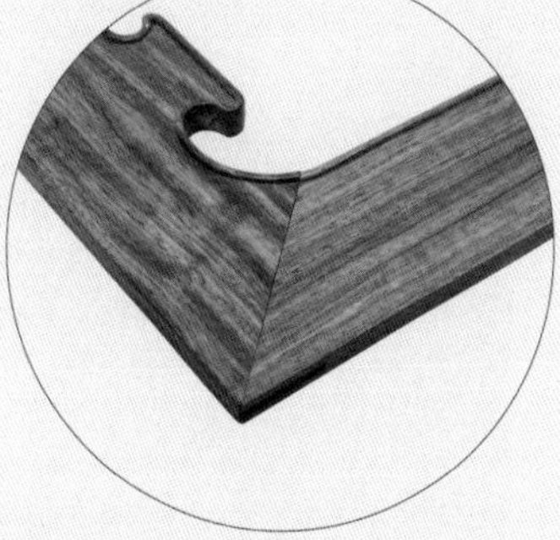

一、榫卯的文化内涵与接合原理

（一）榫卯的文化内涵

榫卯作为中国家具的灵魂，不仅是一种接合结构，更是中国传统文化、哲学、美学的具体物化体现，一凸一凹别有洞天，一转一折智慧闪耀，一阴一阳天人合一。以下关于榫卯结构的文化内涵主要从榫卯与建筑结构、榫卯与传统哲学、榫卯与审美观念这三个方面展开。

1. 榫卯与建筑结构

中国文化中传统家具和建筑是相通的，榫卯结构就是其中最重要的线索。根据考古发现，榫卯最早是运用在建筑上的，而后逐渐延伸至家具上，并且不断演变革新、发扬光大。

中国传统建筑以木质梁柱榫卯接合为屋身，形成稳定的框架体系，再辅以其他材料围合出空间，加上曲线优美、斗拱相连的屋顶，形成与世界其他建筑体系不同的结构特征。其最重要的特点是承重结构与围护结构相互分离，保证了基础结构的牢固稳定。传统家具发展至明清时期，借鉴于传统建筑的框架结构已经成熟，由格角榫攒边和下部的腿足、上部的立柱接合，形成稳定的承重框架，再嵌入面板划分空间，并增加装饰结构，这在柜、椅、案、榻等家具上都可以清晰地看到。就如西方家具学者莎拉·韩蕙（Sarah Handler）所言：“家具是缩微的建筑，建筑是放大了的家具。”

聚焦于某些单独的榫卯结构，中国传统建筑与家具两者在造型外观、接合方式上也颇为相似。如通雀替与夹头榫或插肩榫。“雀替”是建筑上放在柱子上

图 建筑上的梁、柱和家具上的枨、腿

图 建筑上的通雀替和家具上的夹头榫

图 相互制衡的攒边打槽结构

图 隐藏不外露的暗榫结构

用来与柱子共同承受上部压力的物件；“通”是连通的意思，指夹在柱顶之中而过，再与横梁相连。这种造法运用在家具上，便是夹头榫或插肩榫，常出现在桌案面板与腿足的接合上，腿足上端开口嵌入长牙条再与案面边框接合，起到增加受力接触面的作用，也有装饰作用。再如替木与角牙、月梁与枨子、挓与侧脚、须弥座与束腰，都有着同宗同源的关系。

2. 榫卯与传统哲学

榫卯虽小，但其映射的世界很大，手工技艺的表象背后隐含着古人对世界的理解，是中国传统哲学的物化体现。

中国人用榫卯，以木制木，要平衡，要和谐，要顺应本性，要尊重自然；西方人用铁钉，以铁克木，要攻克，要主宰，要改变本性，要征服自然，这是截然不同的世界观。榫卯最深刻地体现了中国人“天人合一”的传统哲学，它与家具取材相同，通过木与木的巧妙扣合，使力与力相互平衡，达到连接和稳定的作用；并且和家具一同干缩湿胀、相生相成，成为浑然天成、天衣无缝的造物典范。同时，榫卯外观对称，含而不露，透着儒家的平和中庸；内蕴阴阳，相生相克，闪耀着道家思想的光辉；空有不二，妙用一体，深藏着佛家的玄妙。

古代也常以方形榫头和圆形卯眼难相容合的工艺现象喻理，如《楚辞 • 九辩》中的“圜凿而方枘兮，吾固知其鉏铻而难入”，《庄子 • 天下篇》中的“凿不围枘”。可以说榫卯之构造深入中国人的内心和思维逻辑。

3. 榫卯与审美观念

家具榫卯虽然主要为结构接合之用，但其中也蕴含着中国传统的审美观念，其线条、造型和空间的设计，都展示着中国人对于美的定义和追求。

榫卯内部结构虽然复杂，但榫卯接合的家具，一般在表面看不到接合的痕迹，使得家具表面光滑美观、精密无间，这正符合中国人对于“含蓄内敛”之美的追求。榫卯结构百变，适合于各种部位、各种形状材料的接合，使得家具各部件组合在一起还能达到线条流畅协调，正符合中国人对于“和而不同”之美的追求。

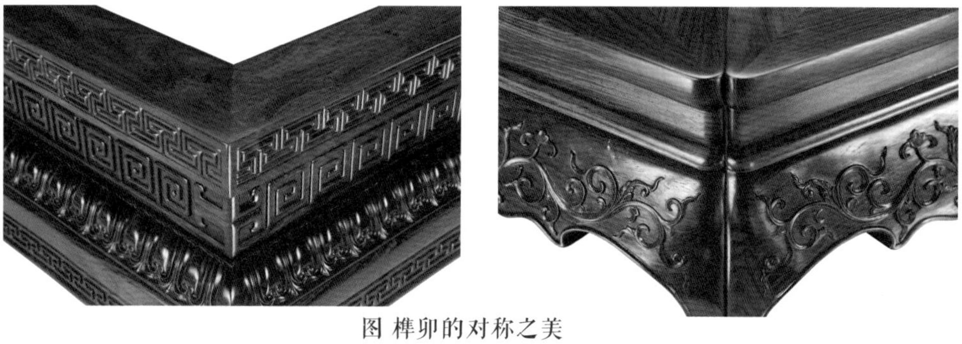

图 榫卯的对称之美

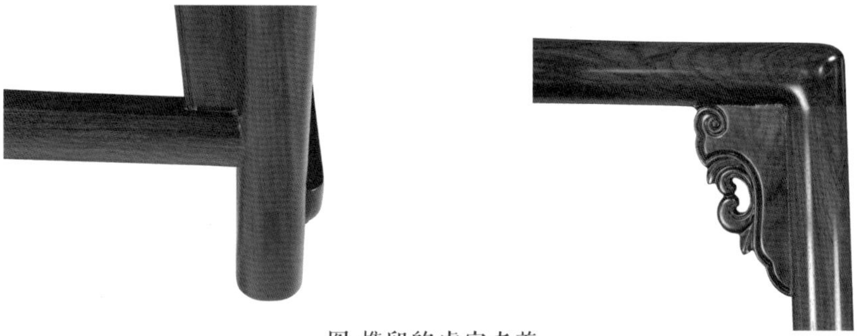

图 榫卯的虚实之美

榫卯兼具连接和装饰的作用，是力与美的统一，是功能性和艺术性的和谐，这正符合中国人所谓“文质彬彬”的审美诉求，既强调本质内容，又重视外在形式。

榫卯本身的线条、外形多为对称的，正是中国人最爱的“对称美”；构件相交所营造出的空间虚实结合，也反映着中国人对于“虚实美”的追求；层层相扣，错落有致，又是一种“层次美”。可以说榫卯本身的设计虽不为了美，但是却美得恰到好处，别有洞天。

（二）榫卯的接合原理

榫卯的分类有很多种方式，目前常见的分类方法有两种，一种是将榫卯结构分为基本接合、腿足与上部构件的接合、腿足与下部构件的接合、其他类型的榫卯接合；另一种分类方法把榫卯分为面板接合、框架接合、面板与框架接合、其他类型的榫卯接合。

1. 榫卯接合原理之一

1）基本接合

（1）平板接合

①龙凤榫：较简易的薄板拼合有如现代木工的榫槽与榫舌拼接。考究的则采用榫舌断面制成半个银锭榫式样，榫槽则用一种“扫膛刨”开出下大上小的槽

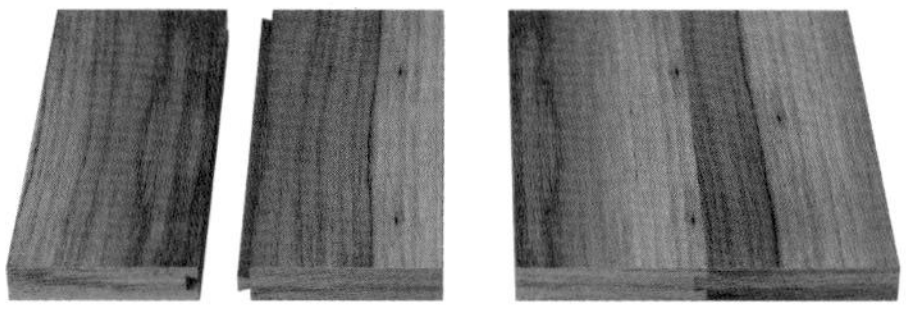

图 龙凤榫

图 穿带榫

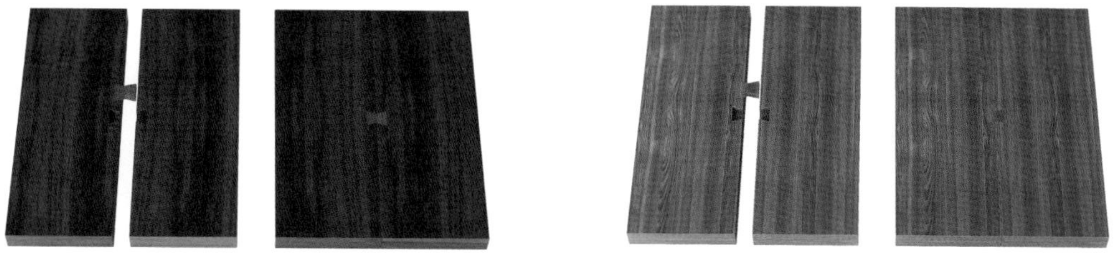

图 银锭榫

口，匠师称之曰“龙凤榫”。此种造法加大了榫卯的胶合面，可防止拼口上下翘错，并不使拼板从横向拉开。

②穿带榫：为了进一步防止拼板弯翘，横着加“穿带”，即穿嵌的一面制成有梯形长榫的木条。木板背面的带口及穿带的梯形长榫均一端稍窄、一端稍宽，名曰“出梢”。穿带略具梯形，为的是可以贯穿牢紧。出梢要适当，如两端相差太大，穿带容易往回窜；如相差太小，乃至没有出梢，则穿带不紧，并有从带口的另一头穿出去的可能。穿带以靠近面板的两端为宜，除极小件外，一般邻边的两根穿带各距面板尽端约 1 ～ 5 厘米，中间则视板的长度来定穿带根数，大约每隔 40 厘米用穿带一根为宜。

③银锭榫：厚板拼合常用平口胶合，不用穿带，但两板的拼口必须用极长刨床的刨子刨刮得十分平直，使两个拼面完全贴实，才能粘合牢固。厚板有的用栽榫来拼合，而栽榫有的为直榫，有的为走马销。厚板拼合偶在底面拼口处挖槽填嵌银锭式木楔，但考究的家具很少使用。在明清工匠看来，这种造法有损板面的整洁。

（2）厚板与抹头的拼粘接合

透榫或半榫结构：厚板，如条案的面板、罗汉床围子，为了不使纵端的断面木纹外露，并防止开裂，多拼拍一条用直木造成的“抹头”。又为了使抹头纵端的断面木纹不外露，多采用与厚板格角相交的造法；即在厚板的纵端格角并留透榫或半榫，在抹头上也采用格角并凿透眼或半眼。

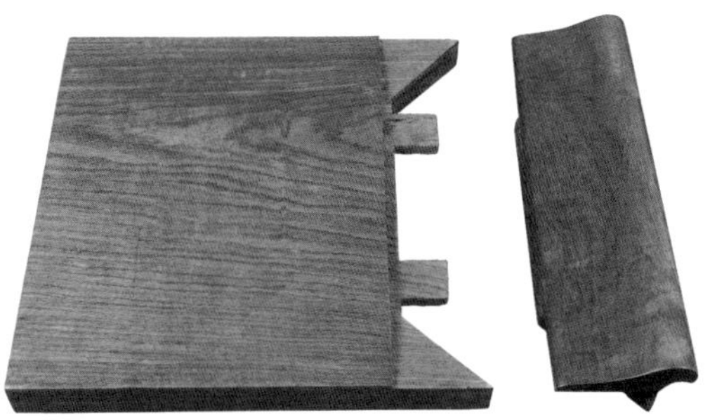

图 透榫或半榫结构

图 燕尾榫

（3）平板角接合

燕尾榫：用三块厚板造成的炕几或条几，用料厚达 4 ～ 5 厘米。面板与板形的腿足相交，是厚板角接合的例子。现代木工或称全隐燕尾榫，拍合后只见一条合缝，榫卯全部被隐藏起来。

抽屉立墙所用的板材，比炕几或条几的板材薄很多，其角接合有多种方法。最简单的是两面都外露的明榫，即直榫开口接合，在明清家具中只有粗糙的民间用具才用它；其次是一面露榫的明榫，现代木工或称半隐燕尾榫；更复杂的就是完全不露的闷榫，其造法与上面讲到的透榫接合基本相同，只是造得更为精巧。小型家具如官皮箱、镜台，尽管它们所用的抽屉立墙板已经很薄，巧妙的匠师还是能用闷榫把它们造成极为工整的抽屉。

（4）横竖材丁字形接合

①飘肩榫：先说圆材的丁字形接合。如横竖材同粗，则枨子里外皮做肩，榫子留在正中。如腿足粗于枨子，以无束腰杌凳的腿足和横枨相交为例，要是不交圈，则枨子的外皮退后，和腿足外皮不在一个平面上，枨子还是里外皮做肩，榫子留在月牙形的圆凹正中。要是交圈的话，以圈椅的管脚枨和腿足相交为例，枨子外皮和腿足外皮在一个平面上，造法是枨端的里半留榫，外半做肩。这样的榫子肩下空隙较大，有飘举之势，故有“飘肩”之称。北京匠师又因它形似张口的蛤蟆，故称之曰“蛤蟆肩”。

②格肩榫：方材的丁字形接合，一般用交圈的“格肩榫”。它又有“大格肩”和“小格肩”之分。“大格肩”即宋代《营造法式》小木作制度所谓的“撺尖入卯”；“小格肩”则故意将格肩的尖端切去。这样在竖材上做卯眼时可以少凿去一些，借以提高竖材的坚实程度。

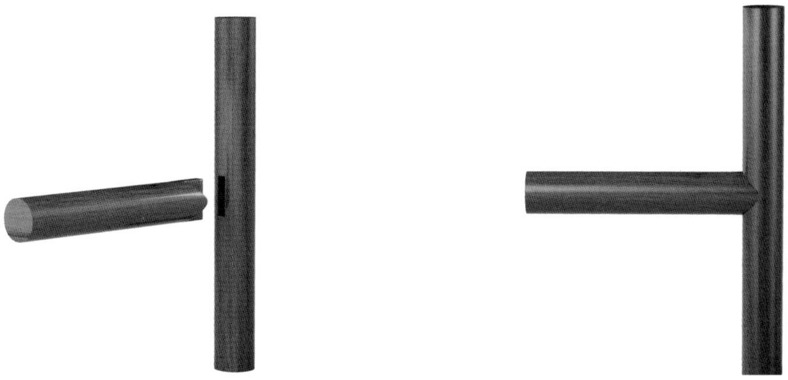

图 飘肩榫

图 格肩榫

图 大进小出榫

同为大格肩，又有带夹皮和不带夹皮两种造法。格肩部分和长方形的阳榫贴实在一起的，为不带夹皮的格肩榫，它又叫“实肩”。格肩部分和阳榫之间还凿剔开口的，为带夹皮的格肩榫，它又叫“虚肩”。带夹皮的由于开口，加大了胶着面，比不带夹皮的要坚牢一些，但如果用料不大，则因剔除较多，反而对坚实有损。

③大进小出榫：方材丁字形接合另外还有“大进小出”的造法，即把横枨的尽端，一部分造成半榫，一部分造成透榫，进入榫眼的整个榫子面积大，而透出去的榫子面积小，故曰“大进小出”。使用它的目的主要是为了两榫能互让。

（5）方材、圆材角接合和板条角接合

揣揣榫：板条角接合所用的榫卯多种多样。凡两条各出一榫互相嵌纳的，因其如两手相揣入袖之状，都叫“揣揣榫”，其具体造法则有多种。一种是正面背面都格肩相交，两个榫子均不外露，这是最考究的造法。另一种是正面格肩，背面不格肩，形成齐肩膀相交。横条上有卯眼嵌纳板条上的榫子，板条上没有卯眼而只与横条的榫子像合掌那样相交。这种造法在明式家具中也颇为常见。另一种用开口代替凿眼，故拍合后榫舌的顶端是外露的。

（6）直材交叉接合

米字枨：面盆架三根交叉的米字枨是从十字枨发展出来的，中间一根上下皮

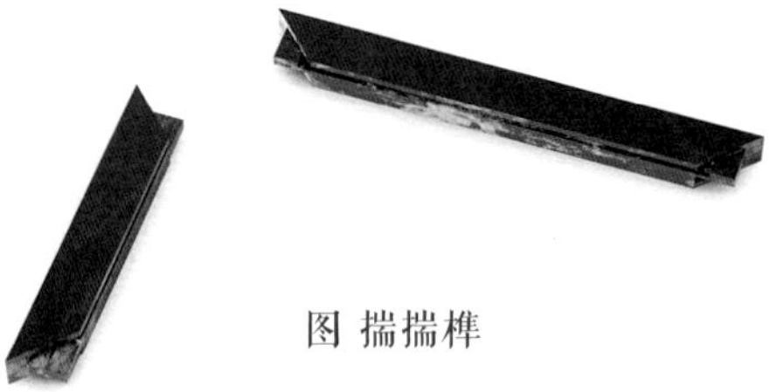

图 揣揣榫

图 米字枨

各剔去材高的三分之一，上枨的下皮和下枨的上皮各剔去材高的三分之二，拍拢后合成一根枨子的高度。面盆架枨子除相交的一段外，断面多作竖立着的椭圆形。加高用材的立面，为的是剔凿榫卯后每一根的余料还有一定的高度。米字枨交搭处的一小段断面为长方形，棱角不倒去，也是考虑到其坚实度才这样做的。

（7）弧形弯材接合

楔钉榫：楔钉榫基本上是两片榫头合掌式的交搭，但两片榫头尽端又各有小舌，小舌入槽后便能紧贴在一起，管住它们不能向上或向下移动。此后位于搭口中部剔凿方孔，将一枚断面为方形的头粗而尾稍细的楔钉贯穿过去，使两片榫头在向左和向右的方向上也不能拉开，于是两段弧形弯材便严密地接成一体了。有的楔钉榫尽端的小舌在拍拢后伸入槽室，以致它的侧面不外露，这种造法为防止前后错动而起一定的作用。有的楔钉榫在造成后还在底面打眼，插入两枚木质的圆销钉，这样能使榫卯更加牢固稳定。

（8）方材角接合

攒边格角结构：椅凳床榻，凡采用“软屉”造法的，即屉心用棕索、藤条编织而成的，木框一般用“攒边格角”的结构。四方形的托泥，亦多用此法。

四根木框，较长而两端出榫的为“大边”，较短而两端凿眼的为“抹头”。如木框为正方形的，则以出榫的两根为大边，凿眼的两根为抹头。比较宽的木框，有时大边除留长榫外，还加留三角形小榫。小榫也有闷榫与明榫两种。抹头上凿榫眼，一般都用透眼，边抹合口处格角，各斜切成 45 度角。

凳盘、椅盘及床榻屉都有带，一般为两根，考虑到软屉承重后凹垂，故带中部向下弯。两端出榫，与大边连接。四框表面内缘踩边打眼，棕索、藤条从眼中穿过，软屉编好后，踩边用木条压盖，再用胶粘或加木钉销牢，把穿孔眼全部遮盖起来。

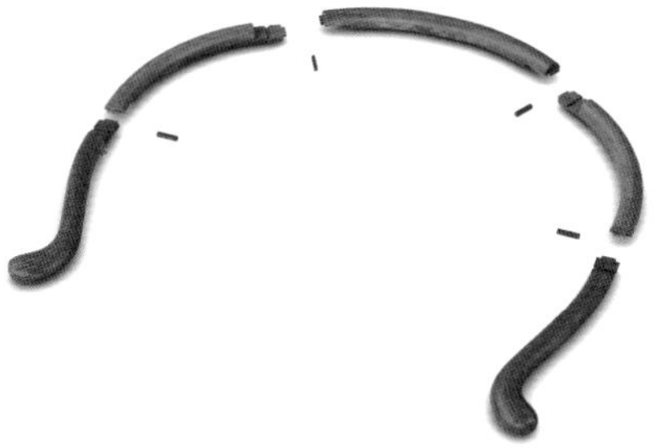

图 楔钉榫

图 攒边格角结构

图 攒边打槽装板

（9）方材边框与面子接合

方材边框与面子接合：攒边打槽装板如系四方形的边框，一般用格角榫的造法来攒框，边框内侧打槽，容纳板心四周的榫舌，或称“边簧”。大边在槽口下凿眼，以备板心的穿带纳入。如边框装石板面心，则面心下只用托带而不用穿带。托带或一根，或两根，或十字，或井字，视石板面心的大小、轻重而定。又因石板不宜做边簧，只能将其四周造成下舒上敛的边，如马蹄状。这种有斜坡的边叫“马蹄边”，或称“马蹄”。边框内侧也踩出斜口，嵌装石板。由于斜口上小下大，将石板咬住扣牢，虽倒置也不致脱出。

2）腿足与上部构件的接合

（1）腿足和牙子、面子的接合

①抱肩榫：实例如有束腰的机凳或方桌、条桌等。面部造法与上同，腿足上端也留长短榫，只是在束腰的部位以下，切出45度斜肩，并凿三角形榫眼，以便与牙子的45度斜尖及三角形的榫舌拍合。斜肩上有的还留做挂销，与牙子的槽口套挂。上述的结构，匠师称之曰“抱肩榫”。

②夹头榫：夹头榫是自北宋发展起来的一种桌案上的榫卯结构。当时聪明的民间工匠从大木梁架得到启发，把高桌的腿足造成有明显的侧脚来加强它的稳定性，又把柱头开口、中夹“绰幕”的造法运用到桌案的腿足上来。也就是在案腿上端开口，嵌夹两段横木，将横木的两端或一端造成“楷头”的式样。继而将两段横木改成通长的一根，这样就成了夹头榫的牙条了。最后，又在牙条之下加上了牙头。其优点为加大了案腿上端与案面的接触面，增强了刚性结点，使案面和

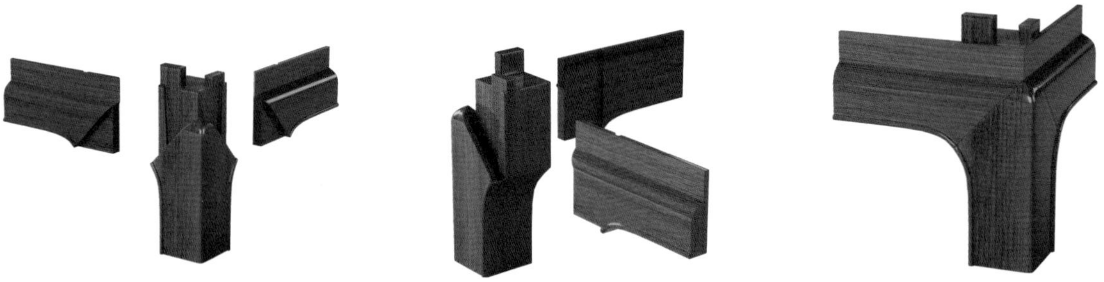

图 抱肩榫

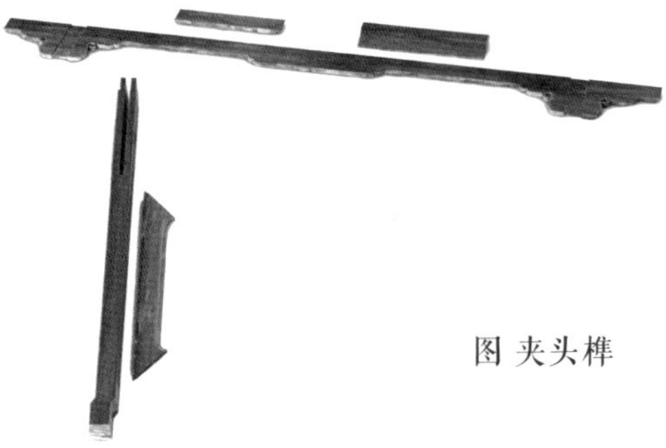

图 夹头榫

案腿的角度不易变动；同时又能把案面的承重均匀地分布传递到四足上来。千百年来，它的设计意图基本和“插肩榫”结构相同，都成为案形结体的主要造法之一，也是明及清前期家具最常见的两种形式。

正规的夹头榫一般是腿端开长口，不仅嵌夹牙条，同时也嵌夹牙头。这是比较合理的造法。但也有只嵌夹牙条，而牙头部分则是两条立着的木片，上端与牙条合掌相交，嵌在腿足上节两侧的槽口之内，只是这种造法不及前者坚实。

③插肩榫：插肩榫的外形与夹头榫不同，但在结构上差别并不大。它的腿足顶端也出榫，和面子结合；上节也开口，以备嵌夹牙条。

但腿足上节外皮削出斜肩，牙条与腿足相交处，剔出槽口，当牙条与腿足拍合时，又将腿足的斜肩嵌夹起来，形成齐平的表面。这样就使插肩榫与腿足高于牙条、牙头的夹头榫，外貌大异。

这种造法由于腿足开口嵌夹牙条，而牙条又剔槽嵌夹腿足，使牙条和腿足扣合得很紧，案面压下来的分量越大，牙条和腿足就扣合得越紧，使它们在前后、左右的方向上都不能移动，这样便形成稳固合理的结构。它的另一个特点是由于腿足与牙条交圈，故为牙条和腿足所形成的空间轮廓的变化及雕饰线脚的运用带来了便利。

案形结构还有一种罕见的造法，因无处可归属，只好在这里提到，称之为插肩榫变体。其造法是剔削腿足外皮上端一段而留做一个与牙条、牙头等高的挂销。牙条及牙头则在其里皮开槽口，和挂销结合。也就是说正规的插肩榫牙条在

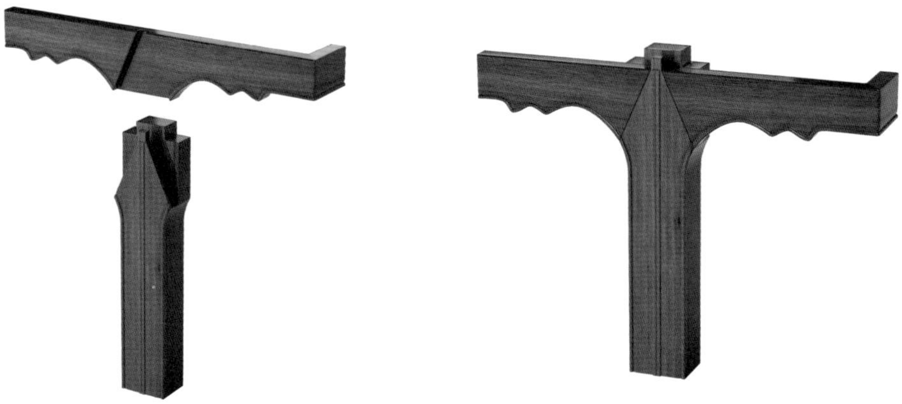

图 插肩榫

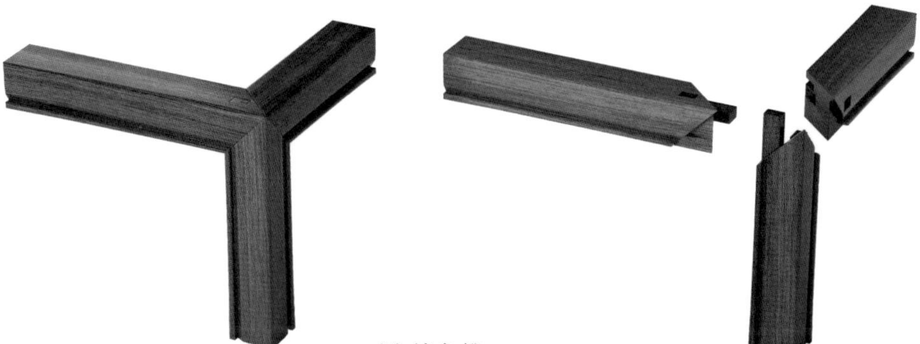

图 粽角榫

它的外皮剔槽口，而变体则把槽口移到牙条、牙头的背面去了。此种造法，在牙头之下必然会出现一条横缝，即牙头下落与腿足相接合的那条缝隙。由于这条缝隙正在看面，不甚美观，因而此种造法未能推广。

（2）腿足与边抹的接合

粽角榫：有一种四面平式的家具是用“粽角榫”造成的。家具的每一个角用三根方材结合在一起，由于它的外形近似一只粽子的角，故有此名。有人认为此种造法的家具每一个角的三面都用 45 度格角，综合到一点共有六个 45 度角，故应写作“综角榫”。此说也能言之成理。不过粽角榫比较通俗，似为民间匠师的原有名称，故予保留。

粽角榫可以运用到桌子、书架、柜子等家具上，整齐美观是它的特点。不过榫卯过分集中，如用料小了，凿剔过多，就难免影响坚实。桌子等如无横枨或霸王枨，便须有管脚枨或托泥将足端固定起来，否则此种结构是不够牢固耐用的。

桌子上用的粽角榫与书架、柜子上用的往往稍有不同。桌面要求光洁，所以腿足上的长榫不宜用透榫穿过大边。书架、柜子则上顶高度超出视线，所以长榫不妨用透榫，这样更加坚实。

（3）腿足与枨子的接合

裹腿枨结构：“裹腿枨”，又名“裹脚枨”，也是横竖材丁字形接合的一种，

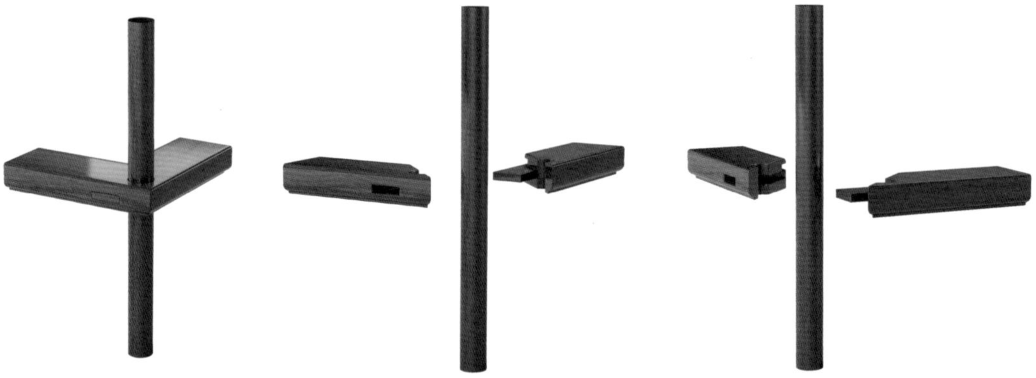

图 裹腿枨结构

图 勾挂垫榫

多用在圆腿的家具上，偶见方腿家具用它，使用时须将棱角倒去。裹腿枨表面高出腿足，两枨在转角处相交，外貌彷佛是竹制家具用一根竹材煨烤弯成的枨子，因它将腿足缠裹起来，故有此名。腿足与横枨交接的一小段须削圆成方，以便嵌纳枨子。枨子尽端外皮切成 45 度角，与相邻的一根格角相交；里皮留榫，纳入腿足上的榫眼。榫头有的格角相抵，有的一长一短。

（4）霸王枨与腿足及面子的接合

勾挂垫榫：霸王枨上端托着面心的穿带，用销钉固定，下端交接在腿足上。战国时已经在棺椁铜环上使用的“勾挂垫榫”，用到这里。枨子下端的榫头向上勾，并且造成半个银锭形，腿足上的榫眼下大上小，而且向下扣，榫头从榫眼下部口大处纳入，向上一推，便勾挂住了。下面的空当再垫塞木楔，枨子就被关住拔不出来了。想要拔出来也不难，只须将木楔取出，枨子落下来，榫头回到原来入口处，自然就可以拔出来了。枨名“霸王”，似寓举臂擎天之意，用来形容远远探出孔武有力的枨子，倒是颇为形象的。

（5）腿足贯穿面子接合

腿足贯穿面子接合：一般的扶手椅，椅盘用格角榫攒边框，四角开孔，椅子的前后腿从这四个孔中穿过去。乍看上去，椅盘以下为腿足，椅盘以上为靠背和鹅脖，它们是可分的不同构件，实际上四根立材是上下相连的。这种结构最为

图 腿足贯穿面子接合

图 栽榫

坚实合理。有不少椅子造成所谓“天圆地方”的式样，即椅盘以上为圆材，椅盘以下为方材，或椅盘以下为外圆内方。上下断面的不同，除了为求有变化，借以破除单调外，更重要的是为了使椅盘以下的腿足断面大于圆形的开孔，当椅盘落在上面时它能起支承的作用。

多数椅子的椅盘安装时是从腿足上端套下去的。但也有少数椅子，由于它的前后腿在椅盘的部位削出一段方颈，边抹在四角也开方孔，拍合时恰好把这段方颈卡住。这种造法使边抹和四足结合得更加紧密而牢稳。不过在修理拆卸时，必须先打开椅盘的抹头和大边，才能使椅盘与腿足分开。

有些扶手椅前腿与扶手下的鹅脖是两木分造的。鹅脖的位置向后稍退，在椅盘上挖槽另安。但这类属于少数，不能算是基本形式，也不及一木连做的坚实合理。

腿足贯穿面子的造法，不仅用在椅子上，有些罗汉床、宝座式镜台也是采用这种结构来制造的。

（6）角牙与横竖材的接合

栽榫：角牙种类繁多，但多数与腿足及腿足以上的构件相接合。诸如闷户橱、衣架、面盆架上的挂牙，桌几、架格上的托角牙子，乃至小到椅子后背及扶手上的小牙子等皆是。角牙的榫卯有的在横竖材上打槽嵌装。有的角牙一边入槽，一边用栽榫与横材或竖材上的榫眼接合。

图 站牙结构

图 走马销

图 关门钉

3）腿足与下部构件的接合

（1）腿足与托子、托泥之间的接合

嵌夹榫：圆形的家具如圆凳、香几等，下面的托泥是用嵌夹榫舌或用楔钉榫的造法，将弧形弯材攒接到一起的。用嵌夹榫舌结构攒接的圆托泥，不宜在接榫处凿剔方眼与腿端的榫头接合。尤其是用楔钉榫结构攒接的圆托泥，更须避开榫卯凿剔方眼。否则的话，凿眼会把楔钉凿断。

（2）立柱与墩座的接合

站牙结构：凡是占平面面积不大，体高而又要求它站立不倒的家具，多采用厚木作墩座，上面凿眼植立木，前后或四面用站牙来抵夹。实物如座屏、衣架、灯台等。明及清前期墩座常用的抱鼓，成为在站牙之外的另一个高起而且有重量的构件，挡住站牙，加强它的抵夹力量。抱鼓适宜雕刻花纹，所以它又是一个能起到装饰作用的构件。

4）其他类型的榫卯接合

①走马销："走马销"，或写作"走马榫"，南方匠师则称之曰"扎榫"，可以说是一种特制的栽榫。它一般用在可装可拆的两个构件之间，榫卯在拍合后需推一下栽有走马销的构件，它才能就位并销牢；拆卸时又需把它退回来，才能拔榫出眼，把两个构件分开。因此，它有"走马"之名，而"扎榫"则寓有扎牢难脱之意。它的构造是榫子下头大、上头小，榫眼的开口半边大、半边小。榫子由榫眼开口大的半边纳入，推向开口小的半边，这样就扣紧销牢了。如要拆卸，还需退到开口大的半边才能拔出。这是一项很巧妙的设计，用意与霸王枨的勾挂垫榫大致相同，只是没有木楔垫塞而已。

在明式家具中，翘头案的活翘头与抹头的接合，罗汉床围子与床身边抹的接合，屏风式罗汉床围子扇与扇之间的接合，屏风式宝座靠背与扶手之间的接合等，都常用走马销。

②关门钉：极少数明式家具在榫卯拍合后，用钻打眼，销入一枚木钉或竹钉，目的是使榫卯固定不动。北方匠师称之为"关门钉"，意思是门已关上，不再开了。修理古旧家具，遇此情况，仍需用钻将钉钻碎，方能拆卸，否则会把榫卯拆坏。

2. 榫卯接合原理之二

本书从生产和利用的角度，将古典家具榫卯结构重新分为四类：面板接合、框架接合、面板与框架接合、其他类型的榫卯接合。

1）面板接合

面板在古典家具中用于承重和划分空间，是最容易变形遭损的部位，在古典家具制作中占据着重要的地位。古典家具制作中面板接合最经典的造法为攒边打槽装板，即四根木料用格角榫接合成方框，然后在木料预留的空槽中装入面板，这种造法广泛应用于桌面、椅面、床面、柜门等部位。装板用的面心有独板和拼板两种，通常为了节约成本都是拼板造法，通常有舌口拼板、栽榫拼板、走马销拼板、银锭榫拼板和银锭条拼板等方式。平面拼板最常用的是舌口拼板方式，其中燕尾榫比直榫更牢固，背面通常还要加穿带，即在拼板背面开燕尾形的槽口，然后嵌入燕尾形的穿带横穿拼板，可以有效地锁住拼板，并且防止拼板凹凸变形、干缩湿胀。垂直拼板通常用燕尾榫和走马销，维修和加固拼板通常用银锭榫和银锭条。

2）框架接合

框架接合指柱（腿）与梁（枨）的横向联系，即垂直构件与水平构件的接合。古典家具横竖材之间的连接主要通过格肩榫来实现，如官帽椅的搭脑、扶手和腿足的相交，管脚枨与腿足的相交，桌、柜的枨子与腿足的接合，以及床围子、桌几花牙子的横竖材攒接，等等。根据接合构件的截面形状，格肩榫又分为圆材连接和方材连接。圆材连接时，如果交接的两个构件直径相同，则榫头在正中间，枨子裹外皮做肩。如果腿足粗于枨子，枨端的里半留榫，外半做肩。这样使枨子和腿足的外皮在一个平面上，称为“飘肩”或“蛤蟆肩”。方材的格肩榫接合还有大格肩和小格肩，实肩与虚肩之分。不用格肩的直榫做法，也称为“齐肩膀”，在古典家具中用于视觉上不重要的部位，如侧面和背面。

3）面板与框架接合

面板与框架的接合大多为三维结构，如抱肩榫、裹腿做（圆包圆结构）、粽角榫等，一面连接面板，另一面连接枨、牙板、束腰与腿。抱肩榫多应用在有束腰的方桌、条桌、方几等家具的腿和束腰、牙条相接合处。粽角榫运用在桌子、书架、柜子等家具上，家具的每一个角用三根方材接合在一起，因外形近似粽子角而得名。此外，还有案上常用的夹头榫、插肩榫。夹头榫是桌案类家具最常用的榫卯结构，腿足上端开口，嵌夹牙条和牙头，四足在顶端出榫连接案面，故其腿足高出在牙头之上。插肩榫也是案形结体使用的榫卯，腿足上端外皮削平出斜肩，牙条与腿足相交处剔出槽口，牙条与腿足拍合时将腿足的斜肩嵌夹起来，因此插肩榫外观和夹头榫不同之处是腿足与牙头齐平。这两种结构都是将腿与牙条、牙板连接成方框，上承桌（案）面，使桌（案）面和腿足接合紧密，很好地把桌（案）面的重量分布传递到腿上。

4）其他类型的榫卯接合

其他类型的榫卯接合主要以装饰性构件接合方式为主。装饰性构件大部分通过栽榫与主框架连接。所谓栽榫，是用小木块做出榫头，在对应的构件上开榫眼将其栽入，而不是就构件本身做出榫头。比较有代表性的栽榫是走马销，一般安装在可拆装的两个部件之间，翘头案的活翘头与抹头、罗汉床围子与床身边抹、宝座靠背与扶手的接合等，都常用走马销连接。另外一种较有代表性的构件是霸王枨，霸王枨的装饰性较强，上端托住桌面的穿带，下端用榫垫固定撑在腿足的位置。

说明：在榫卯结构的测量和绘制过程中存在少量国标允许的误差。

榫卯构造之古典技艺 二

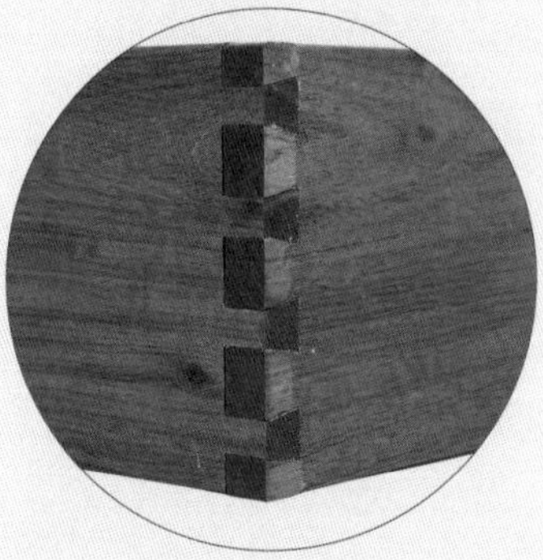

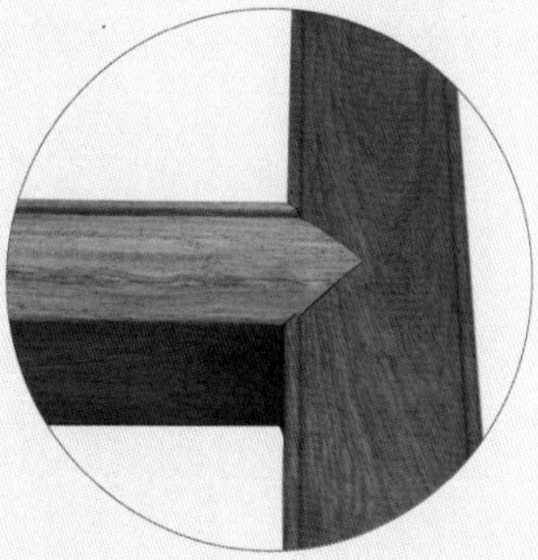

（一）面板接合

1. 银锭榫拼板

1）基本概念

银锭榫又称银锭扣，是两头大、中腰细的榫，因其形状像银锭而得名。将它嵌入两板缝之间，可防止膘胶年久失效后拼板松散开裂。

2）应用部位

这种结构一般不用于家具制作，但用于桌面、床面、柜面等拼板结构的开裂修复时很实用。

整体结构示意图

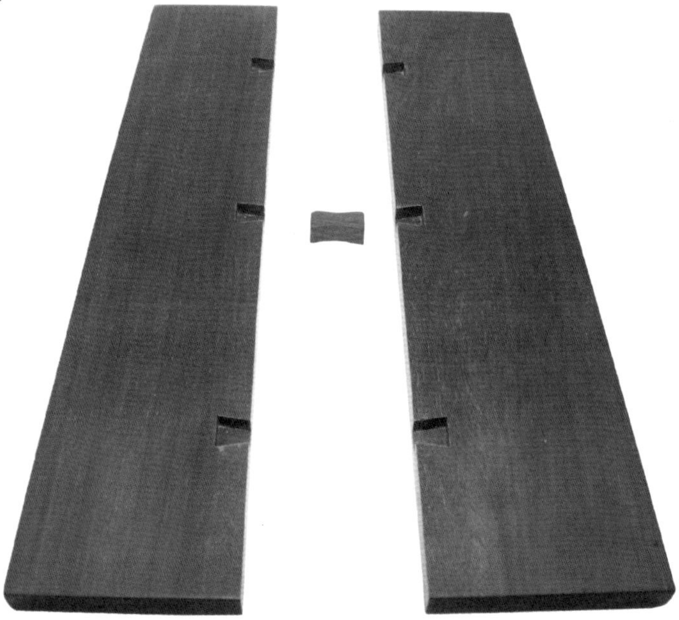

拆分结构示意图

注：全书计量单位为毫米（mm）。

【榫卯口诀】

银锭榫亦银锭扣，
两头大而中腰细。
形似银锭名天下，
修复开裂最实用。

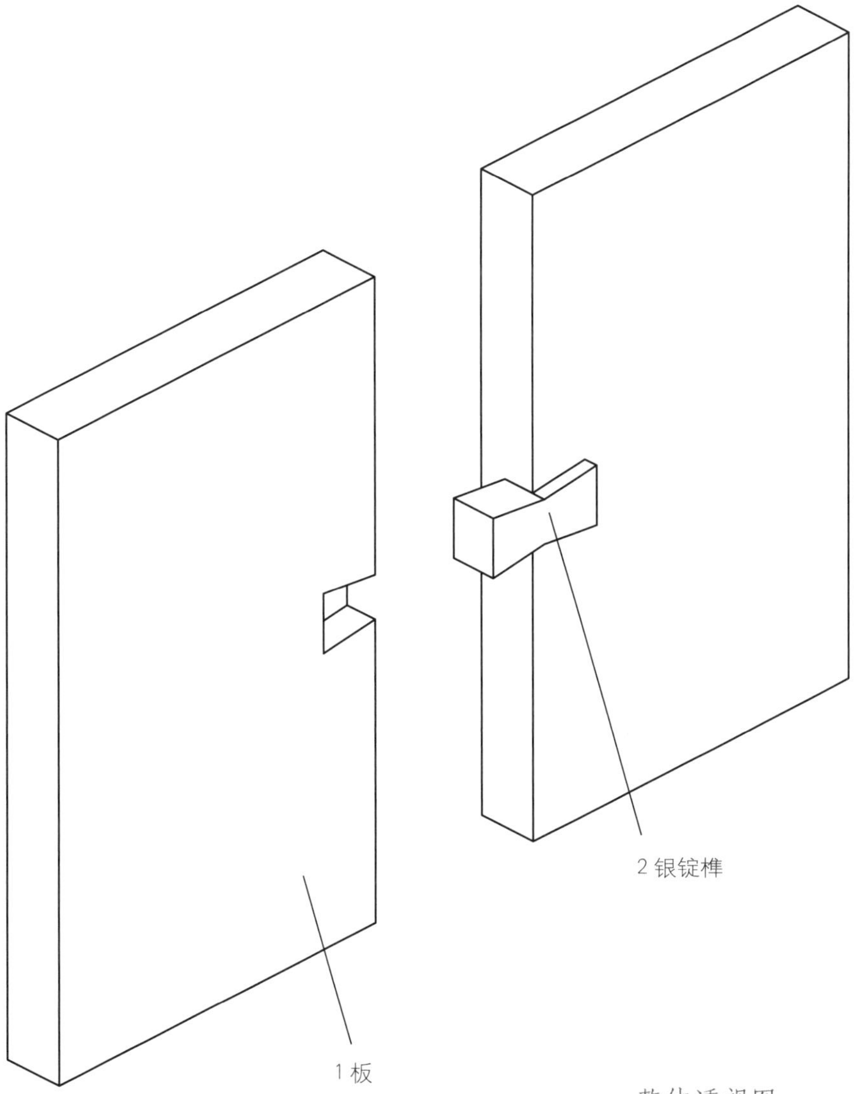

整体透视图

◆ 制作要点：

此种结构做法简单，主要需依据拼板厚度来决定银锭榫的大小。实木家具在使用中，拼板难免会开裂。拆开家具很麻烦，一般在开裂的部位涂上胶水，想办法使开裂处对齐黏合，再在开裂处背面挖出榫槽，并将银锭榫一面涂上胶水嵌入槽内，锁住裂缝。等胶水干后，将银锭榫凸出于拼板的部位磨平即可。

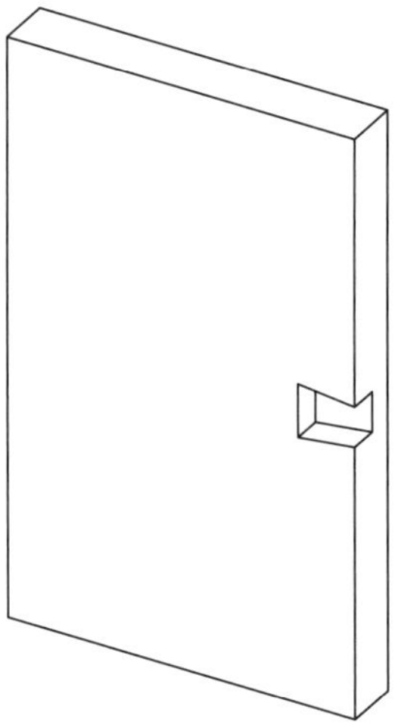

板透视图

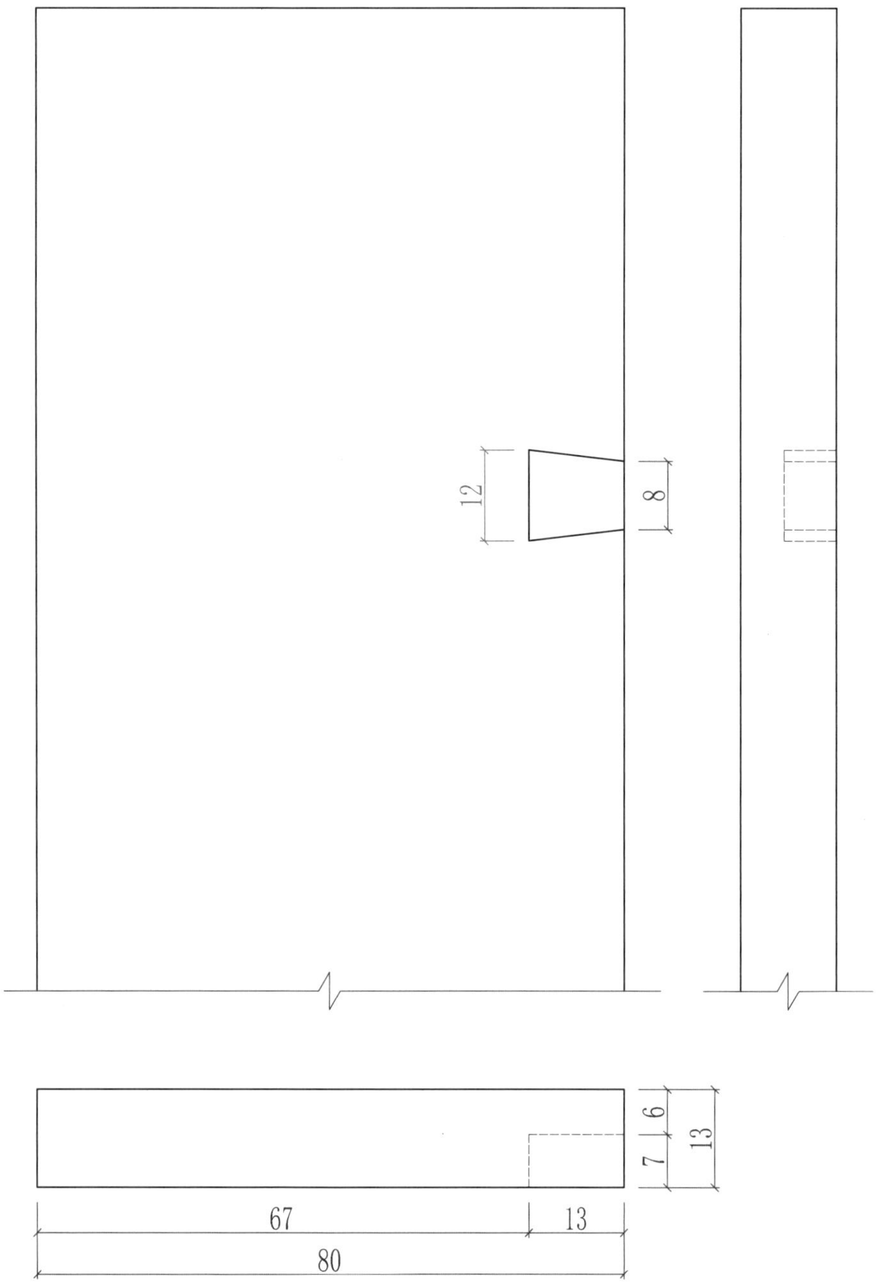

板三视图

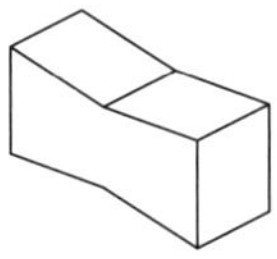

银锭榫透视图

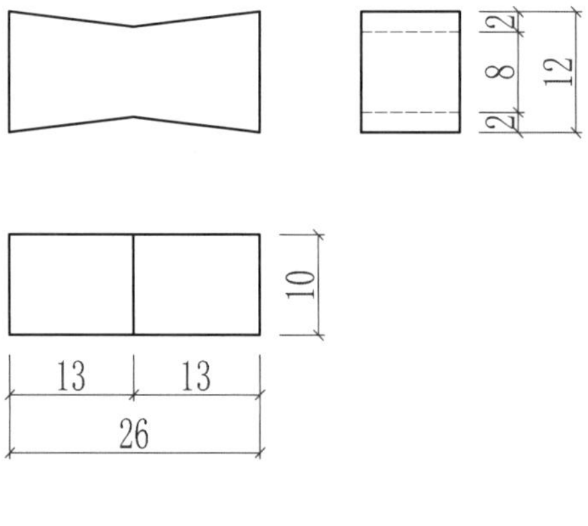

银锭榫三视图

正视图 左视图
俯视图

比例：1 ∶ 1

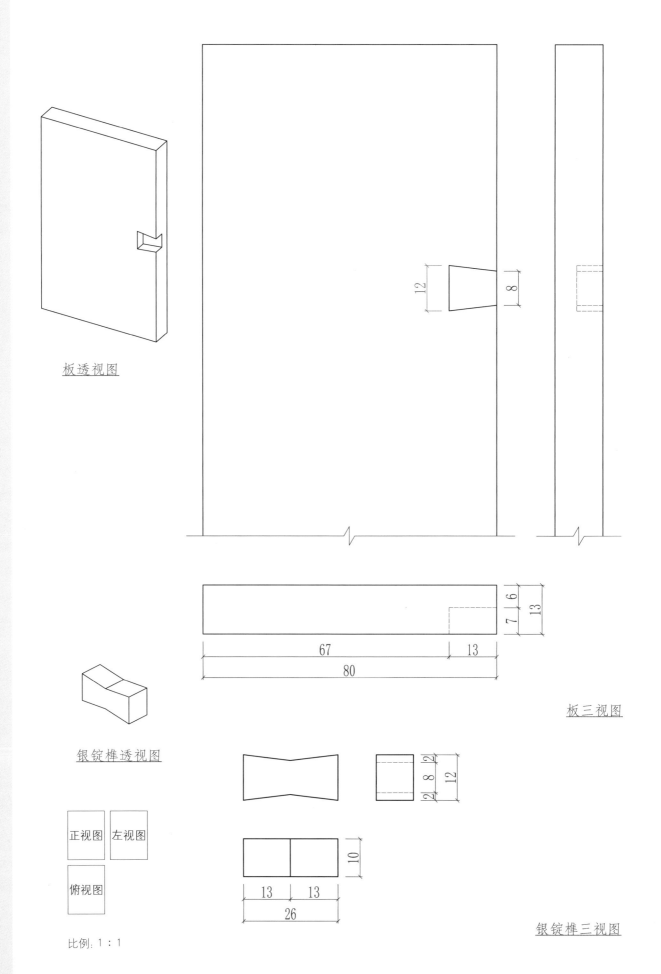

3）家具实例：清式花梨木龙纹写字台

清式花梨木龙纹写字台—整体图

清式花梨木龙纹写字台—细节图

图版清单（银锭榫拼板）：
整体结构示意图
拆分结构示意图
整体透视图
板透视图
银锭榫透视图
板三视图
银锭榫三视图
清式花梨木龙纹写字台—整体图
清式花梨木龙纹写字台—细节图

2. 梯形舌口拼板

1）基本概念

此结构的榫头犹如舌头形状，故又名舌口榫拼板。此款结构的榫头呈梯形，两板各做出榫头和榫槽，相互插入，接合紧密。此种方法的特点是接触面多、强度大、粘接牢固。

2）应用部位

家具装板。

整体结构示意图

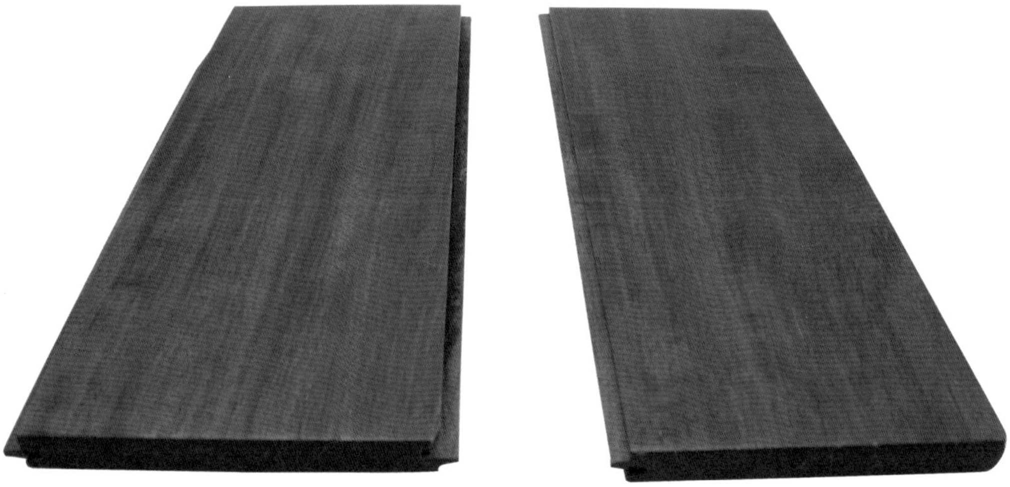

拆分结构示意图

【榫卯口诀】

现代结构新做法，
榫头犹如舌头形。
接触面多强度大，
粘接牢固是优点。

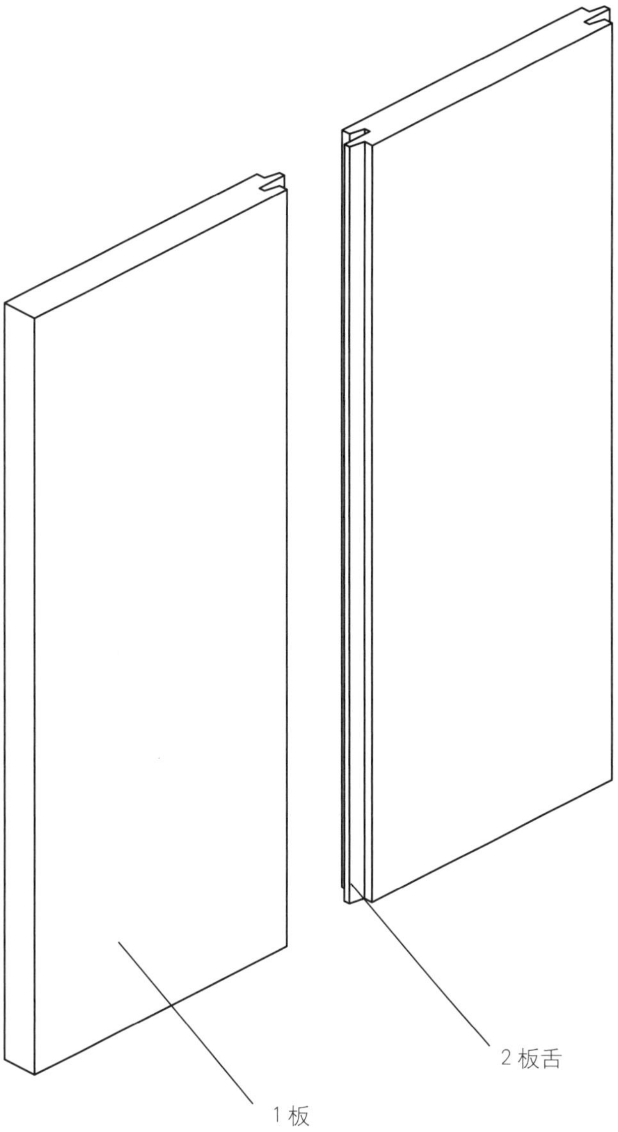

整体透视图

◆ 制作要点：

此种结构一般不适合厚度1厘米以下的板拼接。在加工过程中，板舌不宜做得过长，使用的刀具要精，板要刨平。如板上有雕刻，要预留出雕刻层的厚度。粘接时多余的胶水要挤净。

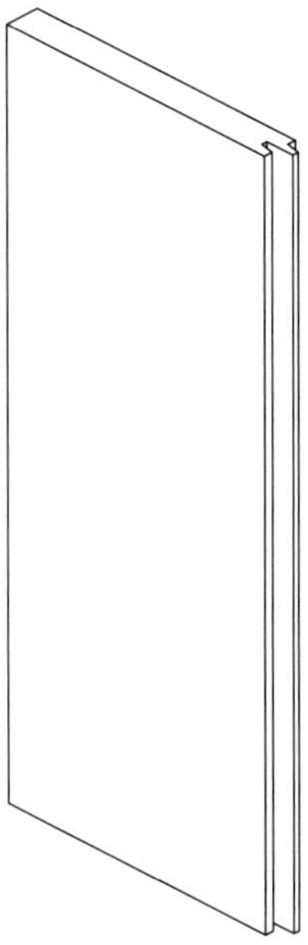

板透视图

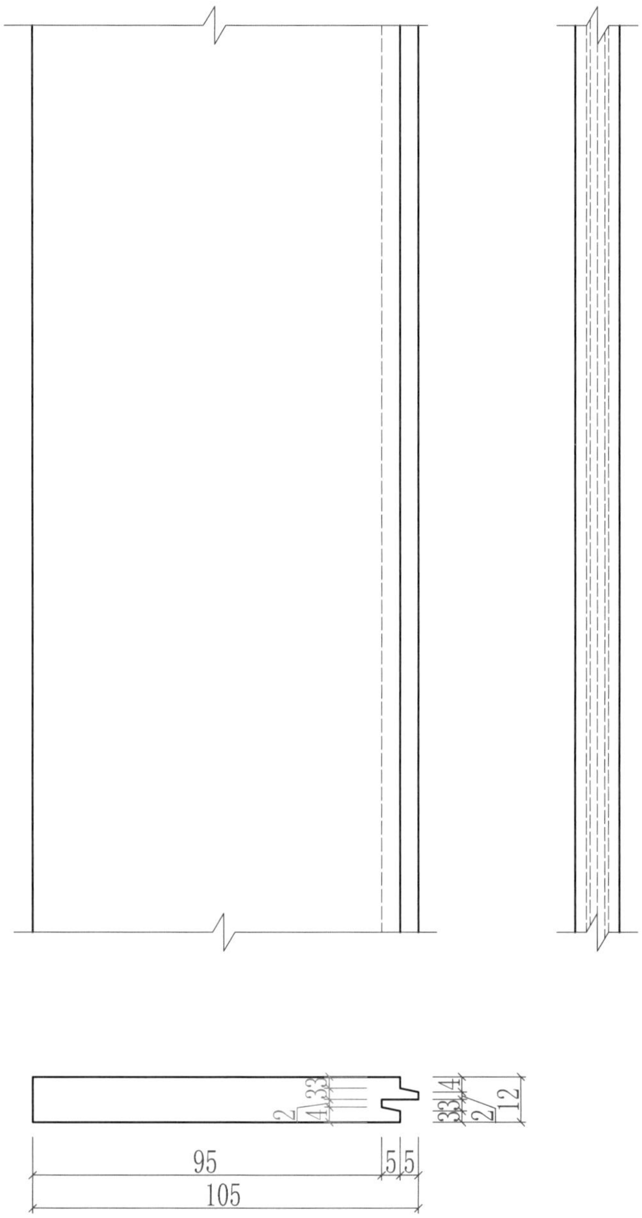

正视图	左视图
俯视图	

比例：1：2

板三视图

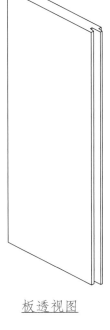

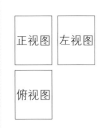

3）家具实例：明式花梨木抽屉桌

明式花梨木抽屉桌—整体图

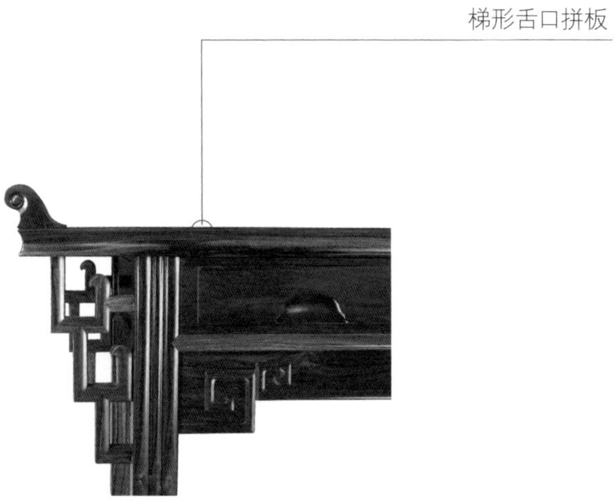

明式花梨木抽屉桌—细节图

图版清单（梯形舌口拼板）：
整体结构示意图
拆分结构示意图
整体透视图
板透视图
板三视图
明式花梨木抽屉桌—整体图
明式花梨木抽屉桌—细节图

3. 斜面舌口拼板

1）基本概念

此结构的榫舌呈三角形，一面为斜面，一面为直面。两板各做出榫头和榫槽，相互插入，接合紧密。此种结构兴起于 20 世纪 80 年代，便于机械加工，目前家具制作中最流行此拼接方法。

2）应用部位

家具装板，薄板与厚板拼合皆适用。

整体结构示意图

拆分结构示意图

【榫卯口诀】

现代结构利加工，
薄板厚板皆适宜。
颜色相近巧拼合，
表面雕刻需加厚。

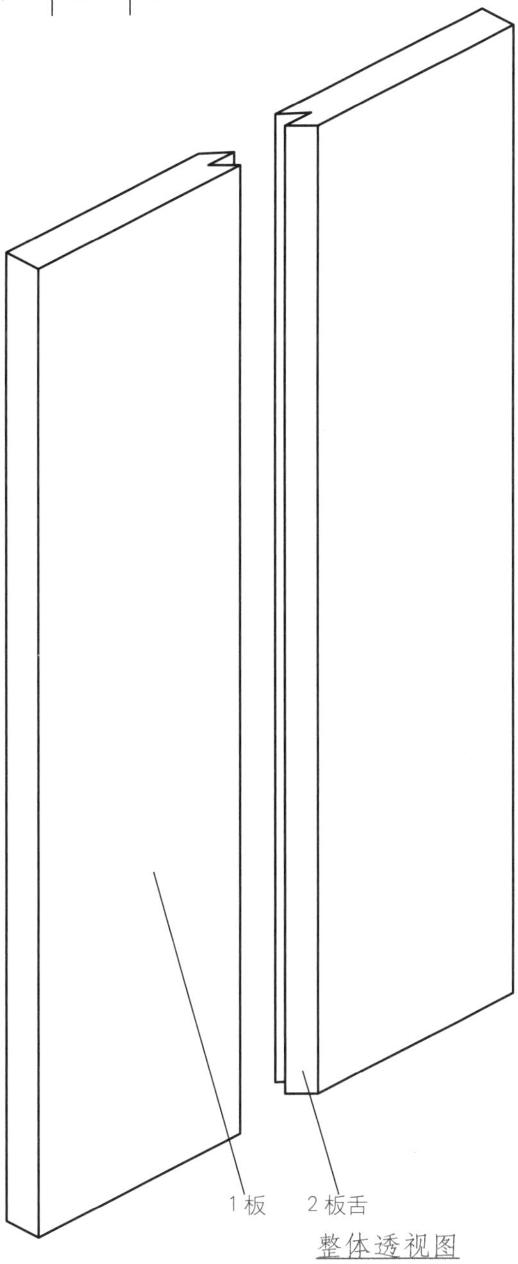

整体透视图

◆ 制作要点：

制作时，首先要对板按照颜色分类，把颜色相近的拼在一起，用成型刀进行机加工。板要平，粘接时多余的胶水要挤出来。一般薄板都使用此拼板方法。如果板上有雕刻，要预留出雕刻的厚度。

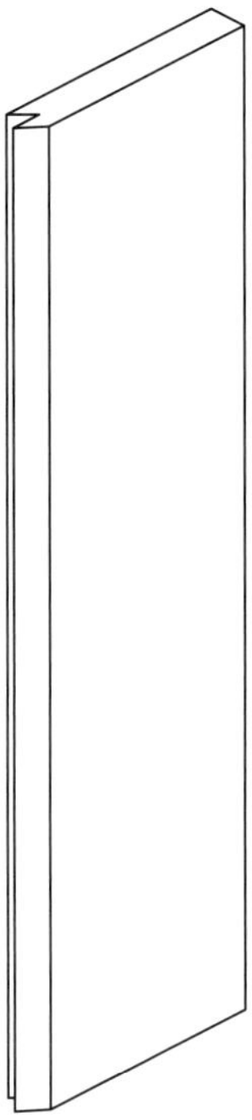

板透视图

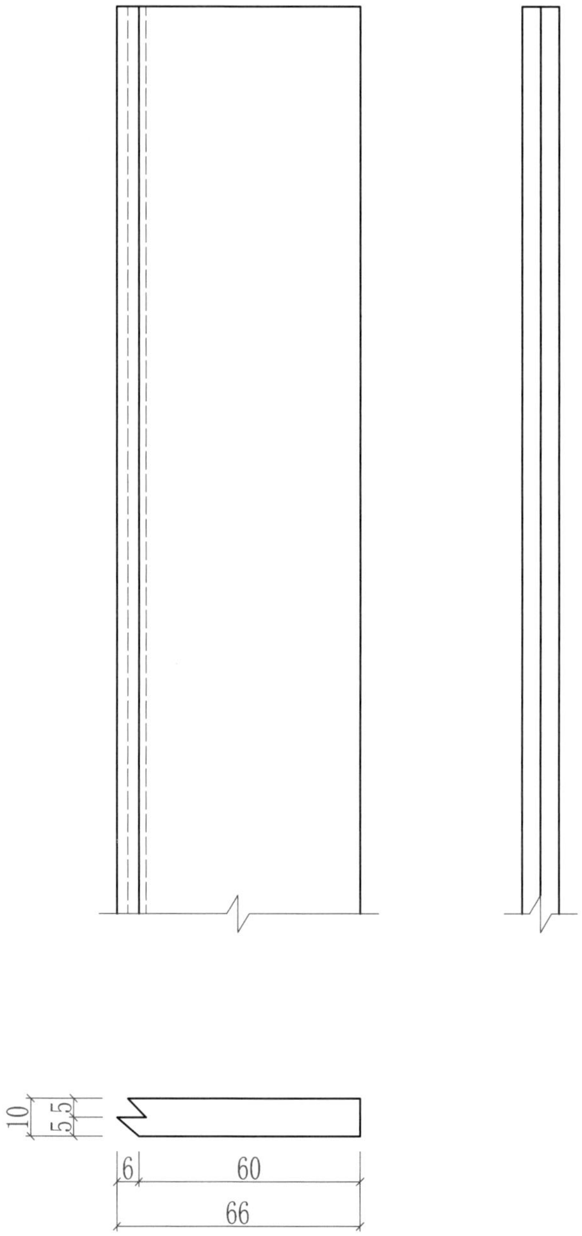

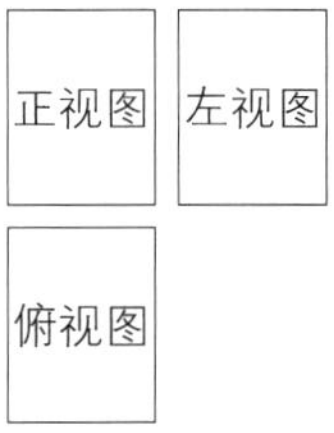

比例：1：2

板三视图

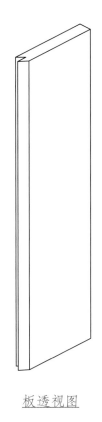

3）家具实例：现代中式花梨木回纹大床

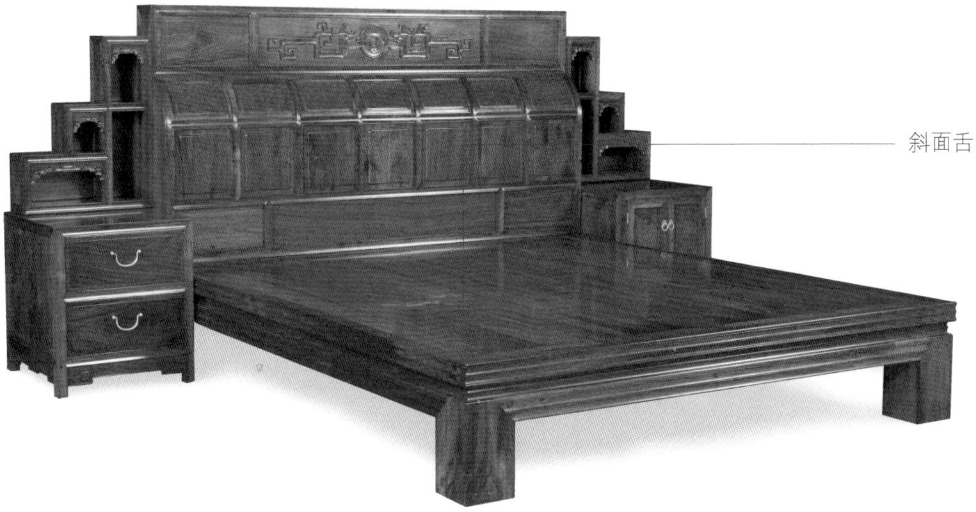

现代中式花梨木回纹大床—整体图

现代中式花木梨回纹大床—细节图

图版清单（斜面舌口拼板）：
整体结构示意图
拆分结构示意图
整体透视图
板透视图
板三视图
现代中式花木梨回纹大床—整体图
现代中式花木梨回纹大床—细节图

4. 直榫拼板

1）基本概念

此结构把榫舌和榫槽都加工成直角，拼接时将板从一端推到另一端。

2）应用部位

适合比较厚的板拼接。

整体结构示意图

拆分结构示意图

【榫卯口诀】

榫舌榫槽皆直角，
厚板拼接常使用。
板薄舌口易断裂，
表面雕刻需加厚。

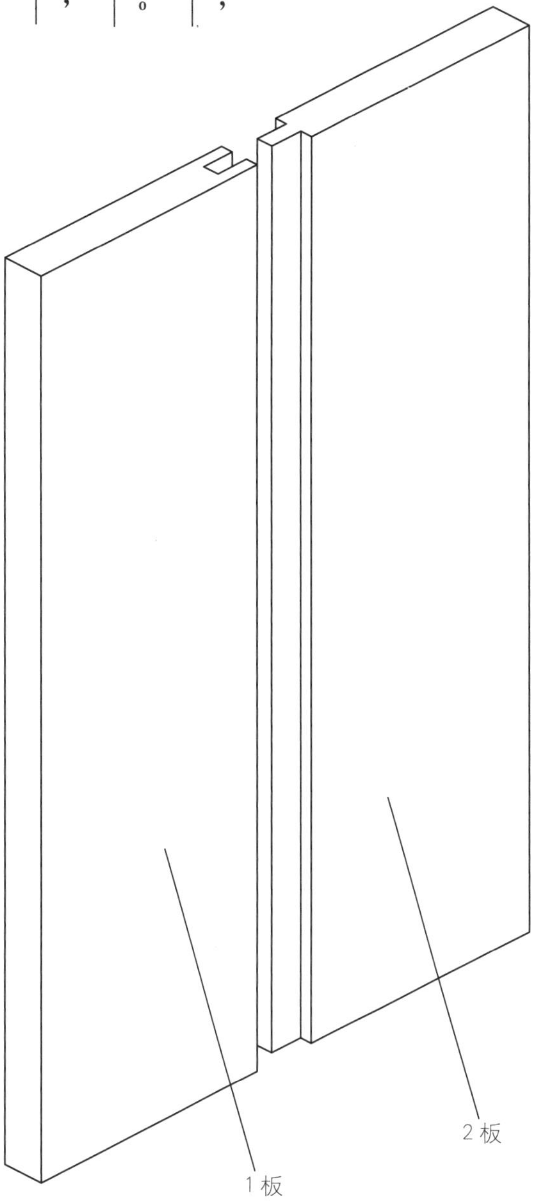

整体透视图

◆ 制作要点：

此结构是一种传统做法，在古典家具上常用，拼板时槽口要比板舌略深一点，缺点是如果板太薄，那么板舌必然也薄，板舌容易断裂。这里只是拿 1.1 厘米厚的板做样子，肩口的厚度、板舌的长度和厚度要随板的厚度而变化。如果板上有雕刻，要预留出雕刻的厚度。

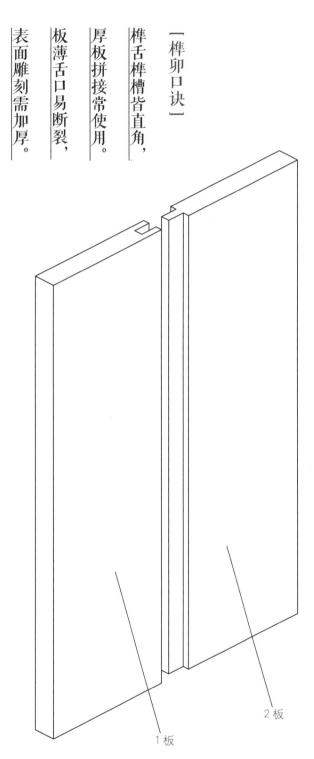

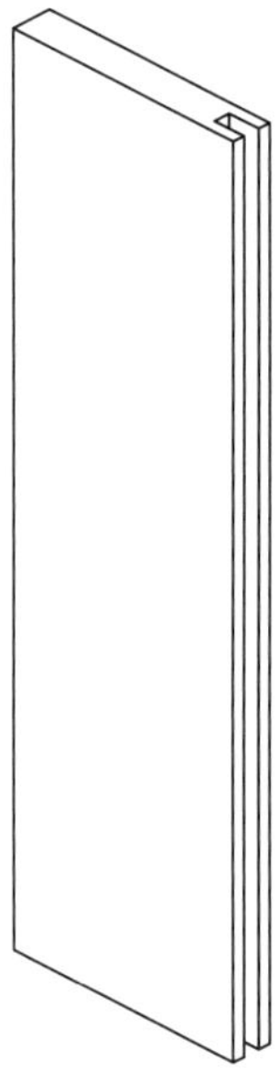

板透视图

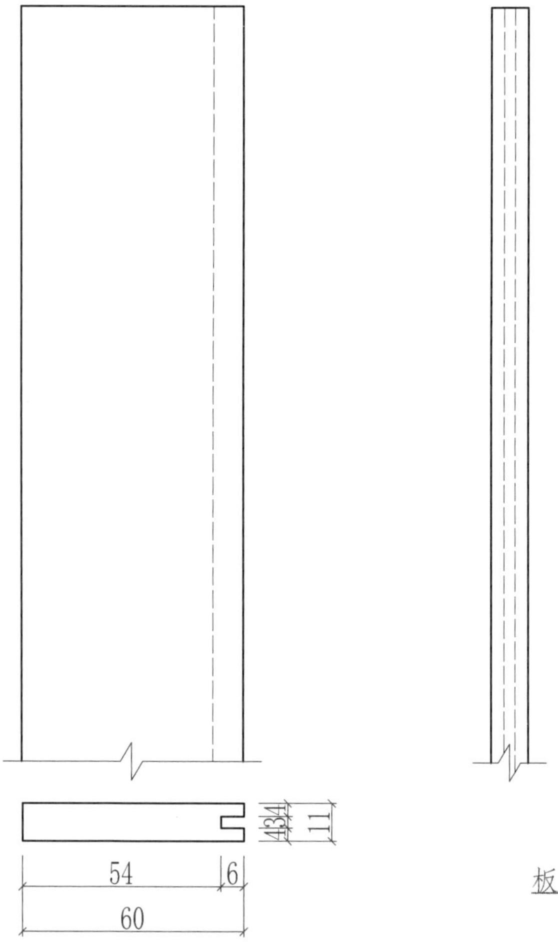

板三视图

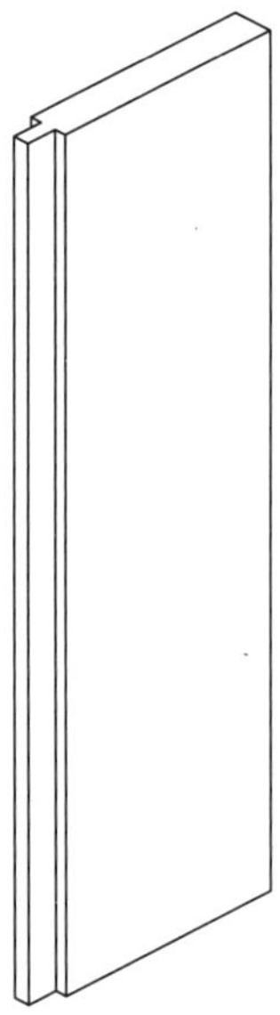

板透视图

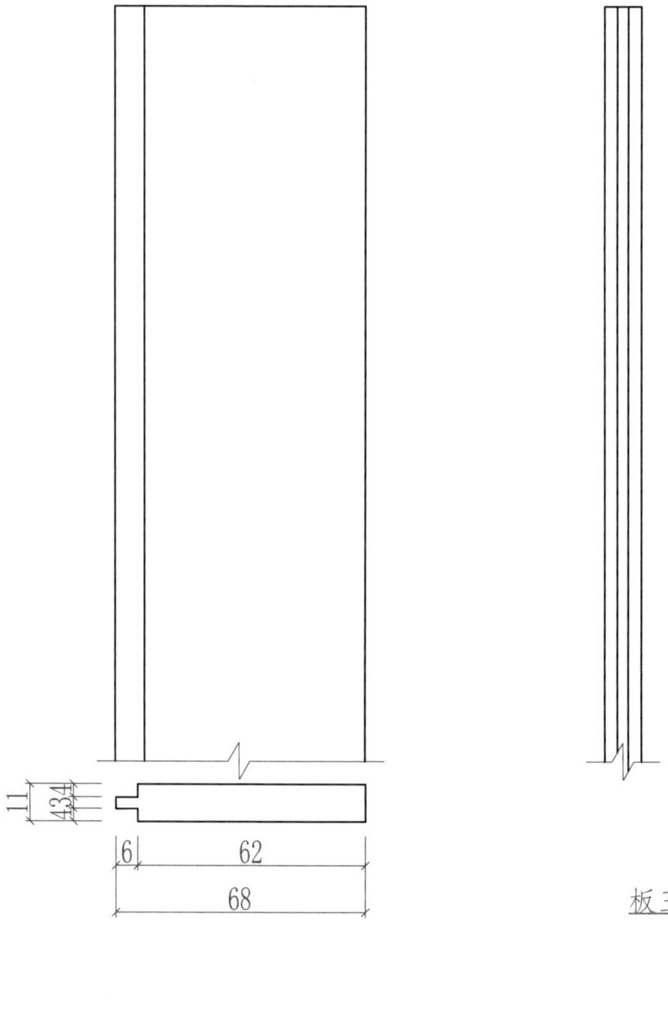

板三视图

| 正视图 | 左视图 |
| 俯视图 | |

比例：1：2

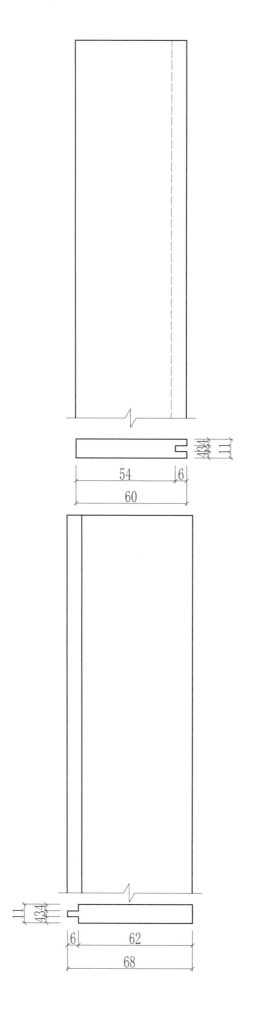

3）家具实例：清式紫檀灵芝福纹条几

清式紫檀灵芝福纹条几—整体图

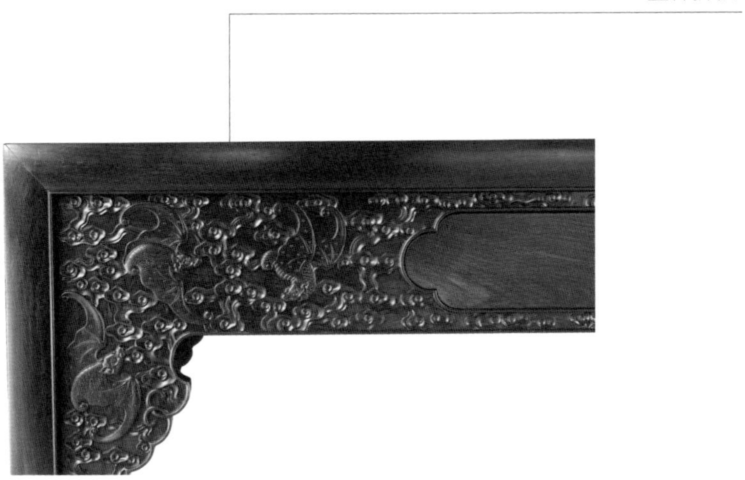

清式紫檀灵芝福纹条几—细节图

图版清单（直榫拼板）：
整体结构示意图
拆分结构示意图
整体透视图
板透视图
板透视图
板三视图
板三视图
清式紫檀灵芝福纹条几—整体图
清式紫檀灵芝福纹条几—细节图

5. 燕尾榫拼板

1）基本概念

此种做法是传统做法，又叫龙凤榫拼板。制作时把板舌和榫槽都做成燕尾形，拼接时将板从一端推到另一端。

2）应用部位

适用于厚度 1.5 厘米以上的厚板。

整体结构示意图

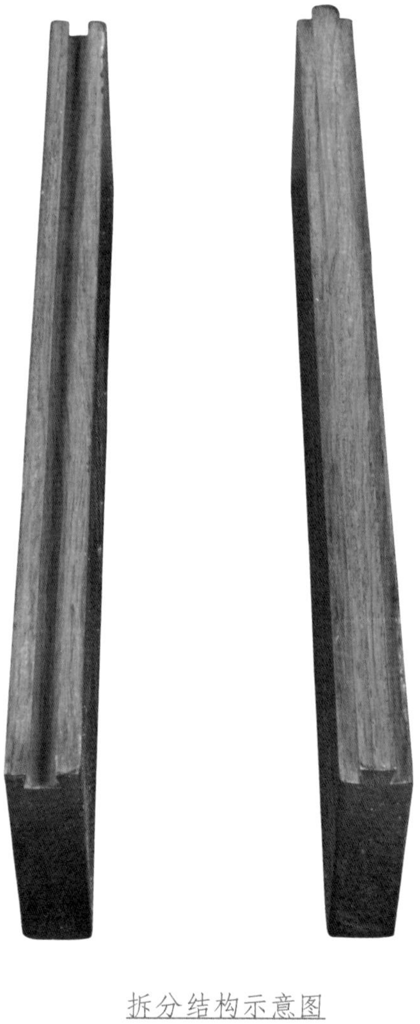

拆分结构示意图

【榫卯口诀】

传统做法燕尾榫，
潮湿环境不适用。
板面精度要求高，
槽口略比板舌深。

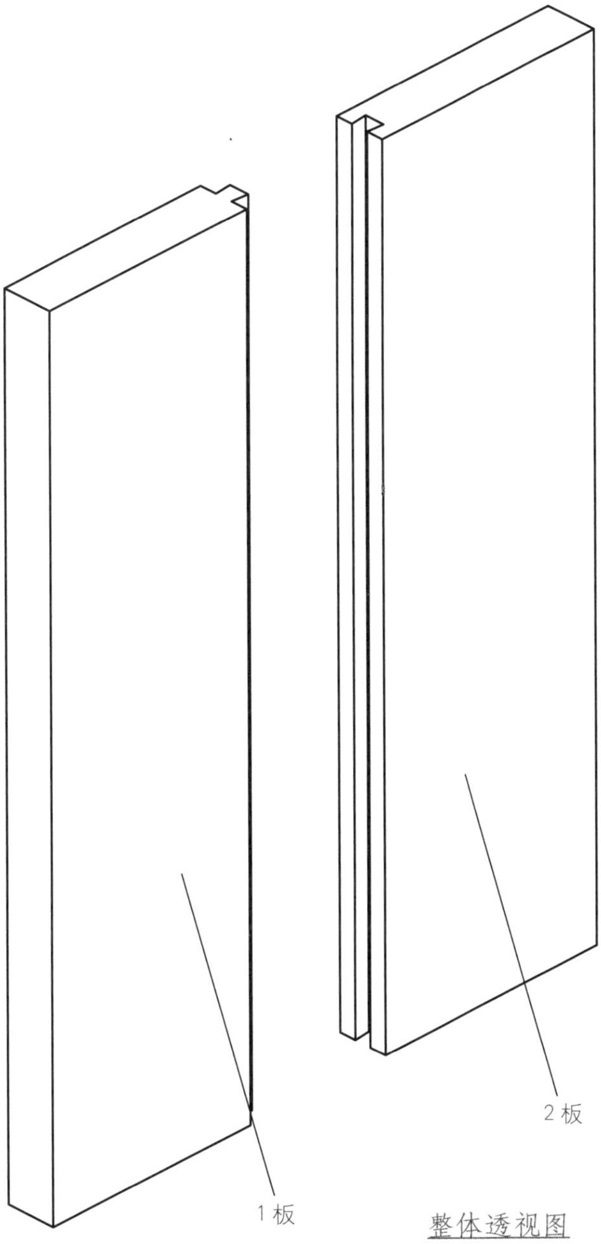

整体透视图

◆ 制作要点：

此结构对板的平整度要求非常高，如果板长度过长，将板从一端推入另一端会很难。另外，槽口要比燕尾板舌略深一点点，以缓解推板的阻力。

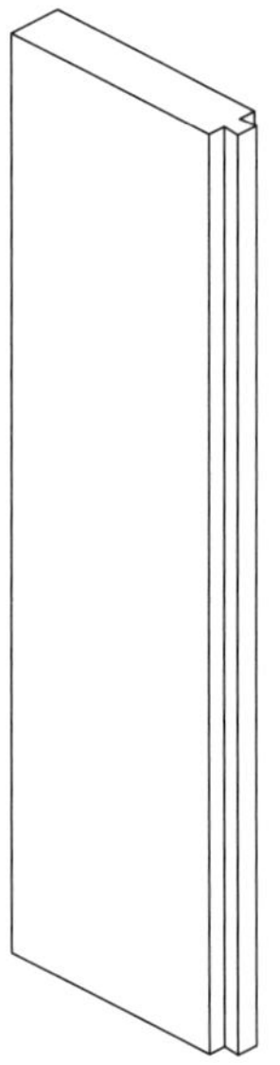

板透视图

板三视图

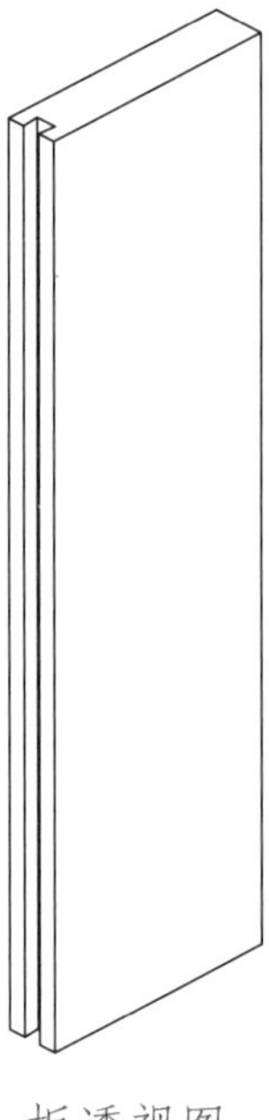

板透视图

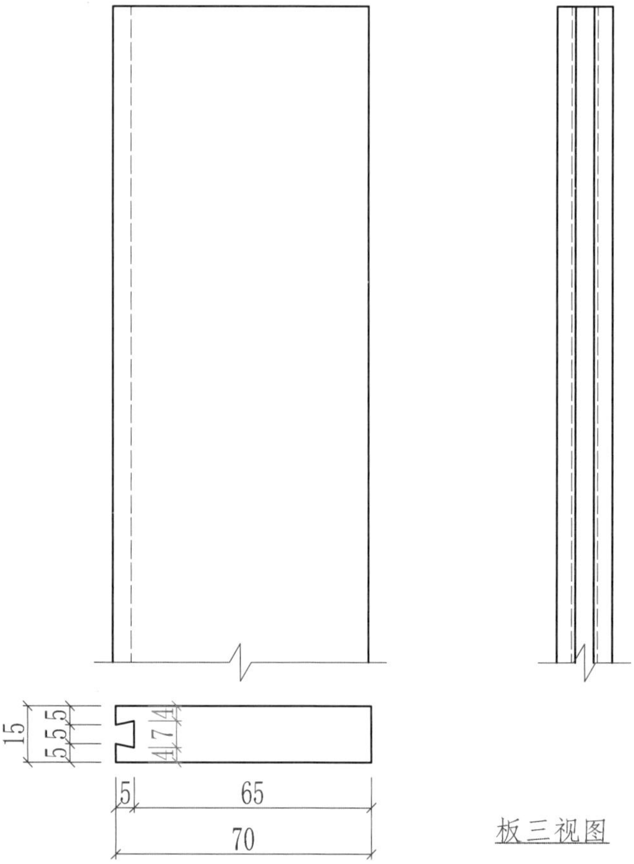

板三视图

比例：1：2

3）家具实例：清式紫檀脚踏

清式紫檀脚踏—整体图

清式紫檀脚踏—细节图

图版清单（燕尾榫拼板）：
整体结构示意图
拆分结构示意图
整体透视图
板透视图
板透视图
板三视图
板三视图
清式紫檀脚踏—整体图
清式紫檀脚踏—细节图

6. 栽榫拼板

1）基本概念

此法是传统做法，在明清家具上有时也可以见到，制作方法比较简单，当今古典家具制作已经不使用此法。此结构的缺点是当拼缝开裂时，看上去影响美观，木工称之为“透天”。

2）应用部位

适合厚板的拼板结构。

整体结构示意图

拆分结构示意图

【榫卯口诀】

传统制作很简单，
拼缝开裂成透天。
刨直刨方拼接缝，
榫销越多越牢固。

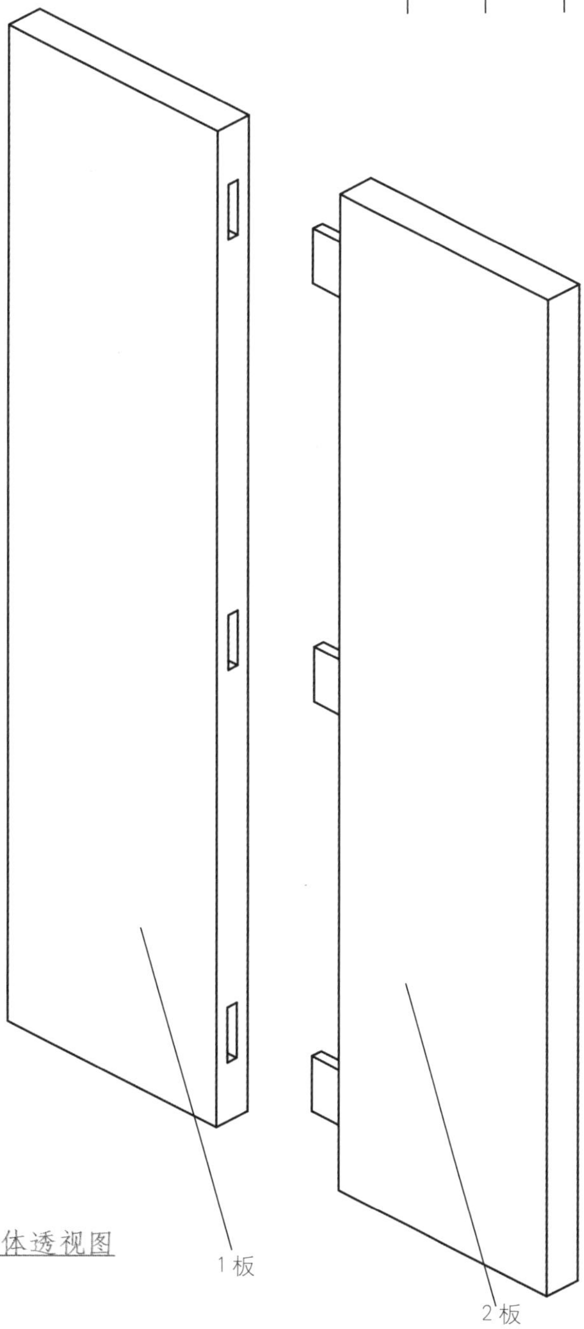

整体透视图

◆ 制作要点：

首先要把拼缝刨直刨方，然后根据板的厚度和长度确定榫销的大小和数量。制作榫销要选和板料同种木材或是比板料韧性和强度更好的木材，单位长度内榫销越多越牢固。

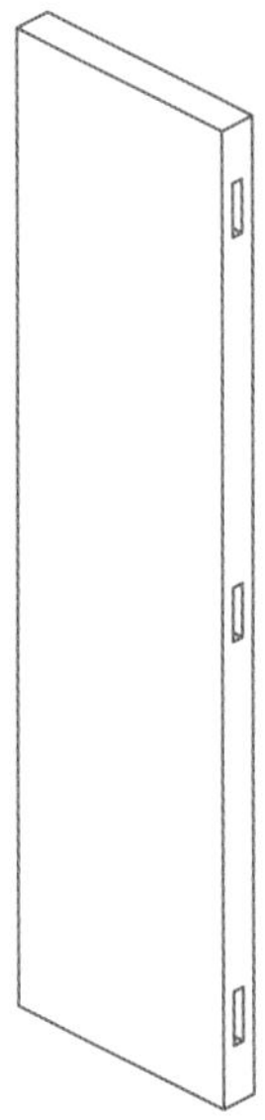

板透视图

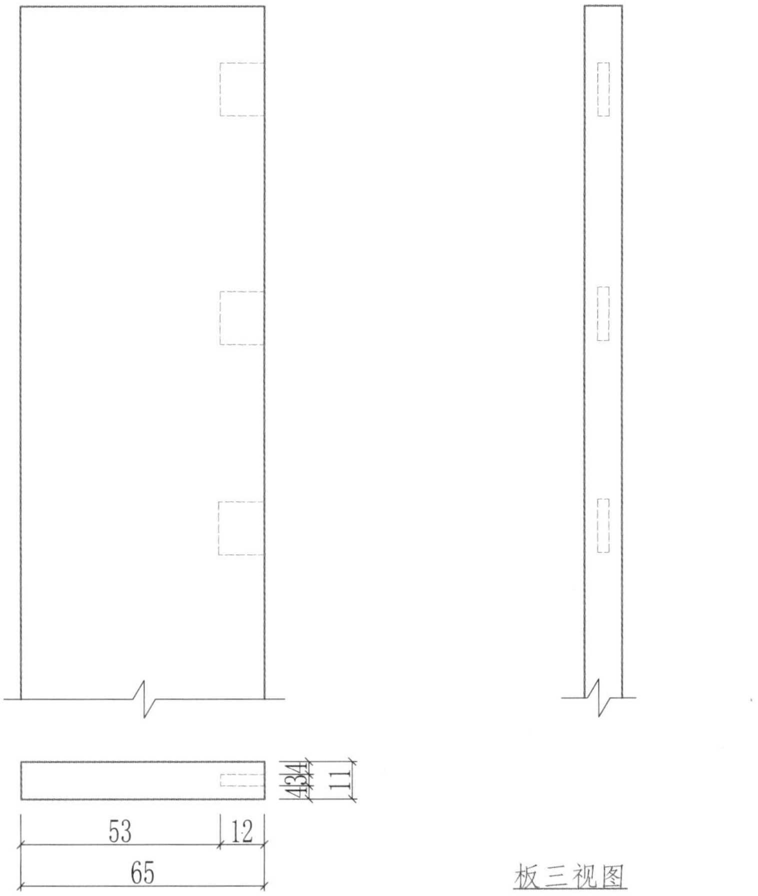

板三视图

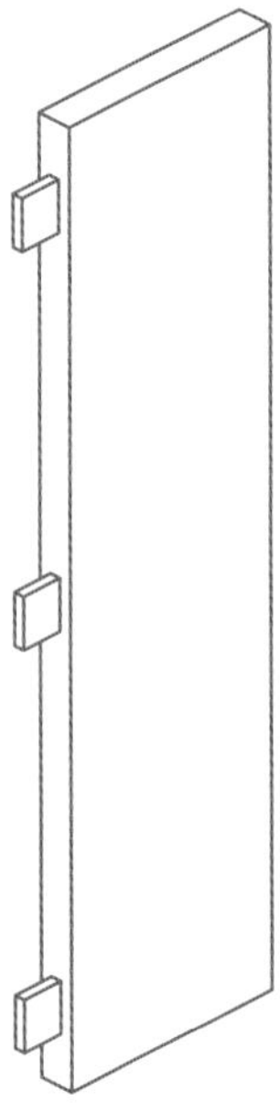

板透视图

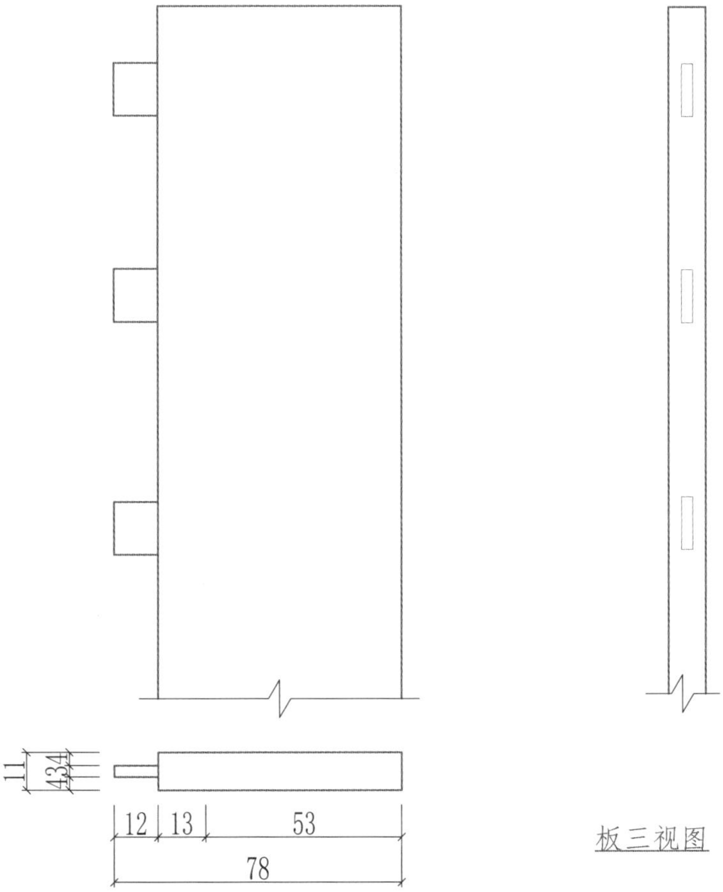

板三视图

正视图	左视图
俯视图	

比例：1：2

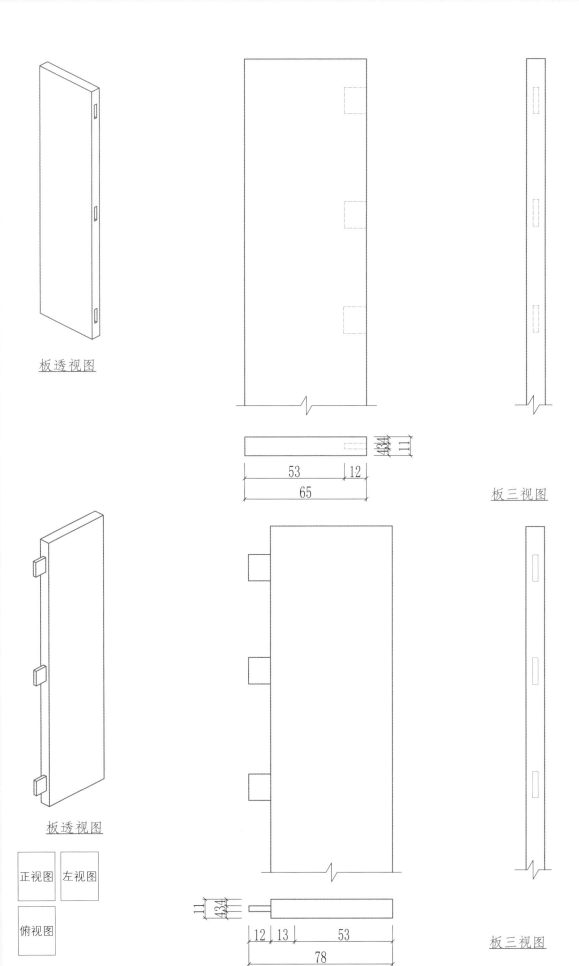

3）家具实例：清式紫檀龙纹供案

清式紫檀龙纹供案—整体图

清式紫檀龙纹供案—细节图

图版清单（栽榫拼板）：
整体结构示意图
拆分结构示意图
整体透视图
板透视图
板透视图
板三视图
板三视图
清式紫檀龙纹供案—整体图
清式紫檀龙纹供案—细节图

7. 走马销拼板

1）基本概念

“走马销”是北方匠师对一头大、一头小的木销的一种叫法。将独立的木销做成燕尾形状的榫头嵌入板中，在另一块板相应的位置做榫眼，榫眼形状是半边方槽半边燕尾槽。榫头由方槽插入推向燕尾槽，即可销紧。

2）应用部位

适用于厚度 2 厘米以上的平板拼接，适合在经常接触潮湿环境的结构，如果胶水失效板子不至于开裂。家具拼板一般不用此结构。

整体结构示意图

拆分结构示意图

【榫卯口诀】

独立木销做成榫，
半边方眼半边槽。
拼板用时同厚度，
拆装用时应略薄。

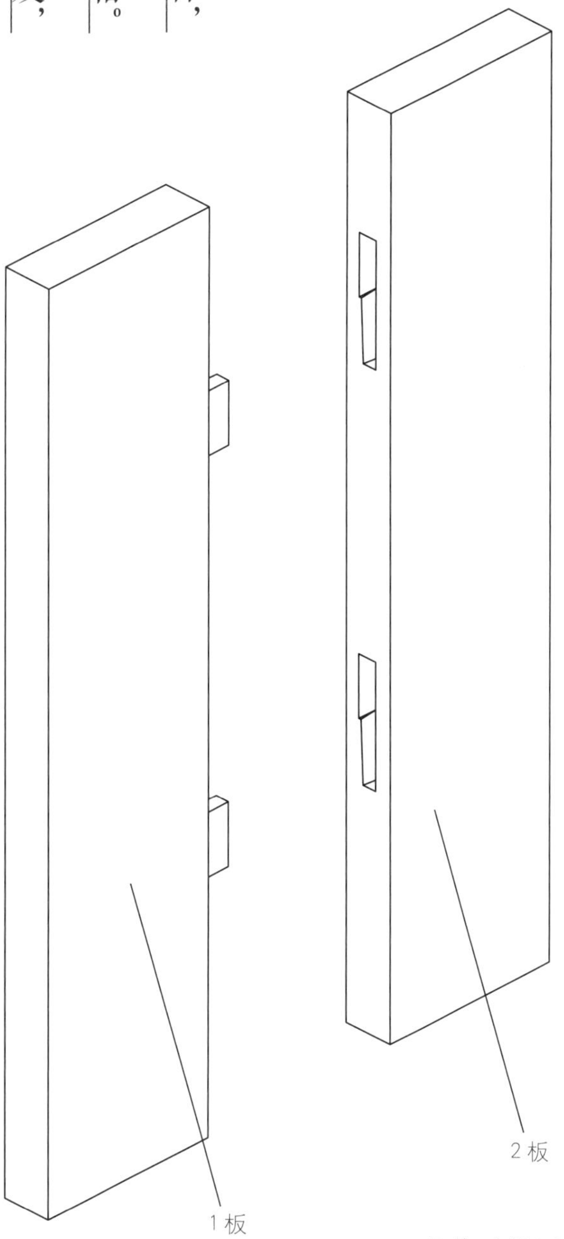

整体透视图

◆ 制作要点：

拼板的走马销和用于经常拆装的走马销是有区别的。拼板的走马销与榫眼厚度要一致；用于经常拆装的走马销前端应略薄一点点，这样在拆装时走马销不容易损坏。

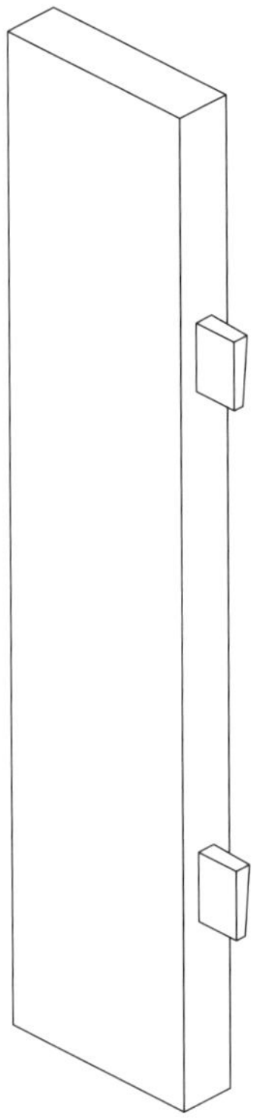

板透视图

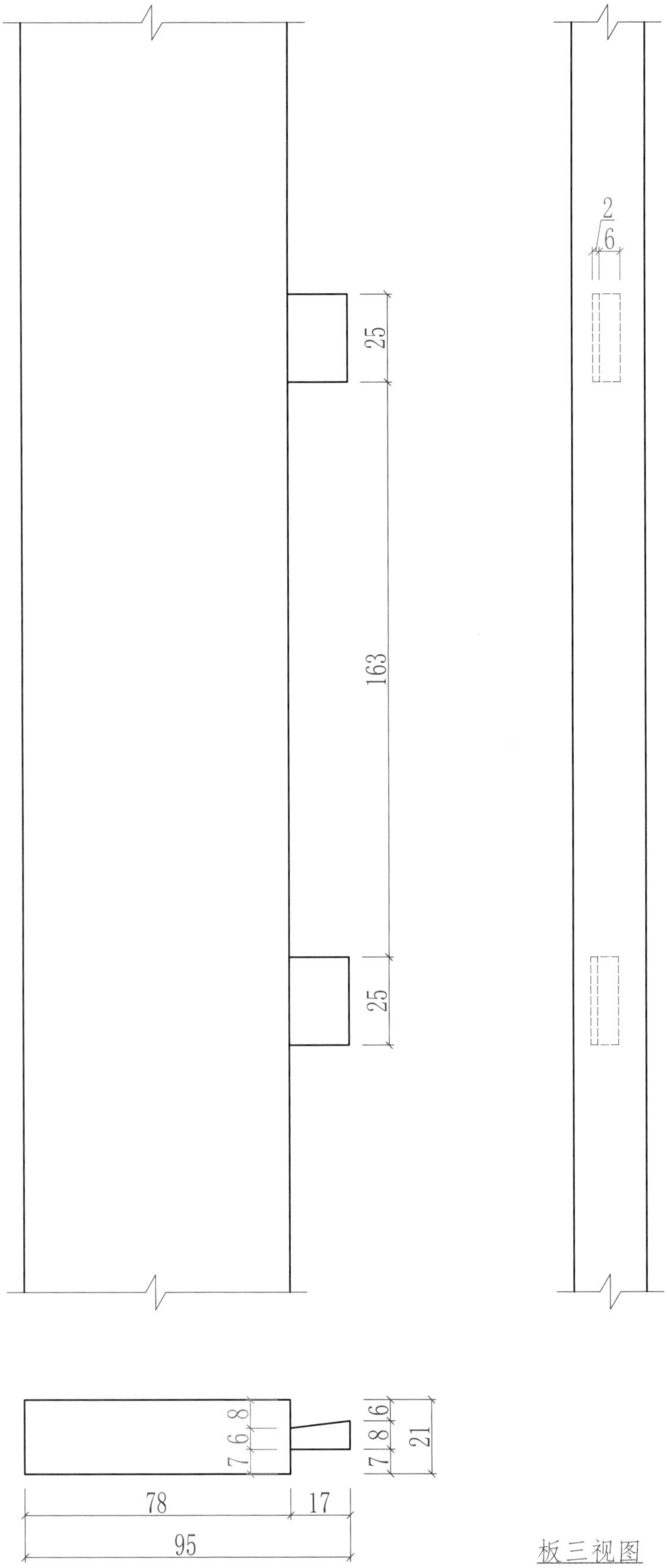

正视图 左视图

俯视图

比例：1：2

板三视图

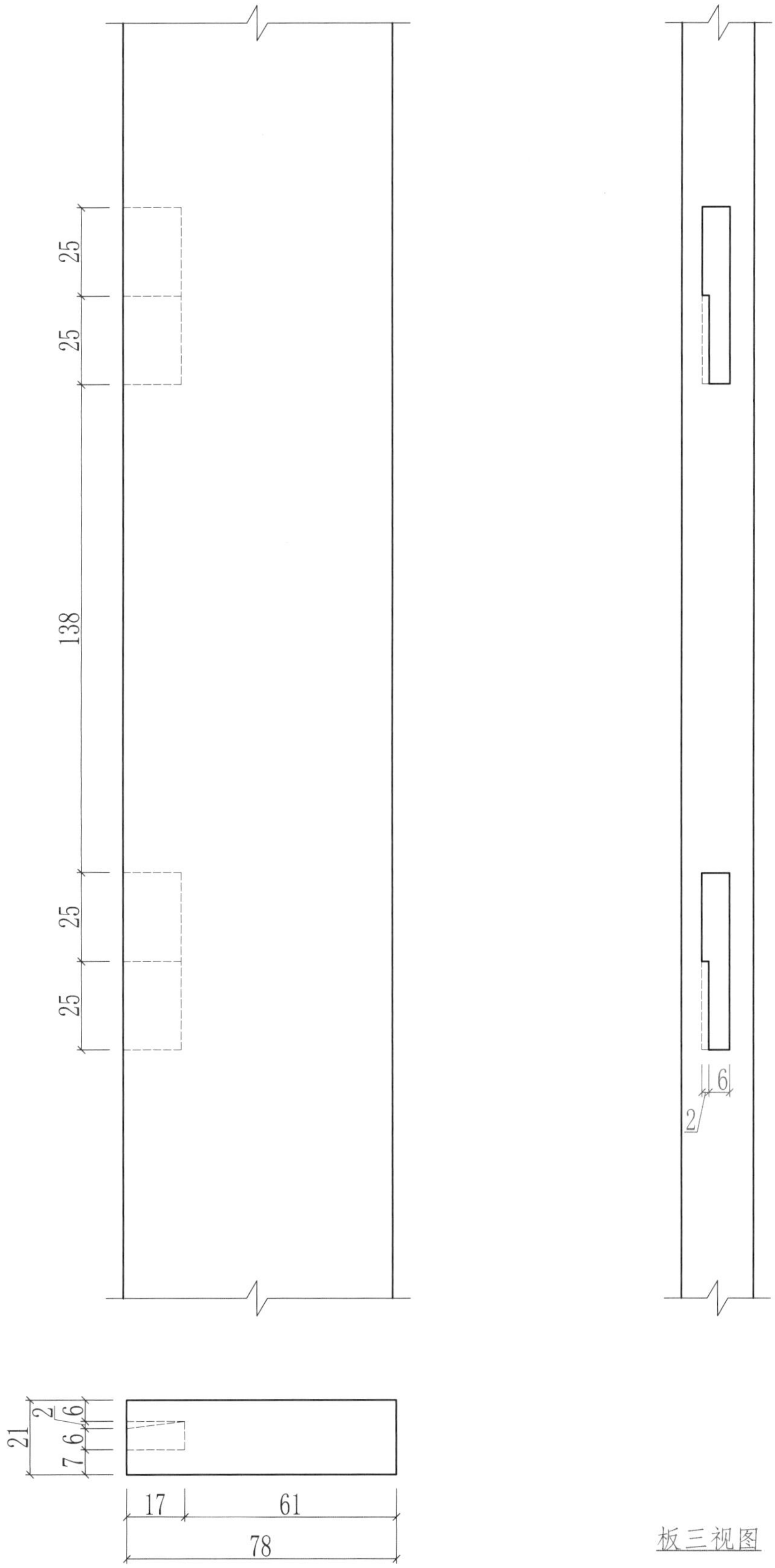

板三视图

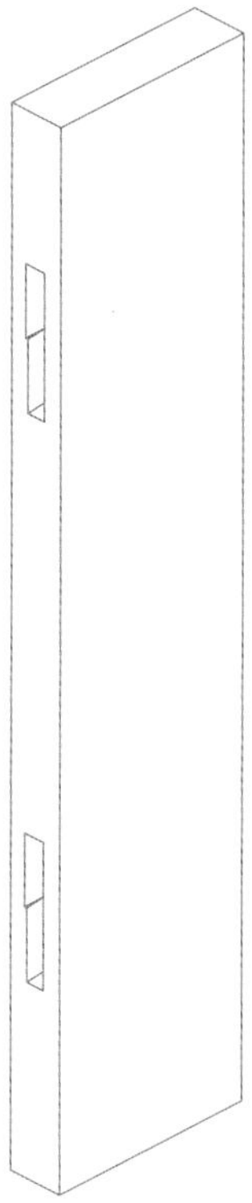

板透视图

正视图 左视图

俯视图

比例：1：2

3）家具实例：清式五屏式罗汉床

清式五屏式罗汉床—整体图

清式五屏式罗汉床—细节图

图版清单（走马销拼板）：
整体结构示意图
拆分结构示意图
整体透视图
板透视图
板透视图
板三视图
板三视图
清式五屏式罗汉床—整体图
清式五屏式罗汉床—细节图

8. 银锭条拼板

1）基本概念

此结构利用一个同时具备韧性和强度的木条，把它的截面加工成银锭形状，嵌入两个开银锭榫槽的平板之中，接合起来比走马销拼板还要牢固。

2）应用部位

适用于经常接触潮湿环境的木板拼接上。家具制作一般不用此法。

整体结构示意图

拆分结构示意图

【榫卯口诀】

银锭榫条推入槽，
牢固胜过走马销。
潮湿环境适合用，
正常家具不常用。

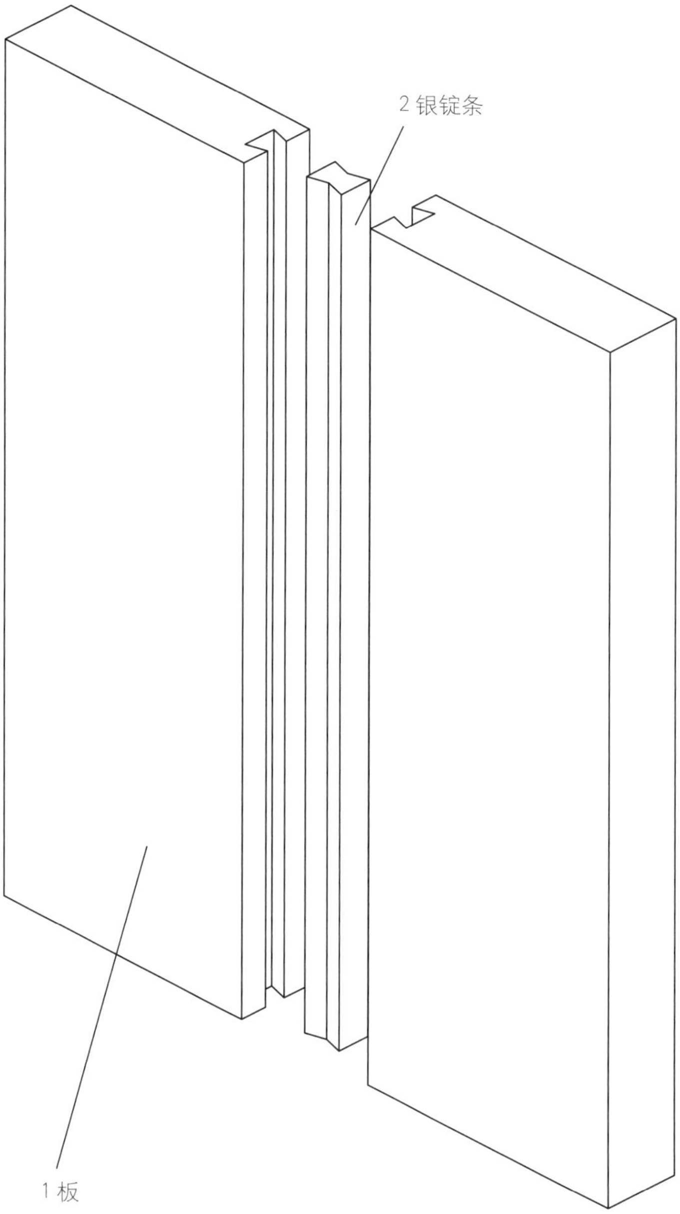

整体透视图

◆ 制作要点：

一是利用此法拼接的板的厚度一般在 3 厘米以上；二是板的长度不宜过长，板太长，摩擦力会过大，银锭条很难嵌入槽口。

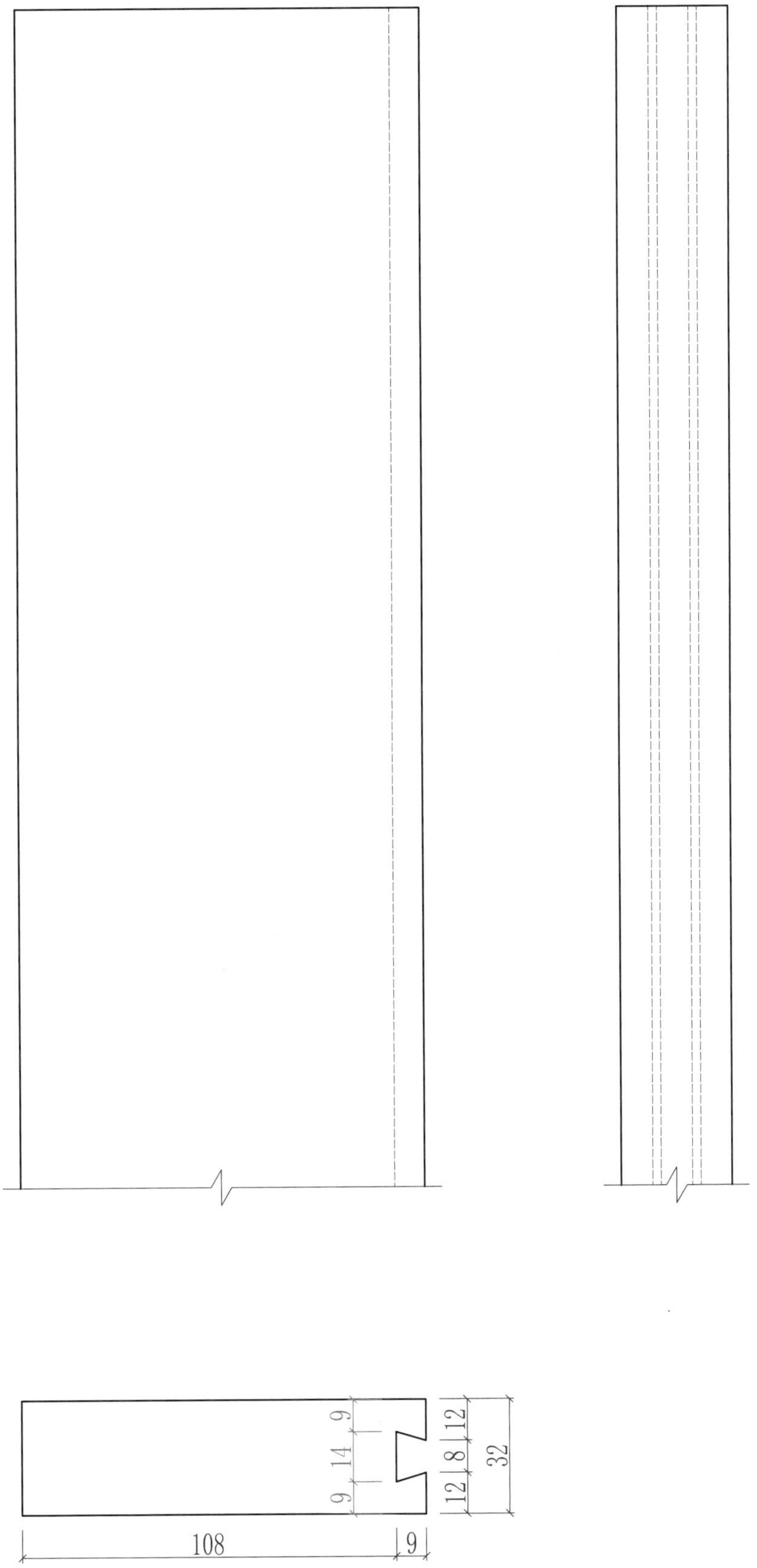

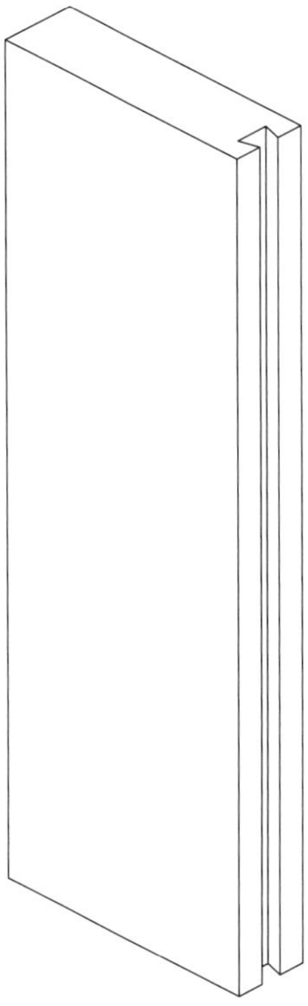

板透视图

板三视图

正视图	左视图
俯视图	

比例：1：2

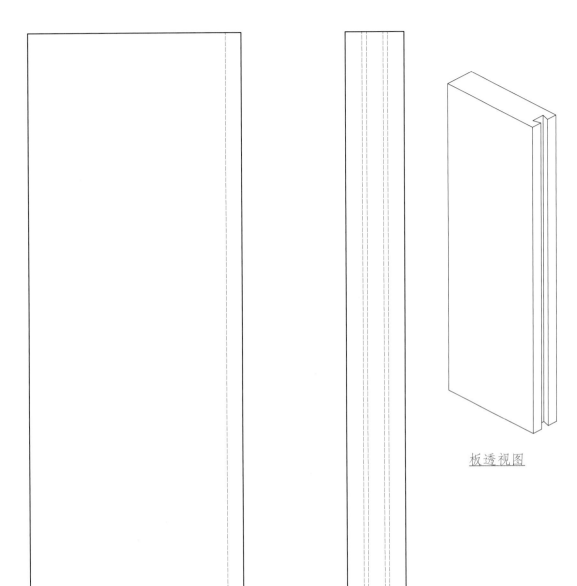

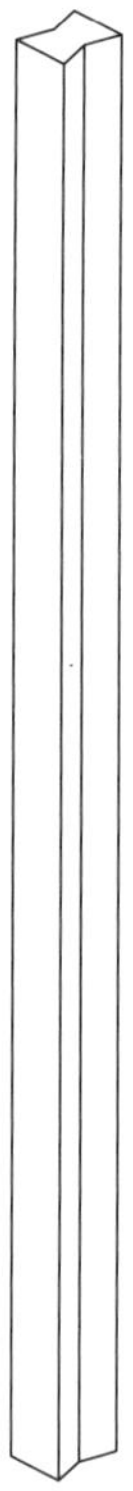

银锭条透视图

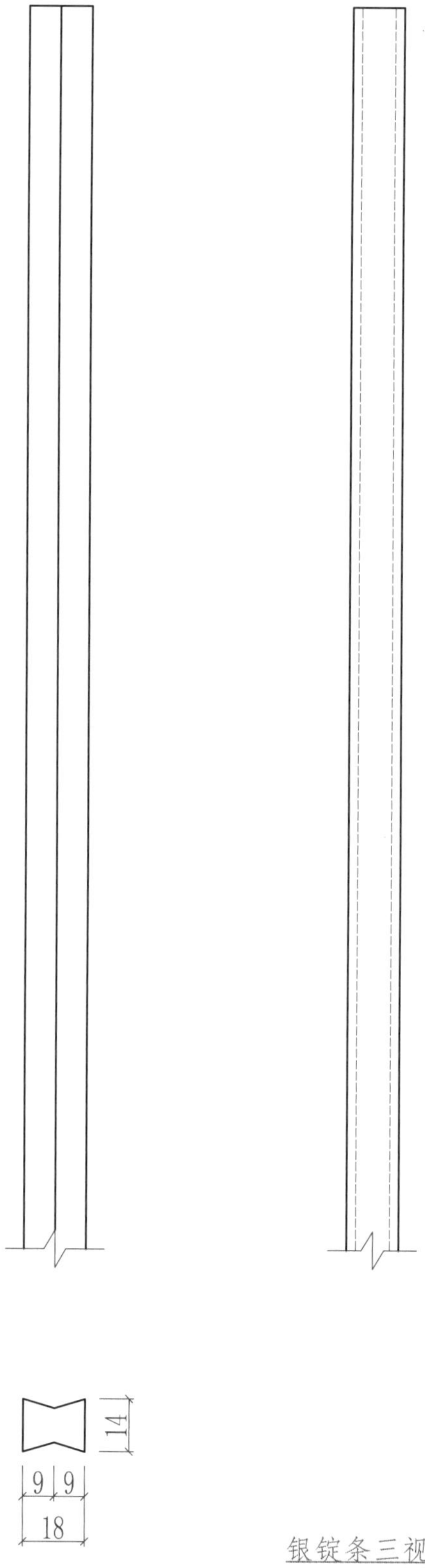

银锭条三视图

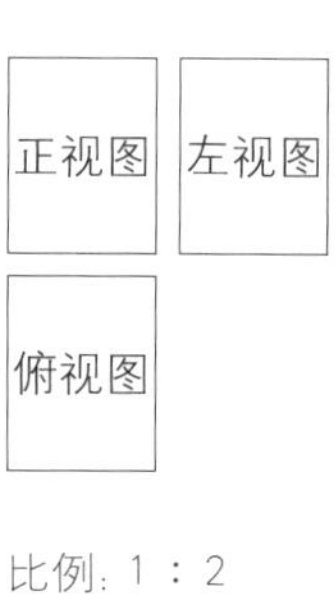

比例：1：2

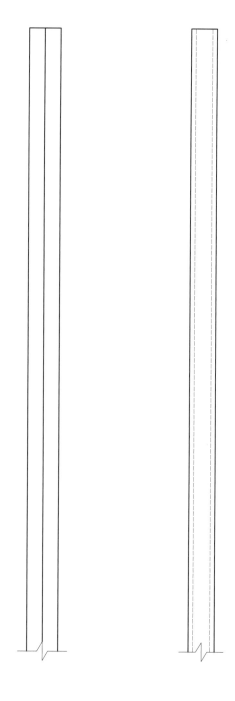

3）家具实例：清式酸枝木福禄纹餐边柜

清式酸枝木福禄纹餐边柜—整体图

清式酸枝木福禄纹餐边柜—细节图

图版清单（银锭条拼板）：
整体结构示意图
拆分结构示意图
整体透视图
板透视图
银锭条透视图
板三视图
银锭条三视图
清式酸枝木福禄纹餐边柜—整体图
清式酸枝木福禄纹餐边柜—细节图

技艺

9. 弧形边框栽榫接合

1）基本概念

因为弧形边框的木纹往往是斜的，如果在边上出榫头，那么榫头的木纹也肯定是斜纹，榫头容易断掉，而且在料上出榫头还浪费材料。因此，弧形边框连接采用栽榫接合比较合适。

2）应用部位

用于超大圆形家具的边框。

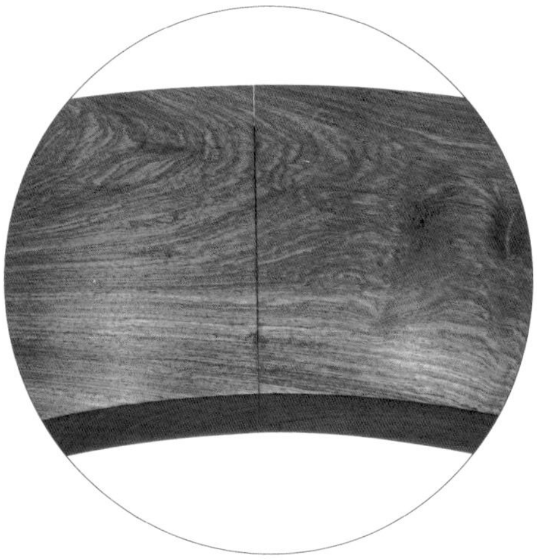

整体结构示意图

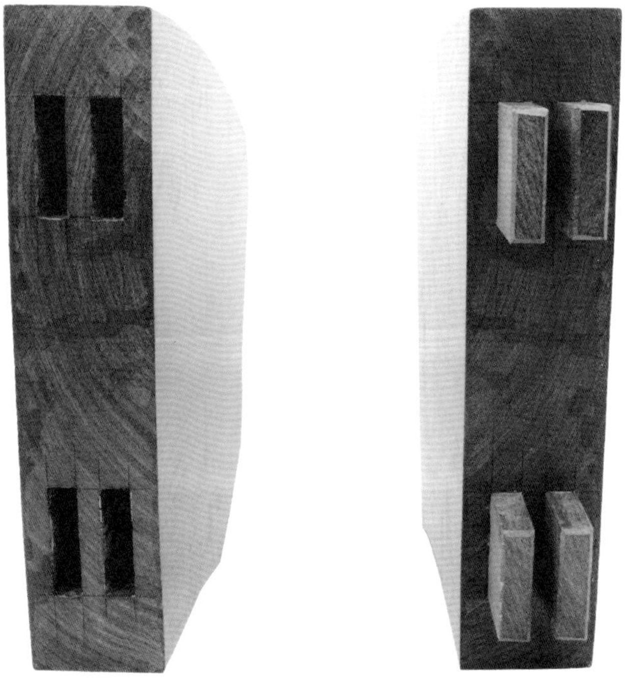

拆分结构示意图

【榫卯口诀】

边框宽厚易变形，
榫头宜大不宜小。
榫头材质须优良，
兼具韧性和强度。

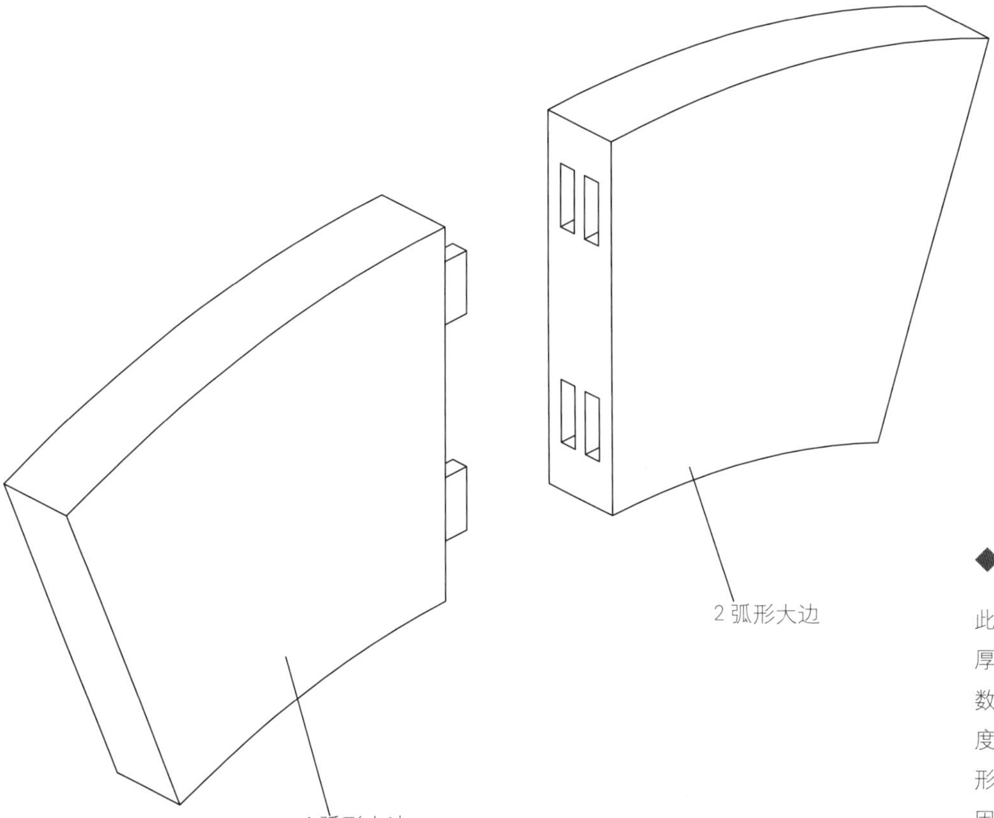

整体透视图

◆ 制作要点：

此结构需要根据边框的厚度和宽度设计榫头的数量和大小，边框的厚度和宽度越大越容易变形。榫头宜大不宜小，因为是栽榫，榫头的材质不一定和边框材质一致，但榫头材质质量必须好，要兼具韧性和强度。最好是在有模板的限制下胶合边框，使弧形边框成型规矩。在古典家具制作中，也有一边出榫头一边凿榫眼的做法，而不用栽榫之法。

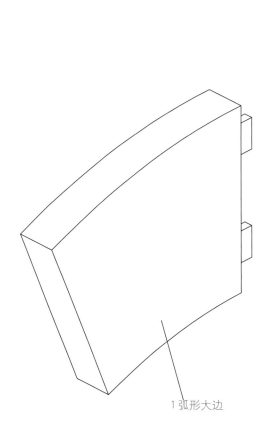

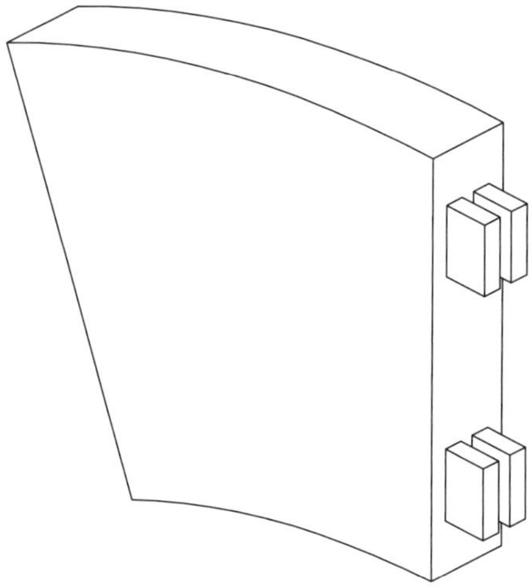

正视图 左视图

俯视图

比例：1 ∶ 2.5

弧形大边透视图

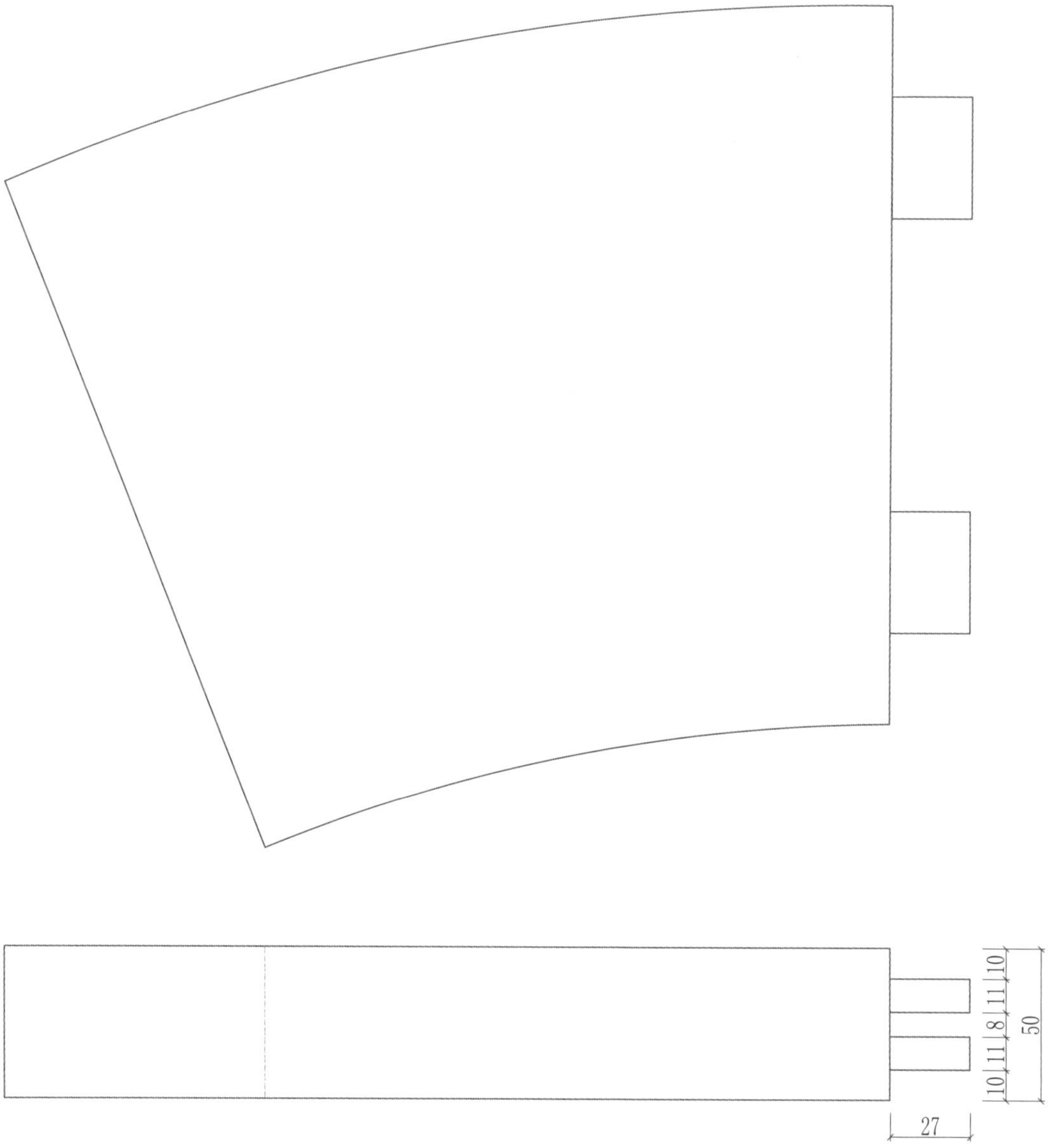

弧形大边三视图

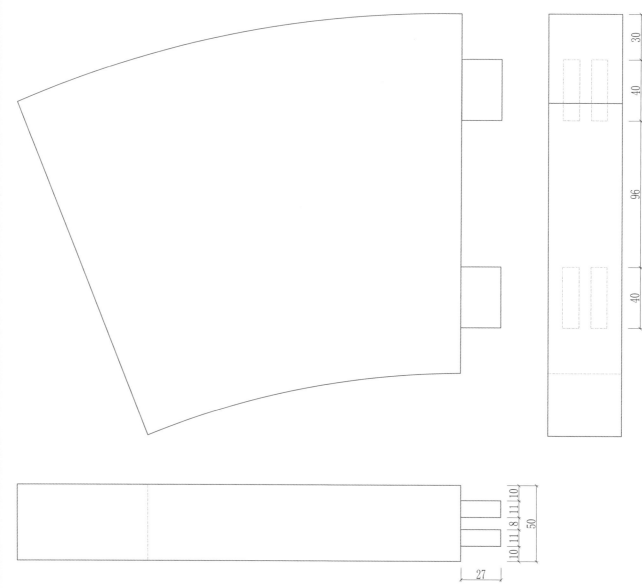

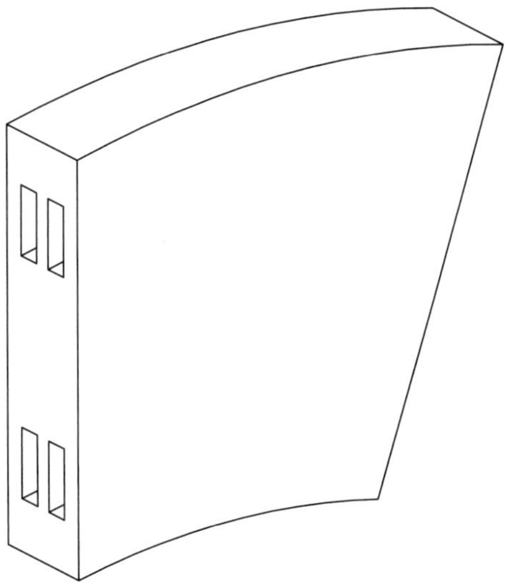

弧形大边透视图

正视图 左视图

俯视图

比例：1：2.5

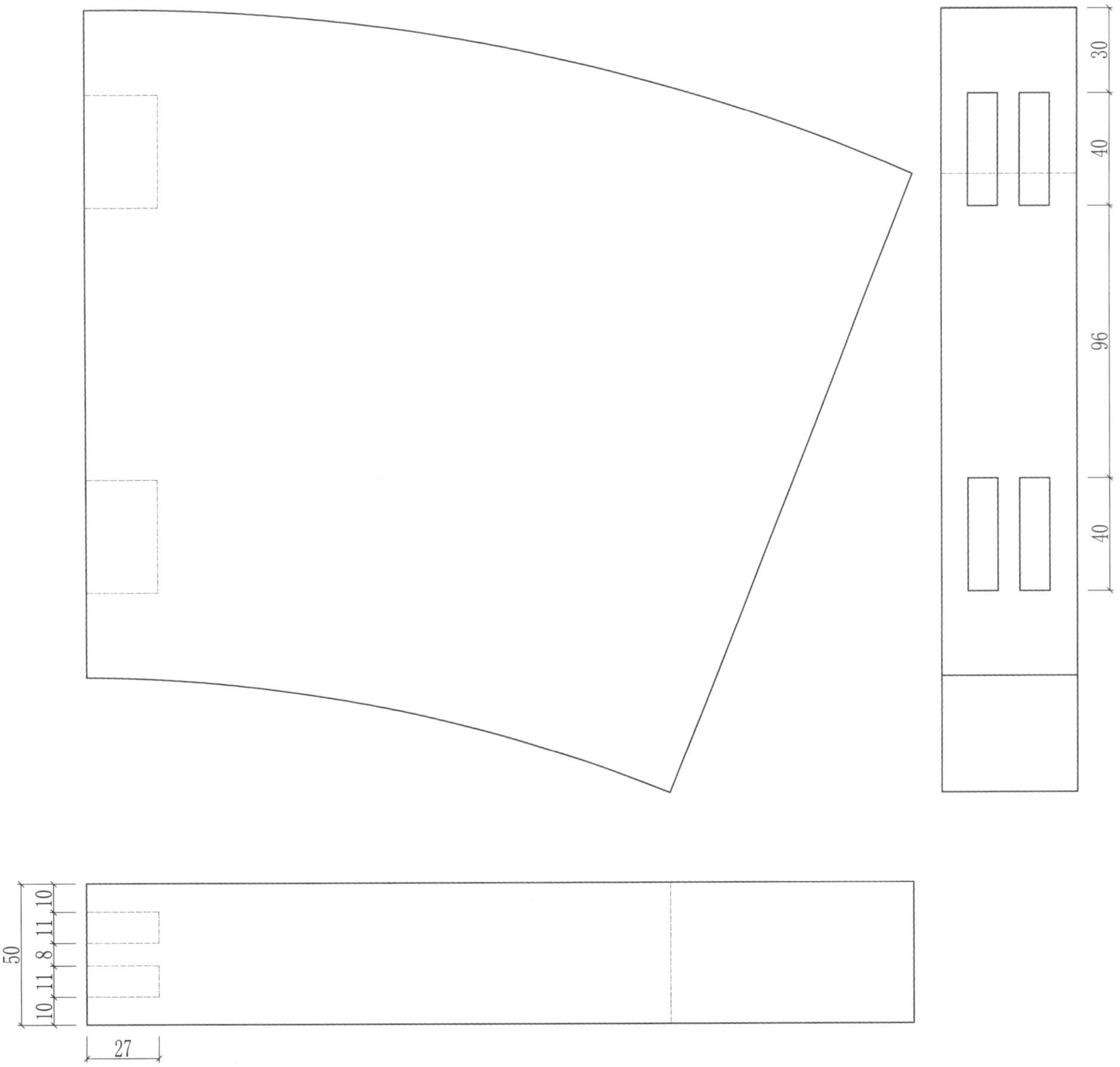

弧形大边三视图

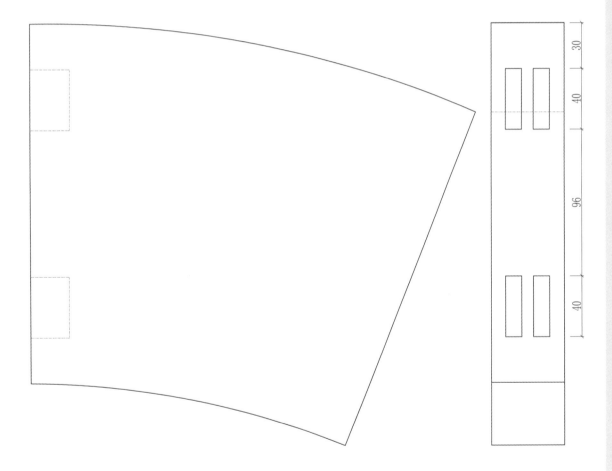

3）家具实例：清式紫檀灵芝纹嵌理石太师椅

弧形边框栽榫接合

清式紫檀灵芝纹嵌理石太师椅—整体图

图版清单（弧形边框栽榫接合）：
整体结构示意图
拆分结构示意图
整体透视图
弧形大边透视图
弧形大边透视图
弧形大边三视图
弧形大边三视图
清式紫檀灵芝纹嵌理石太师椅—整体图
清式紫檀灵芝纹嵌理石太师椅—细节图

弧形边框栽榫接合

清式紫檀灵芝纹嵌理石太师椅—细节图

10. 装板和穿带结构之一

1）基本概念

穿带是固定家具面板的构件，外观很像人的腰带，故俗称为“带”，能够把面板穿在一起。此结构是旧时的传统手工做法，穿带有大小头，也就是板的燕尾槽一头宽、一头窄，宽窄相差的值一般没有规律。

2）应用部位

家具板面的下面或者背面。

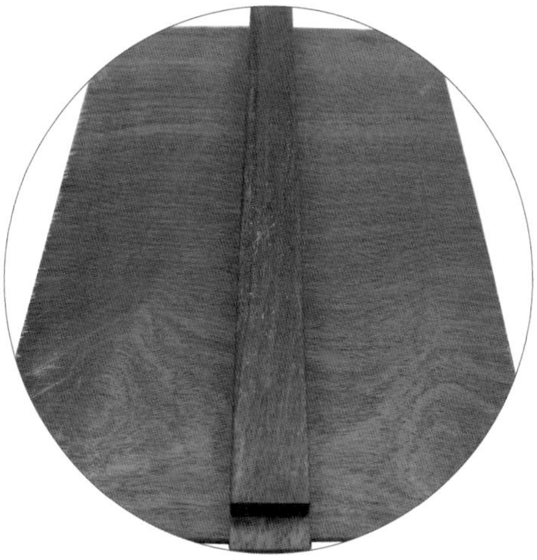

整体结构示意图

拆分结构示意图

【榫卯口诀】

旧时传统手工法，
穿带两头分大小。
斜度全凭经验做，
做好做差靠手艺。

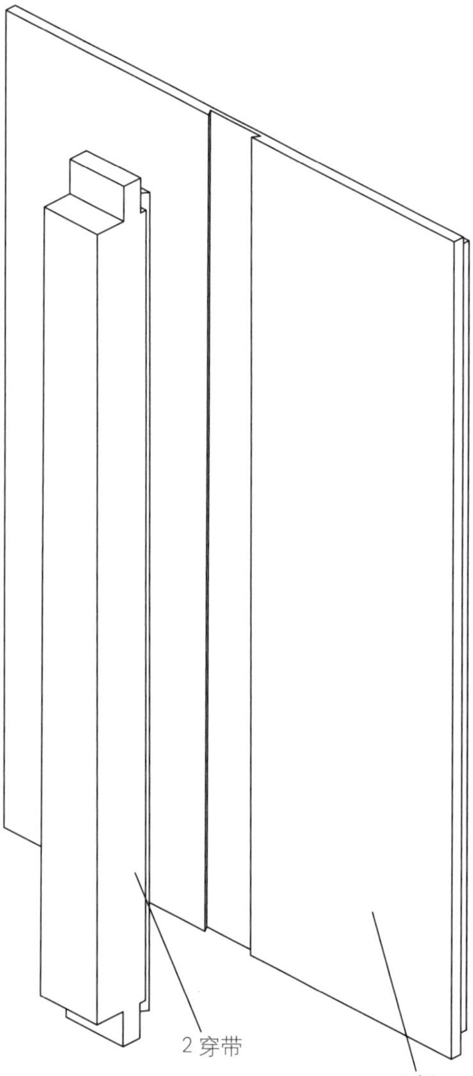

整体透视图

◆ 制作要点：

旧时做穿带都是纯手工活，先把穿带造成一头大一头小的方料，再根据穿带的多少编好号码，并且确定穿带在装板上的位置，每根穿带单独画线。板上燕尾槽的斜度全凭经验，做好做不好全靠手艺，板上燕尾槽要比穿带有意识地做小一点，等板上燕尾槽做好后，用穿带去测试燕尾槽的大小，经过多次试装穿带才能做好。因此，旧时木工手艺好坏不等，做出的家具相差很多。

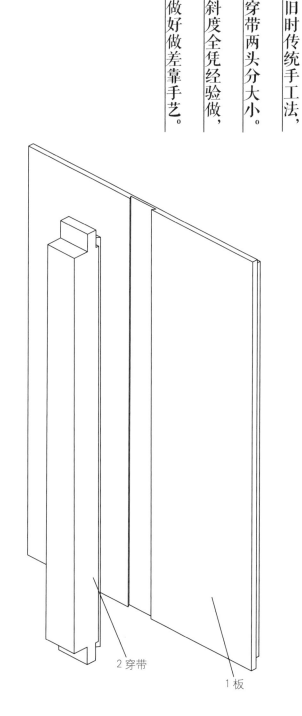

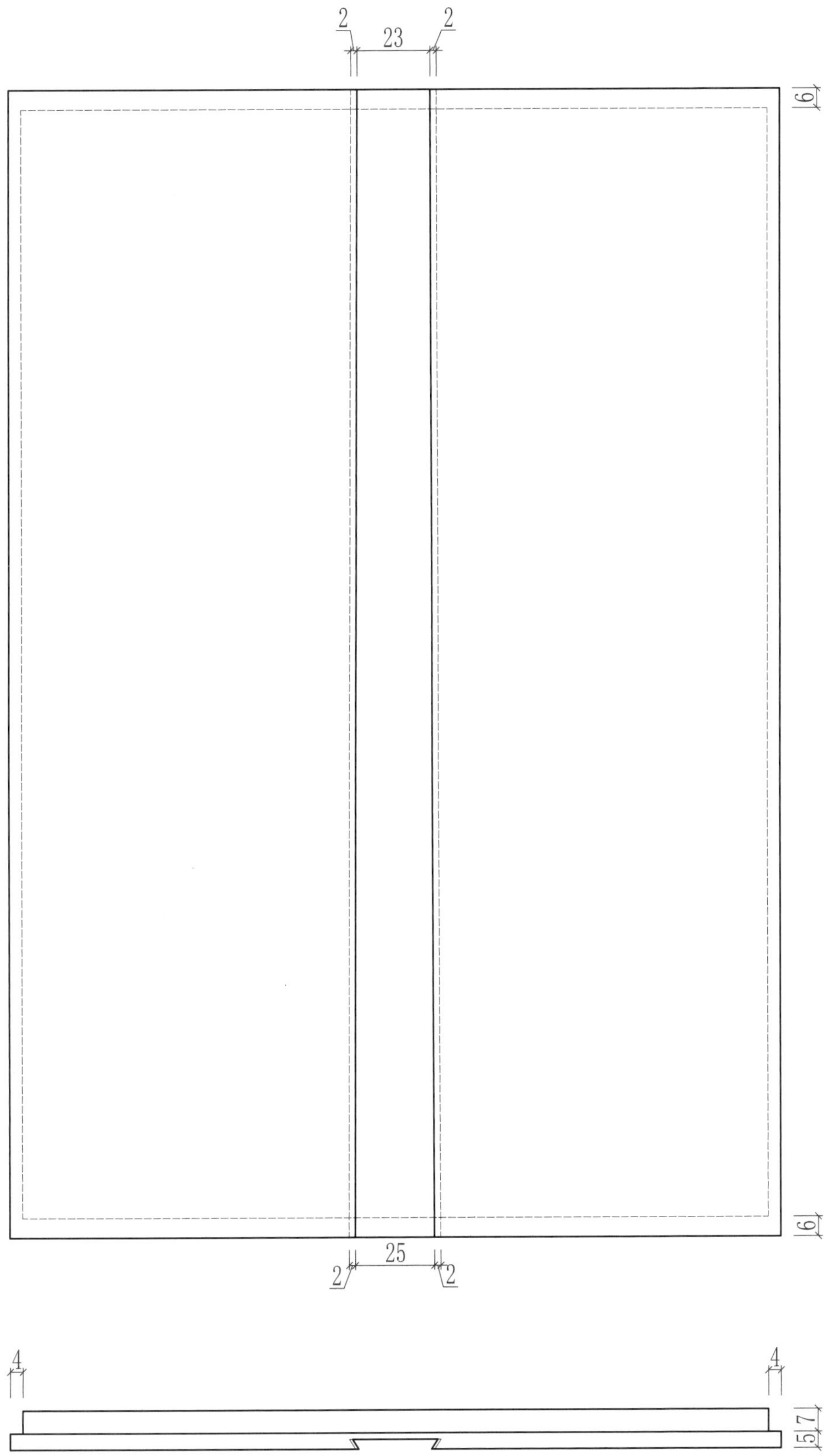

板三视图

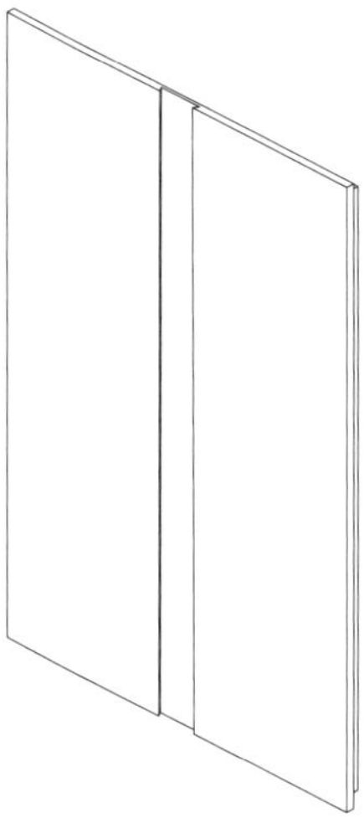

板透视图

正视图 左视图

俯视图

比例：1 ：2

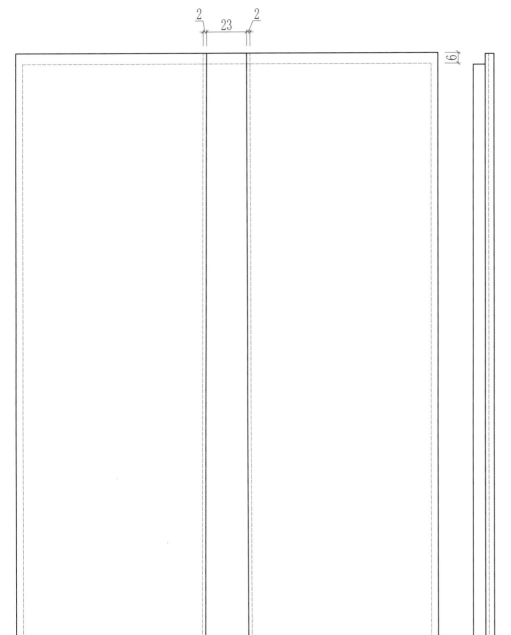

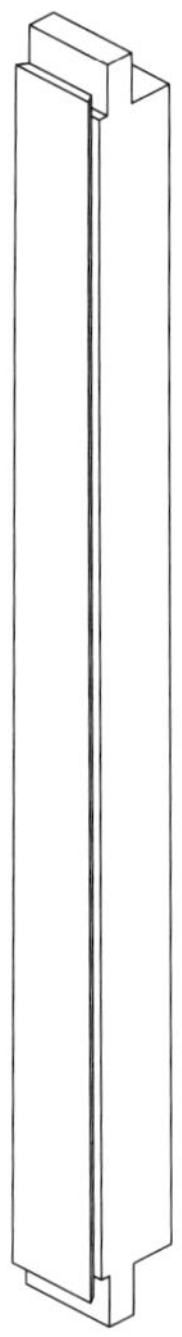

穿带透视图

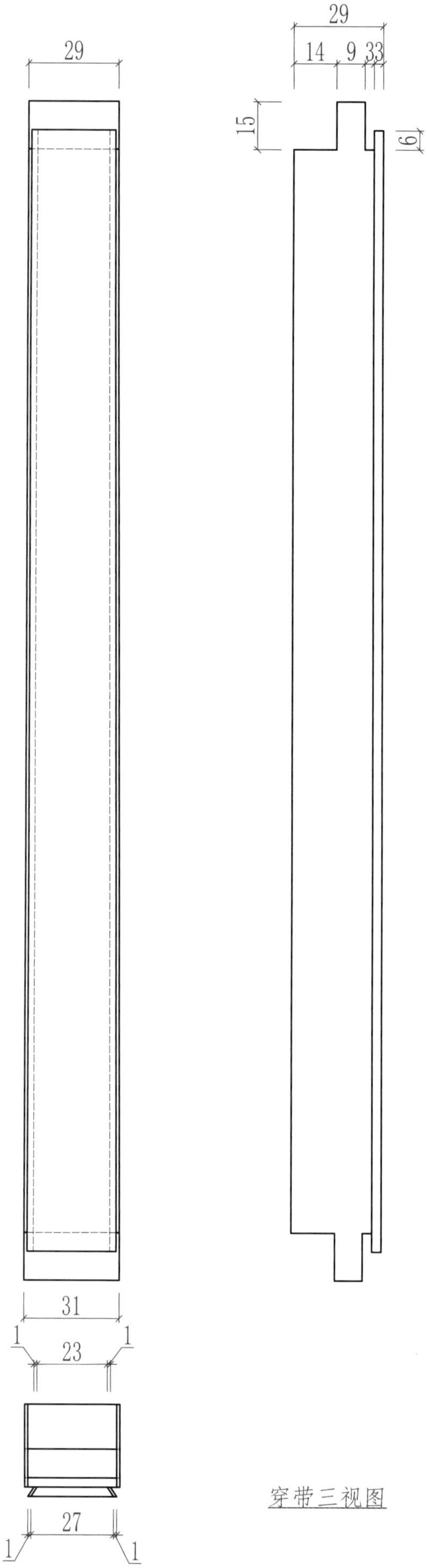

穿带三视图

正视图	左视图
俯视图	

比例：1：2

3）家具实例：明式花梨木炕桌

明式花梨木炕桌—整体图

明式花梨木炕桌—细节图

图版清单（装板和穿带结构之一）：
整体结构示意图
拆分结构示意图
整体透视图
板透视图
穿带透视图
板三视图
穿带三视图
明式花梨木炕桌—整体图
明式花梨木炕桌—细节图

11. 装板和穿带结构之二

1）基本概念

此结构是现代做法，穿带两端的燕尾槽宽度相同，制作时使用的工具都是成型刀，加工比较方便。

2）应用部位

家具板面的下面或者背面。

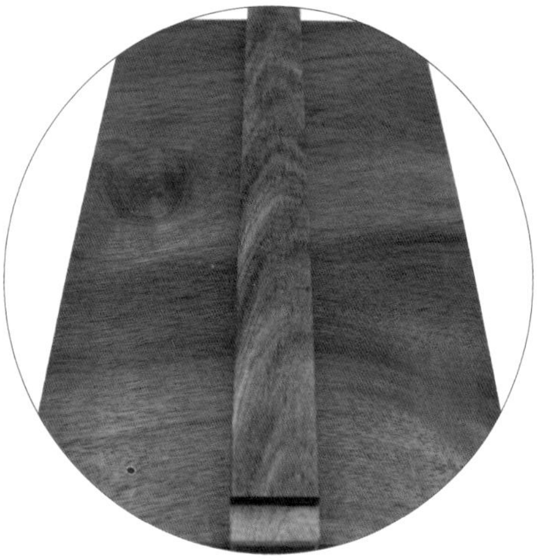

整体结构示意图

拆分结构示意图

【榫卯口诀】

现代做法用机械，
穿带两端宽相同。
装板穿带处处用，
榫头榫眼均关联。

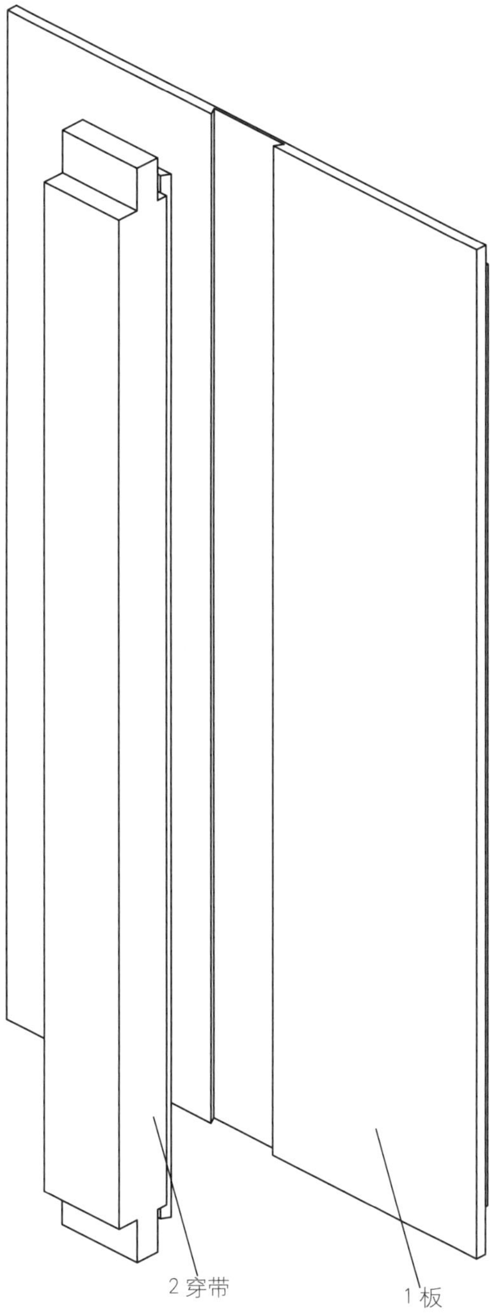

整体透视图

◆ 制作要点：

在做穿带时，要根据装板的宽度和厚度确定燕尾槽的宽度和深度。一般情况下，穿带上的燕尾榫要比板上的燕尾槽略浅 2 ~ 3 丝米（1 丝米 =0.1 毫米），穿带燕尾榫和板上的燕尾槽的合理间隙很重要，以手能把穿带推进燕尾槽内为宜。穿带的松紧度也很重要，太松穿带起不到作用，太紧装板在日常缩胀中会开裂。

板透视图

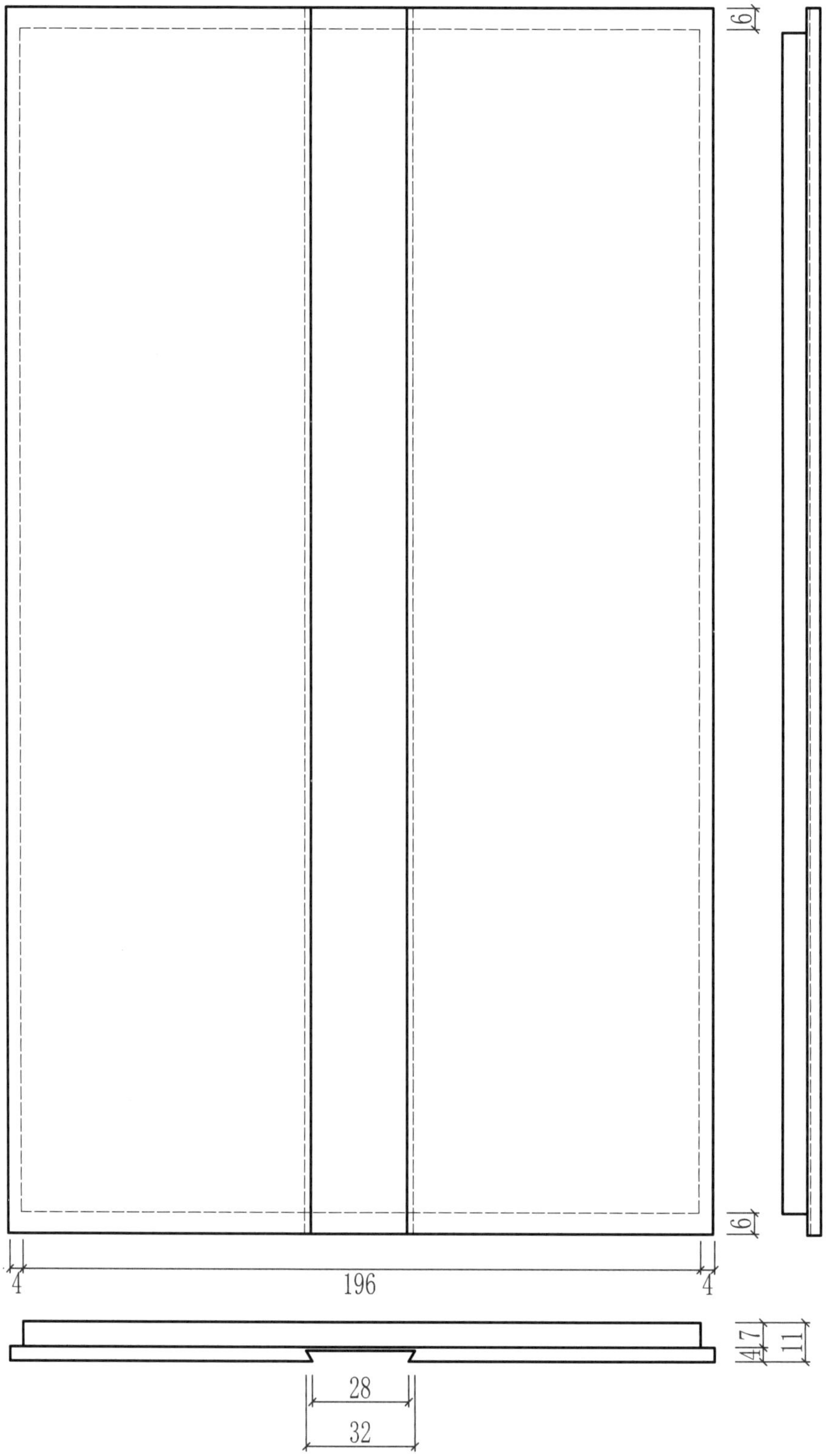

正视图	左视图
俯视图	

比例：1：2

板三视图

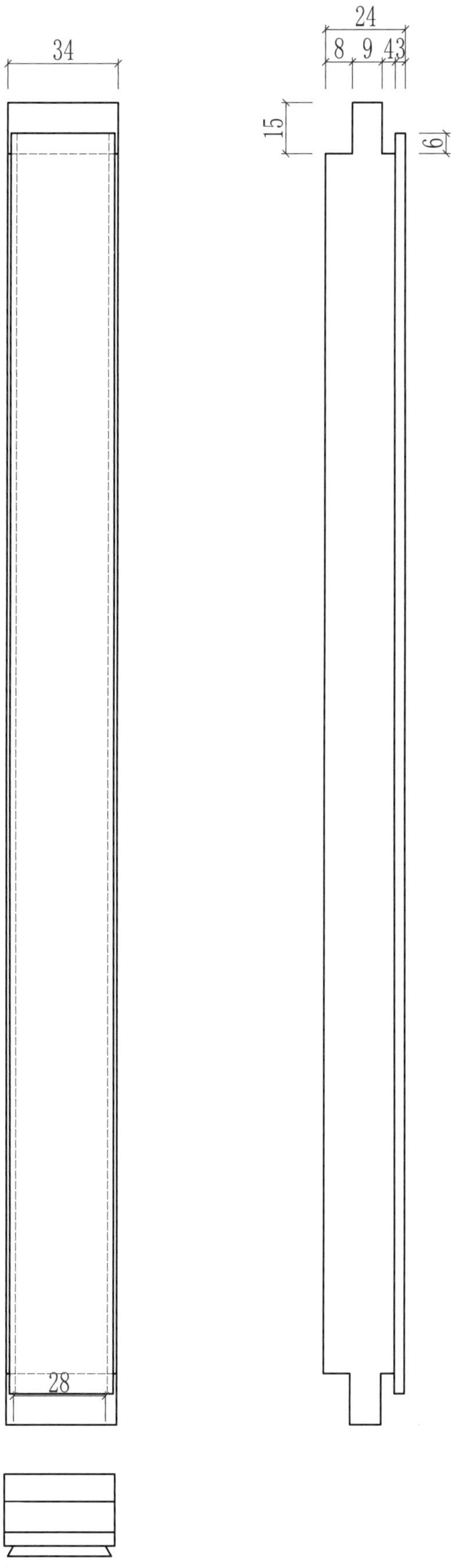

穿带三视图

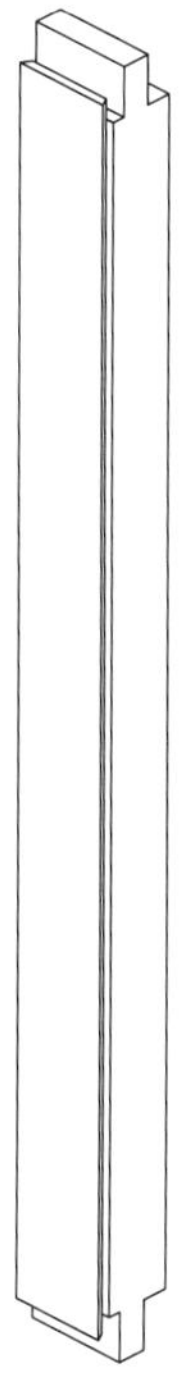

穿带透视图

正视图	左视图
俯视图	

比例：1：2

3）家具实例：清式花梨木福禄纹小方角柜

装板和穿带结构之二

清式花梨木福禄纹小方角柜—整体图

图版清单（装板和穿带结构之二）：
整体结构示意图
拆分结构示意图
整体透视图
板透视图
穿带透视图
板三视图
穿带三视图
清式花梨木福禄纹小方角柜—整体图
清式花梨木福禄纹小方角柜—细节图

装板和穿带结构之二

清式花梨木福禄纹小方角柜—细节图

（二）框架接合

1．双面格肩结构

1）基本概念

这种双面格肩榫主要用在柜类的门框结构中，出榫眼的料是横料，出榫头的料是竖料，组装好柜门后竖料上下端有横茬露出，待柜门装到柜子上时横茬就不明显了。此种结构是古典家具制作中的常用做法。

2）应用部位

多用于柜类的门框。

整体结构示意图

拆分结构示意图

【榫卯口诀】

板舌厚度要优先，
榫夹榫头要兼顾。
槽口不能伤榫头，
不宜太薄免翘曲。

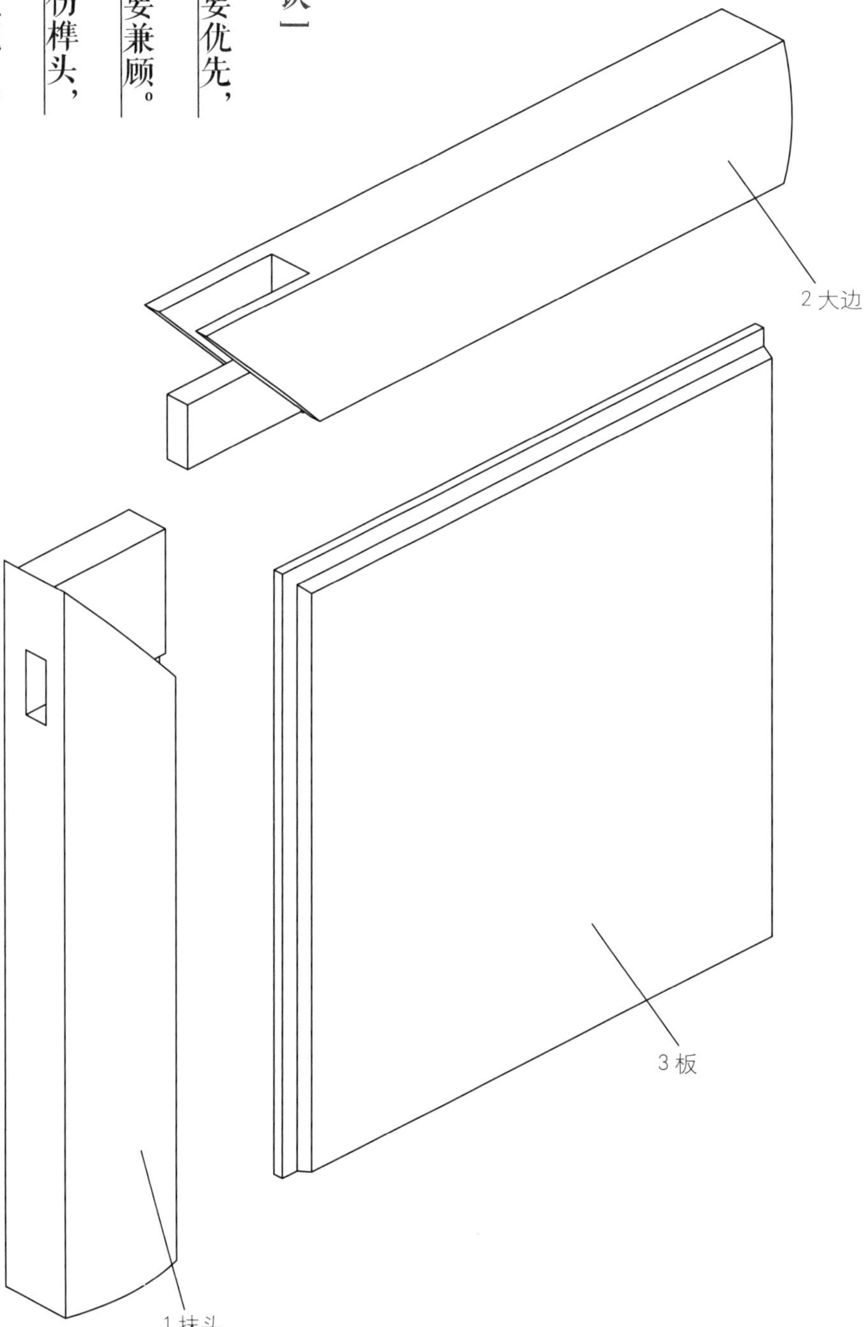

整体透视图

◆ 制作要点：

在制作此款榫卯时，应优先考虑装板的榫舌厚度，再确定格肩榫夹和榫头的厚度。三者要兼顾，槽口不能伤到榫头，格肩榫夹皮不宜太薄，榫夹太薄在使用后容易翘曲。

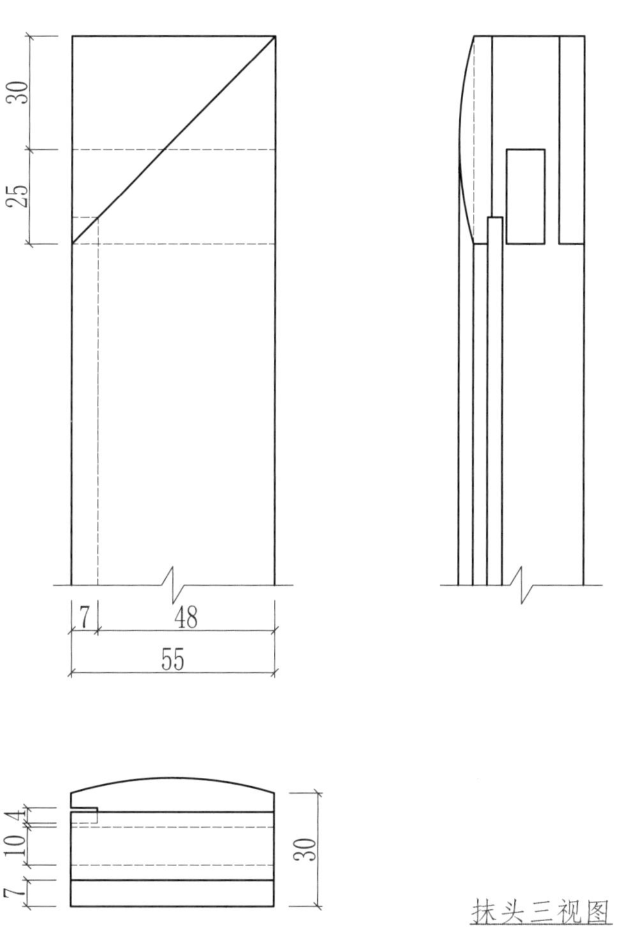

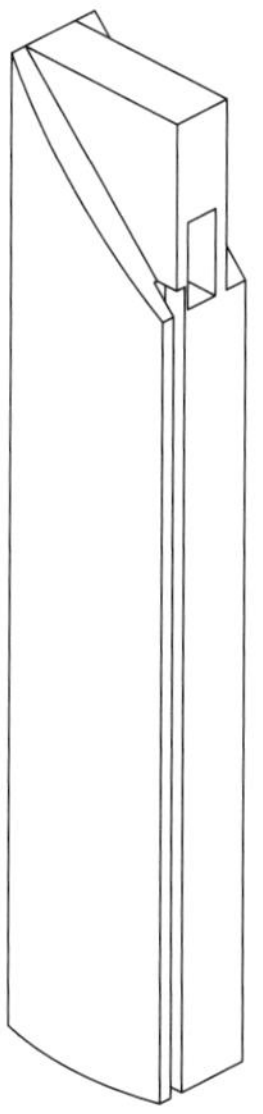

抹头透视图

抹头三视图

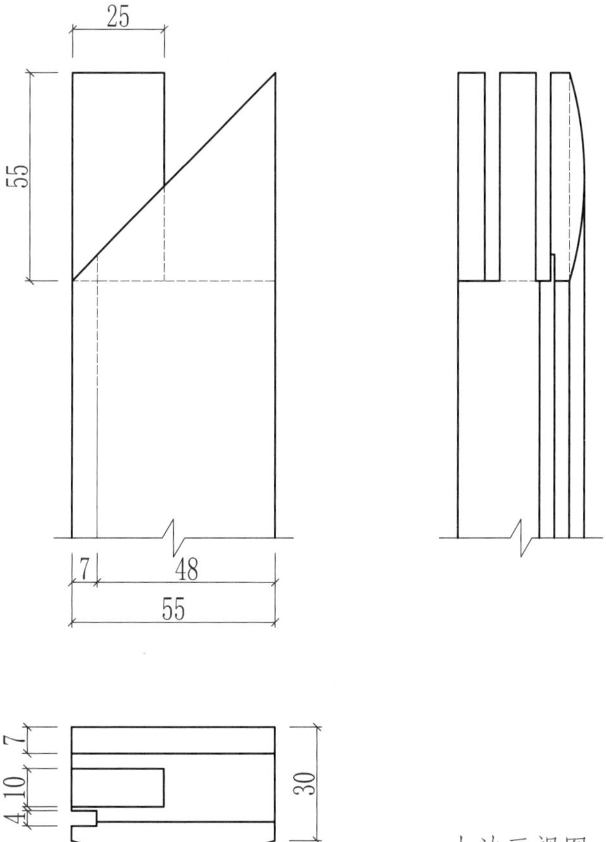

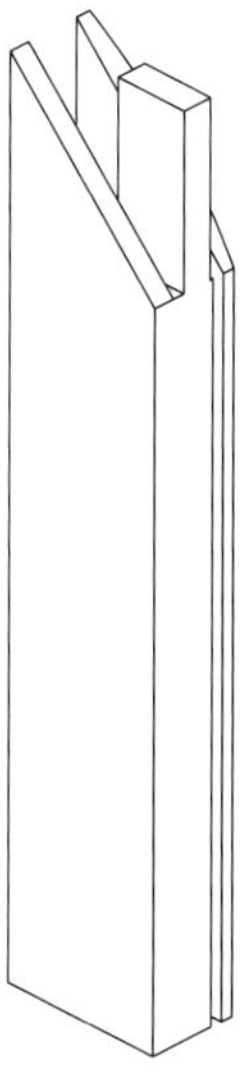

大边透视图

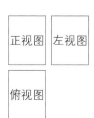

大边三视图

正视图	左视图
俯视图	

比例：1 : 2

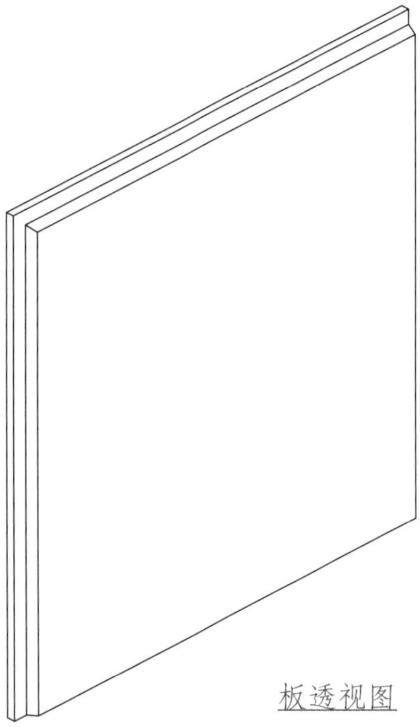

正视图 左视图

俯视图

比例：1 ：2

板透视图

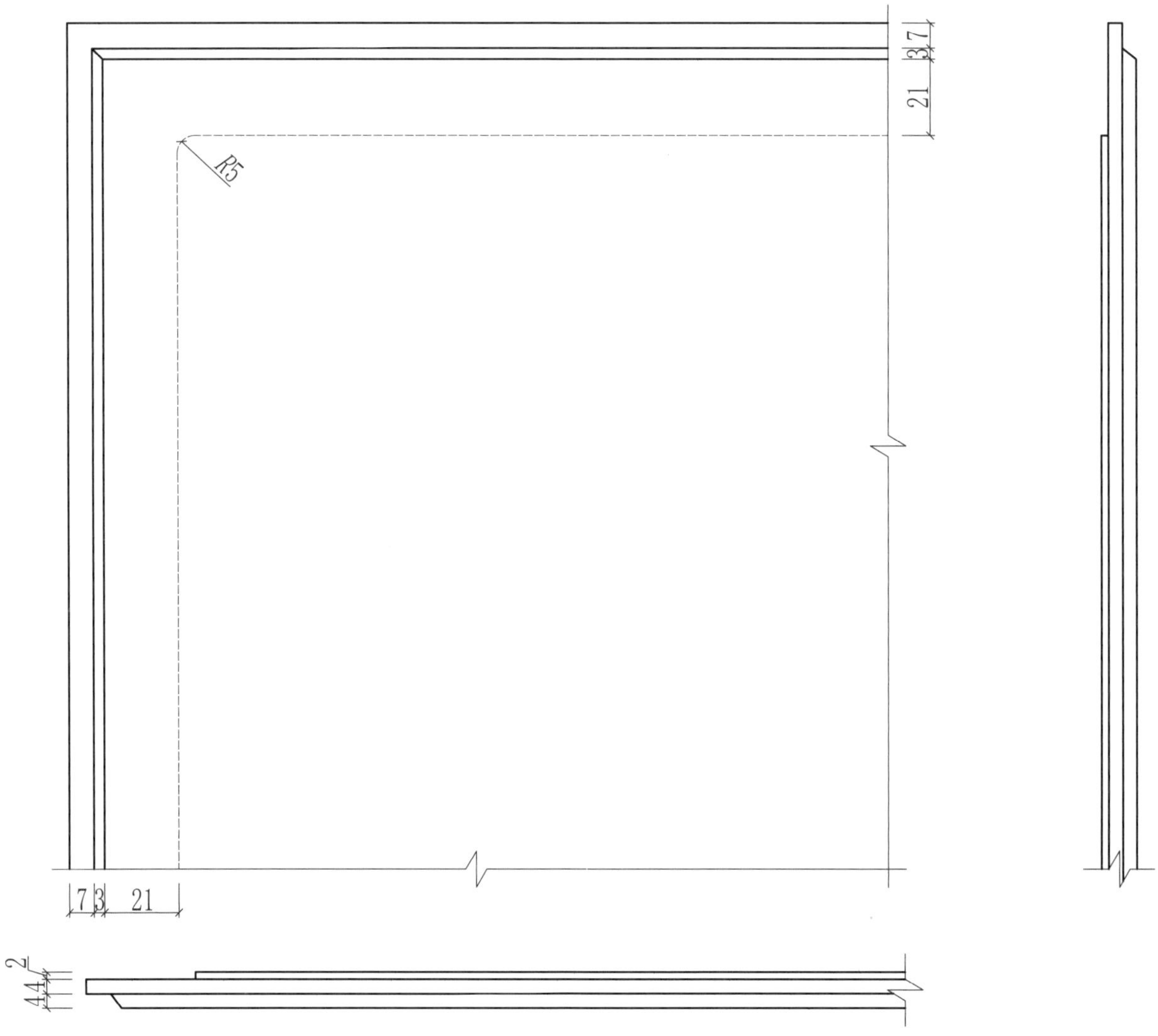

板三视图

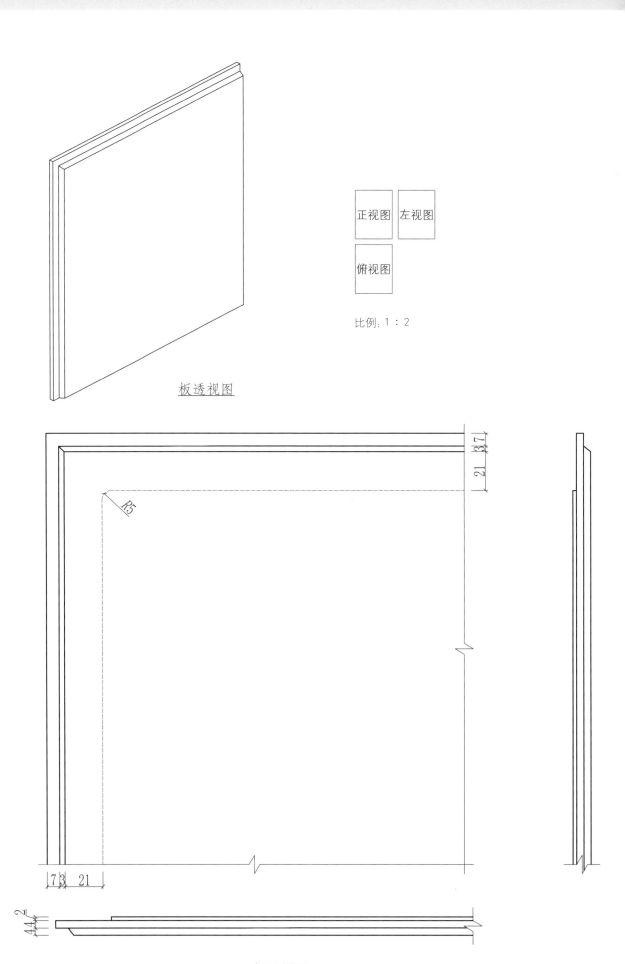

3）家具实例：明式花梨木灵芝纹圆角柜

明式花梨木灵芝纹圆角柜—整体图

明式花梨木灵芝纹圆角柜—细节图

图版清单（双面格肩结构）：
整体结构示意图
拆分结构示意图
整体透视图
抹头透视图
大边透视图
板透视图
抹头三视图
大边三视图
板三视图
明式花梨木灵芝纹圆角柜—整体图
明式花梨木灵芝纹圆角柜—细节图

2. 明燕尾榫平板直角接合

1）基本概念

此结构是传统做法，是平板直角接合最常用的方法，现在也一直延用。此结构榫头外露，体现了榫卯的线条之美。

2）应用部位

应用于家具抽屉和箱体结构。

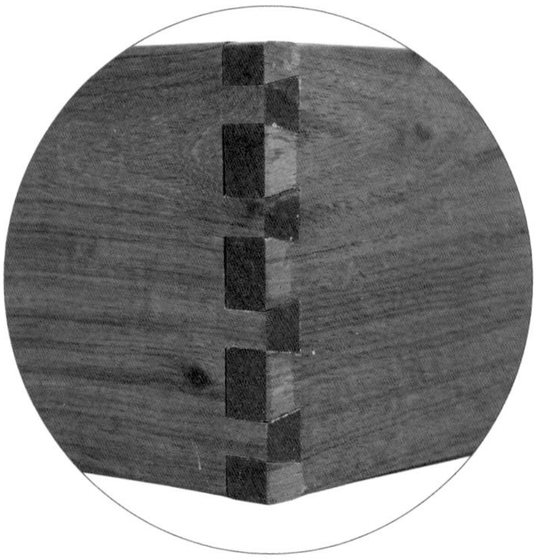

整体结构示意图

拆分结构示意图

【榫卯口诀】

燕尾榫卯呈梯形，
传统做法经常用。
选择材料要求高，
制作均匀更美观。

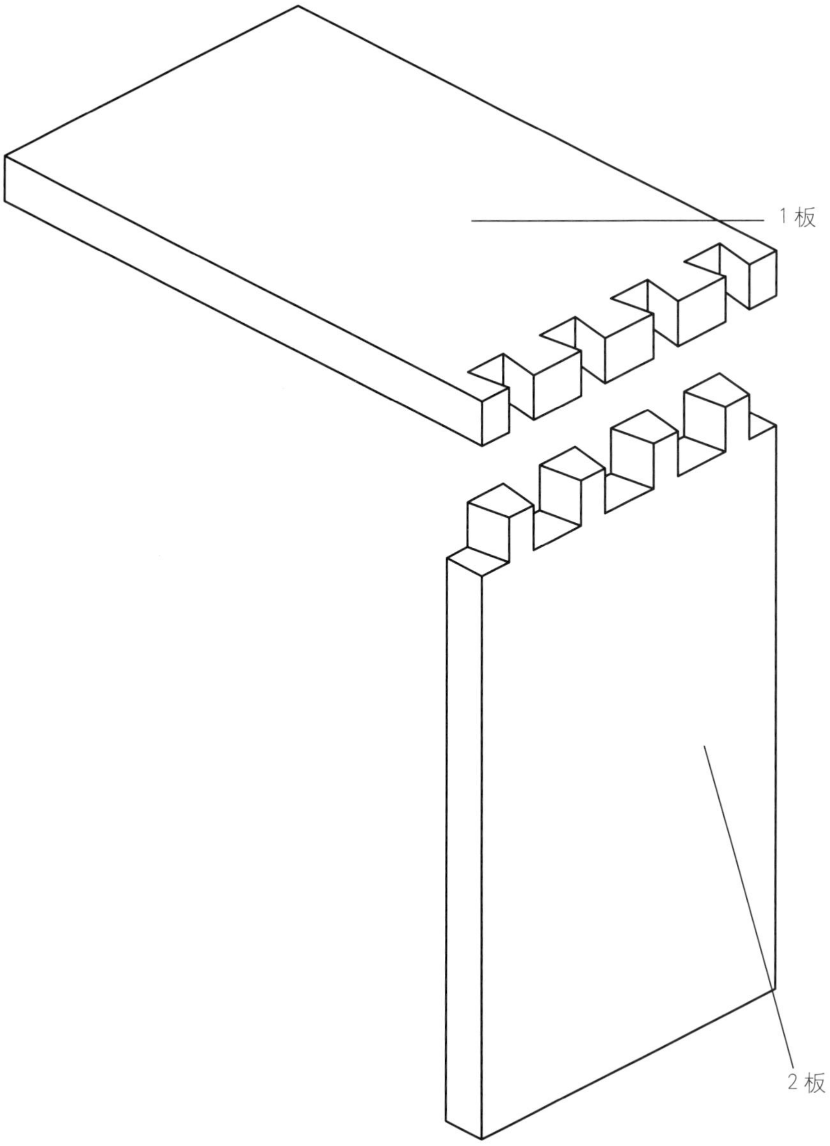

整体透视图

◆ 制作要点：

做燕尾榫的选料要求没有腐烂、结疤、干裂，根据板宽度计算好燕尾榫数量。燕尾榫大小要一致，这样看上去才均匀美观。

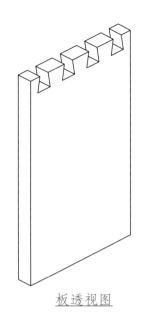

板透视图

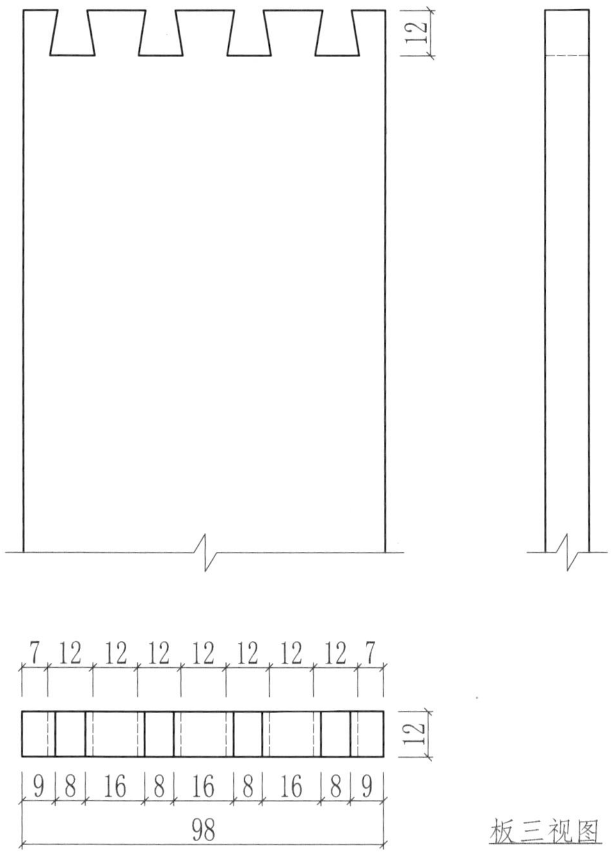

板三视图

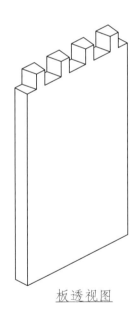

板透视图

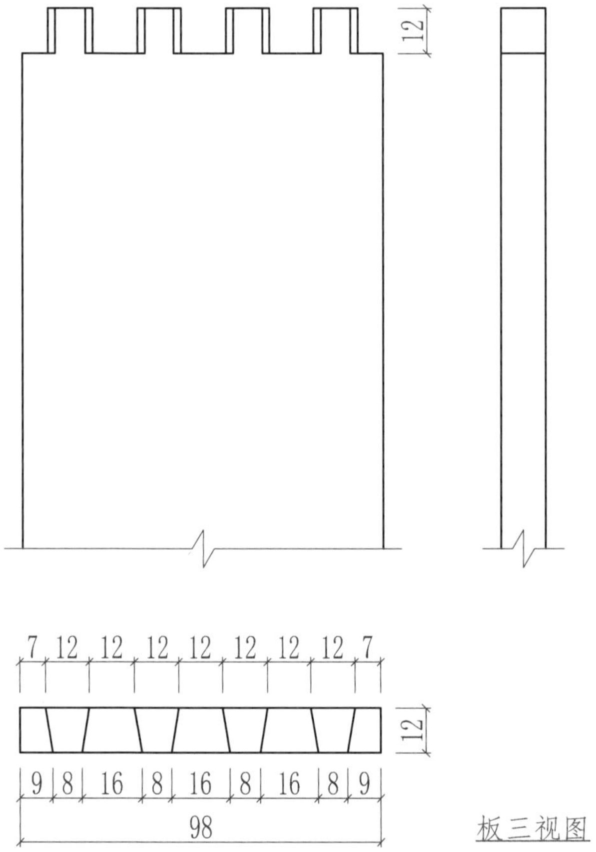

板三视图

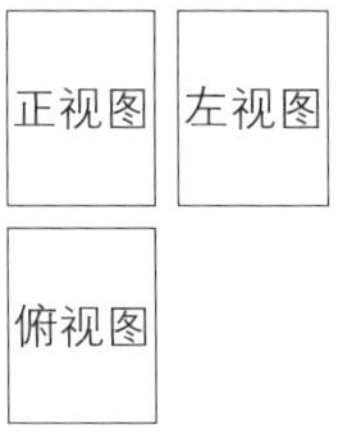

比例：1：2

3）家具实例：现代中式酸枝木写字台

现代中式酸枝木写字台—整体图

现代中式酸枝木写字台—细节图

图版清单（明燕尾榫平板直角接合）：
整体结构示意图
拆分结构示意图
整体透视图
板透视图
板透视图
板三视图
板三视图
现代中式酸枝木写字台—整体图
现代中式酸枝木写字台—细节图

3．暗燕尾榫平板直角接合

1）基本概念

这种方法又叫闷榫接合，是平板角接合最讲究的方法，从外表看不到榫头。但此结构和明燕尾榫平板角接合比较，不如其牢固。

2）应用部位

常用于箱体结构、抽屉结构、桌案牙板等部位的平板角结合处。

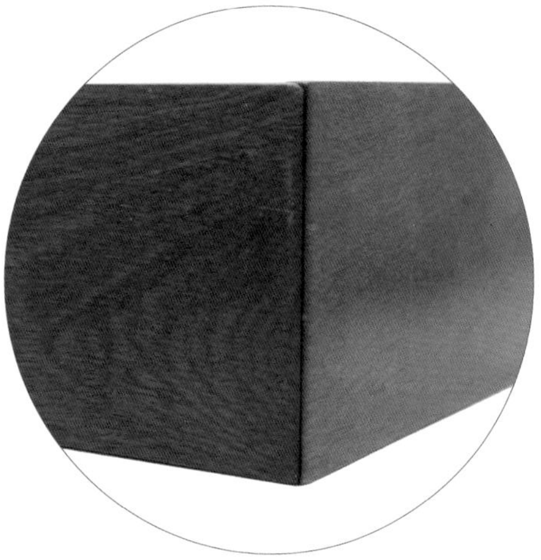

整体结构示意图

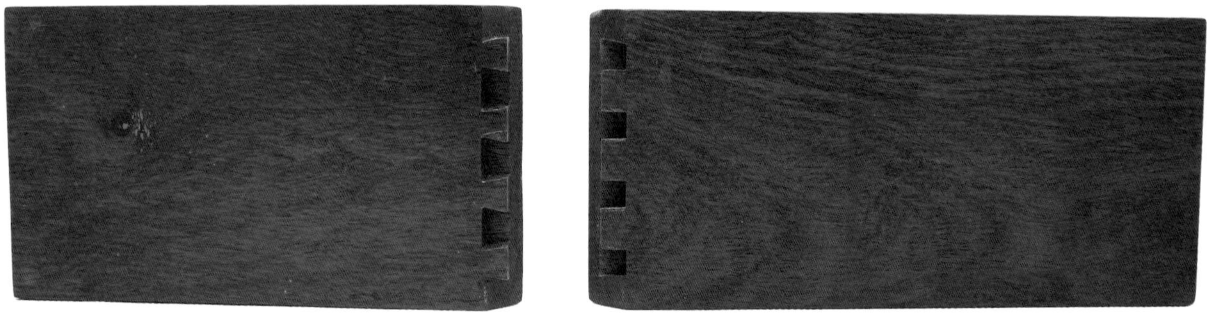

拆分结构示意图

【榫卯口诀】

方法讲究外观美，
榫头不宜过于宽。
牢固性能相对差，
榫销越多越牢固。

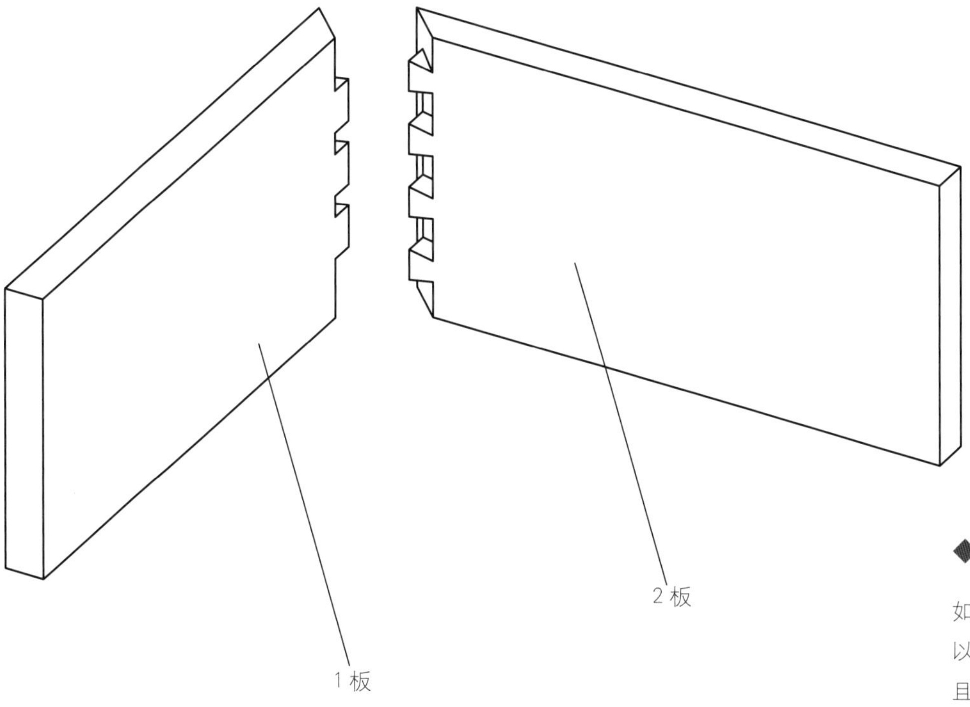

整体透视图

◆ 制作要点：

如果板料厚度在 1 厘米以下，加工难度大，并且也不牢固。燕尾榫头不宜过宽，也就是单位板的宽度内，燕尾榫数量越多越牢固。

板透视图

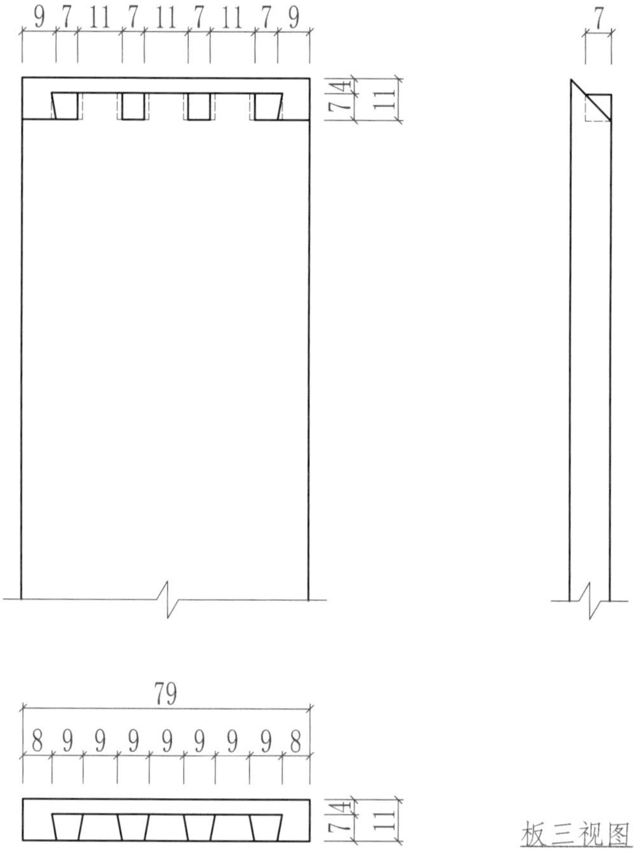

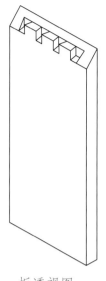

板三视图

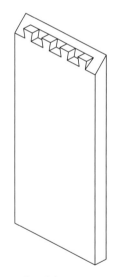

板透视图

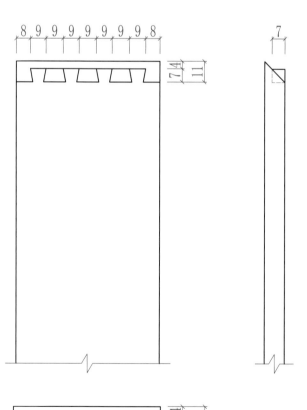

板三视图

正视图	左视图
俯视图	

比例：1：2

3）家具实例：明式花梨木灵芝纹圆角柜

明式花梨木灵芝纹圆角柜—整体图

明式花梨木灵芝纹圆角柜—细节图

图版清单（暗燕尾榫平板直角接合）：
整体结构示意图
拆分结构示意图
整体透视图
板透视图
板透视图
板三视图
板三视图
明式花梨木灵芝纹圆角柜—整体图
明式花梨木灵芝纹圆角柜—细节图

4. 独板攒边和板足接合

1）基本概念

几式家具源远流长，是古典家具的古老音符。战国时代就已经出现，在明代更是多种多样。此结构是几式家具上的常用榫卯结构。

2）应用部位

用于几式家具上。

整体结构示意图

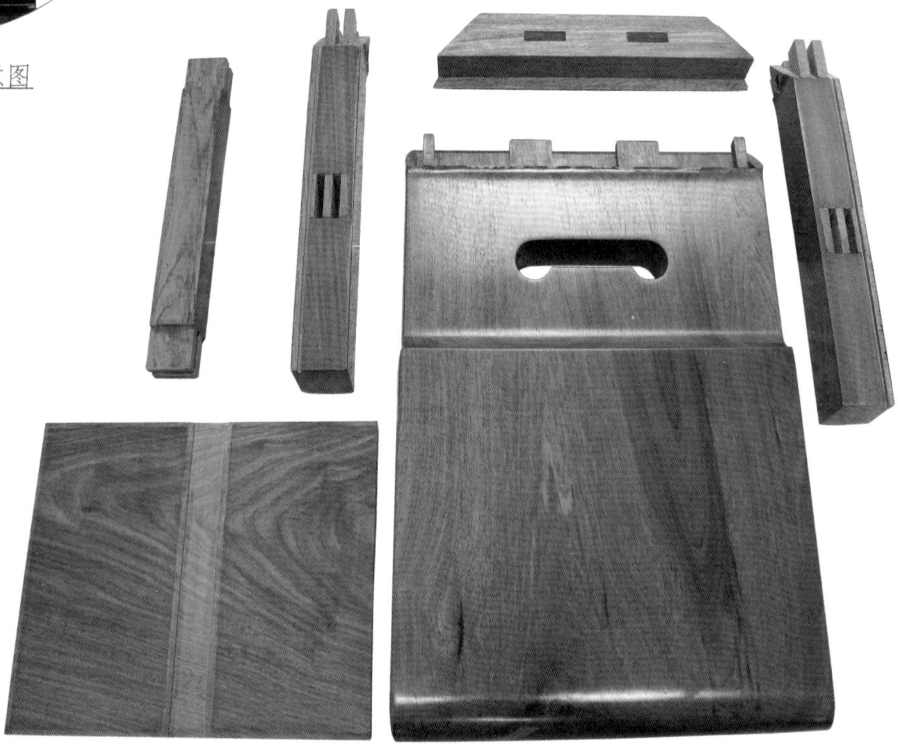

拆分结构示意图

【榫卯口诀】

几式家具久流传，
款式多样器型全。
粽角接合新方式，
腿部独板出造型。

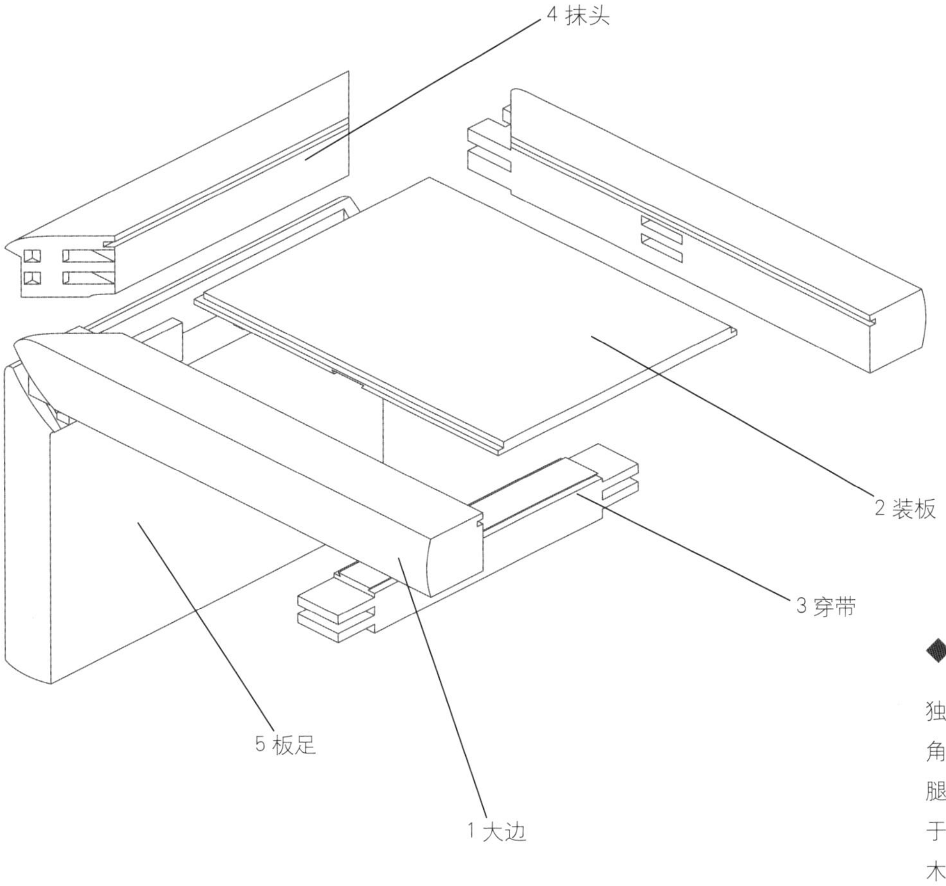

整体透视图

◆ 制作要点：

独板和攒框角接合是粽角榫的一种接合方式。腿部采用独板是为了便于出造型，缺点是如果木材处理不好，容易造成腿部开裂。

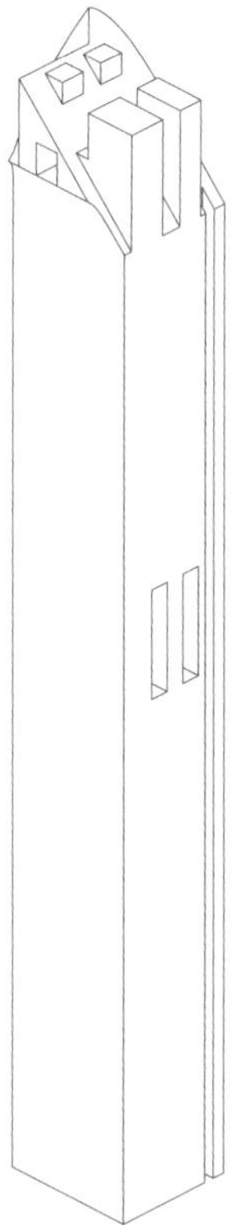

大边透视图

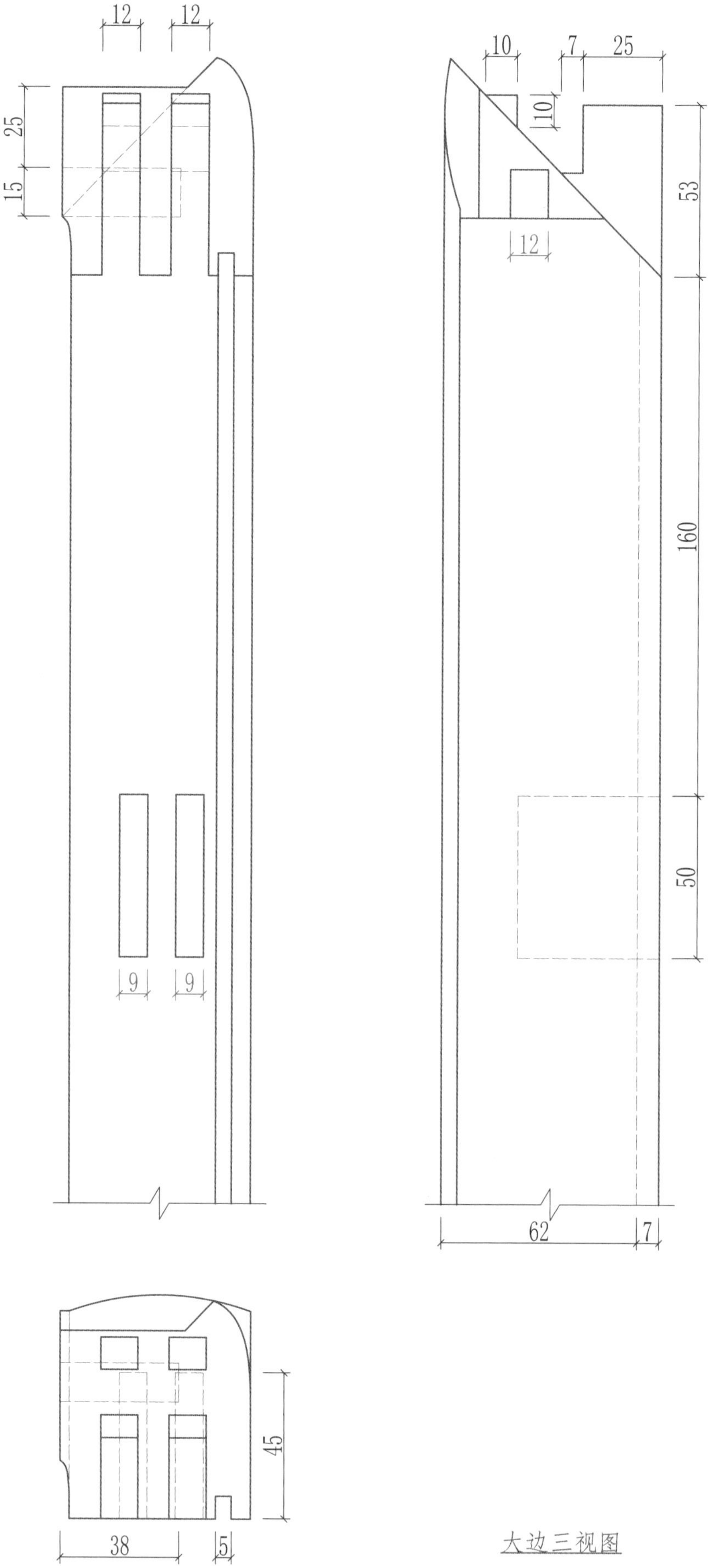

比例：1：2

大边三视图

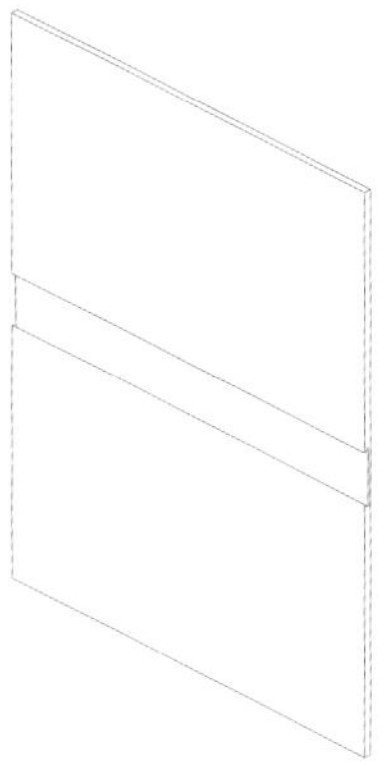

装板透视图

比例：1：2.5

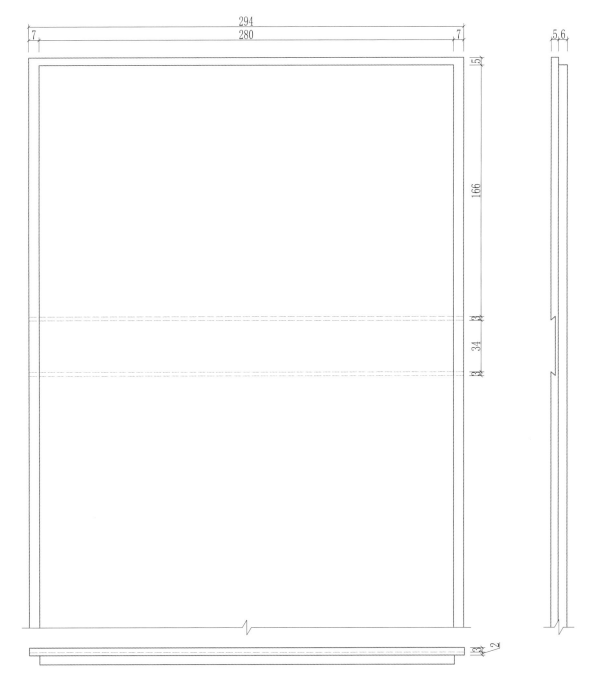

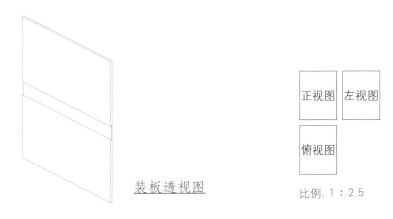

装板三视图

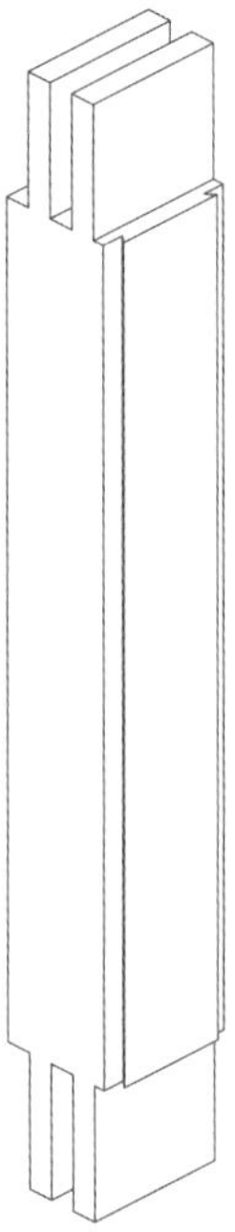

穿带透视图

正视图 左视图

俯视图

比例：1 ：2

穿带三视图

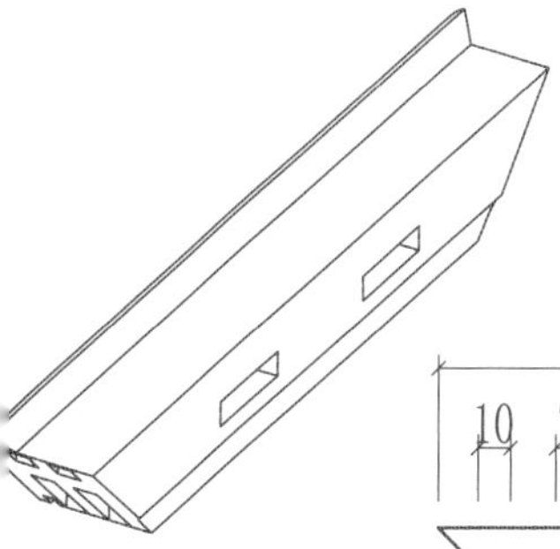

抹头透视图

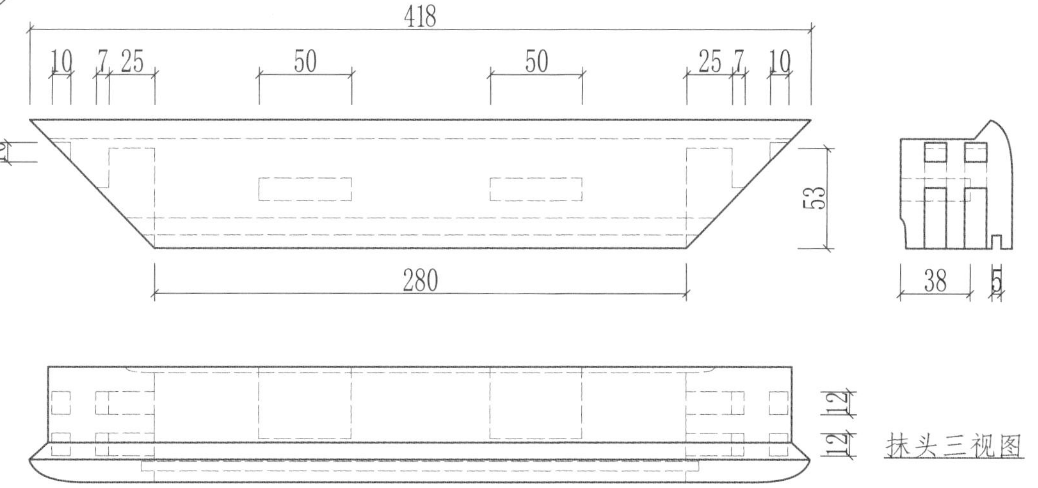

抹头三视图

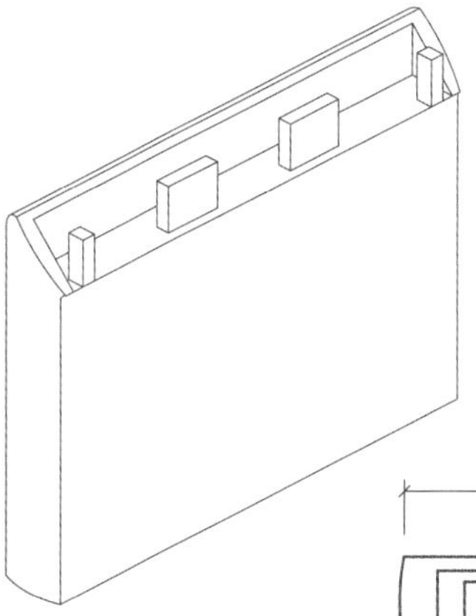

板足透视图

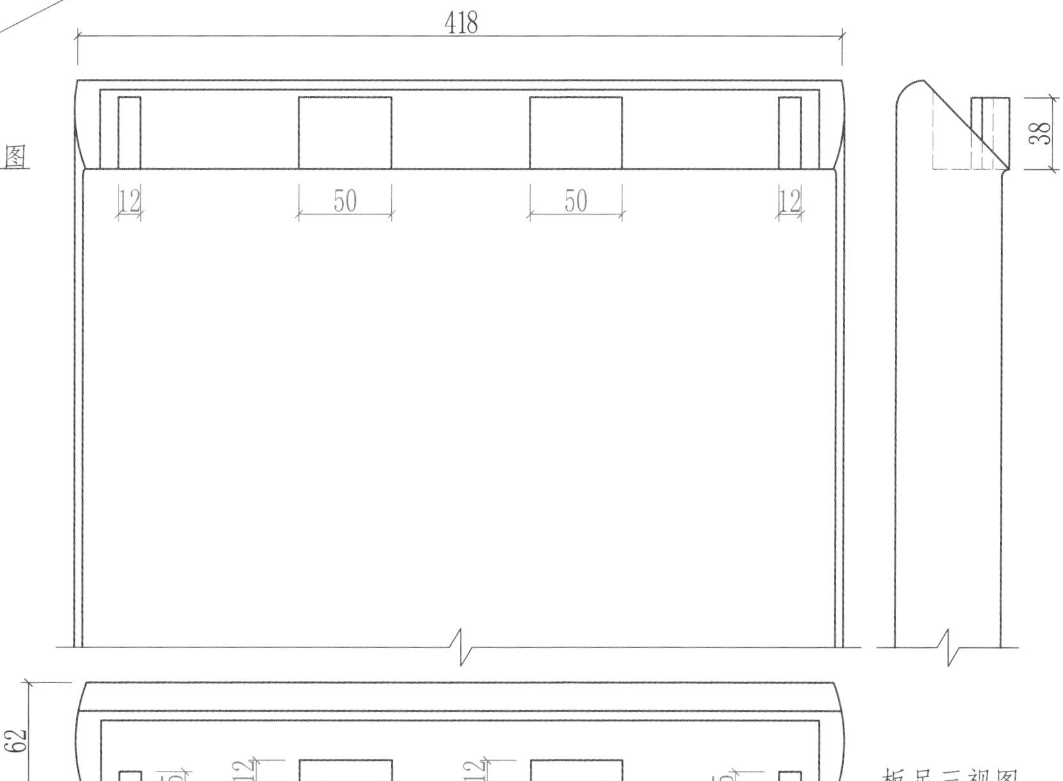

正视图	左视图
俯视图	

比例：1 ： 4

板足三视图

3）家具实例：明式琴几和琴凳

明式琴几和琴凳—整体图

图版清单（独板攒边和板足接合）：
整体结构示意图
拆分结构示意图
整体透视图
大边透视图
装板透视图
穿带透视图
抹头透视图
板足透视图
大边三视图
装板三视图
穿带三视图
抹头三视图
板足三视图
明式琴几和琴凳—整体图
明式琴几和琴凳—细节图

明式琴几和琴凳—细节图

5. 方材丁字形接合之一

1）基本概念

此种榫卯是直肩榫，又称齐肩榫。直肩榫是最基本的榫卯形式，被广泛应用。祖先最先制作简易家具时应该就已经采用了此结构，别的榫卯结构都是由此种榫卯结构不断演变而来的。

2）应用部位

用在家具不直观的结构上，而且相交的料不宜起任何装饰线。

整体结构示意图

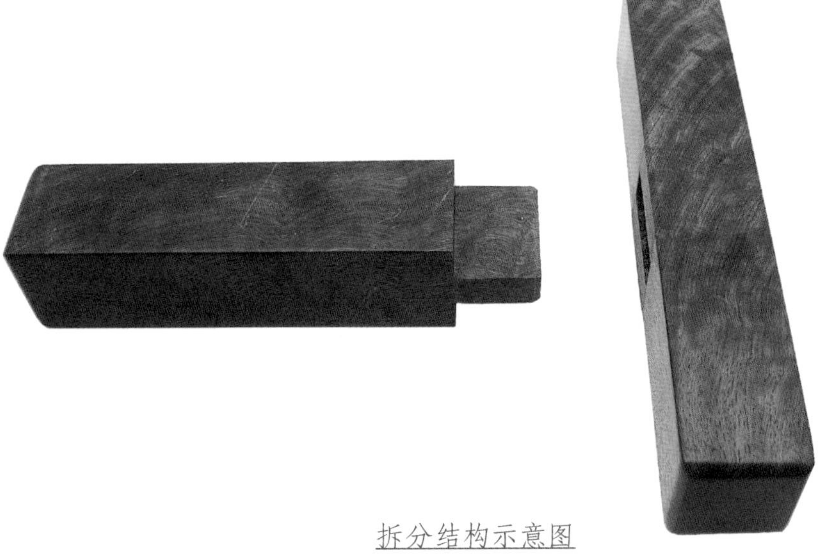

拆分结构示意图

【榫卯口诀】

基本结构应用广，
半榫榫头要做长。
锯口不宜过榫肩，
直肩要在同平面。

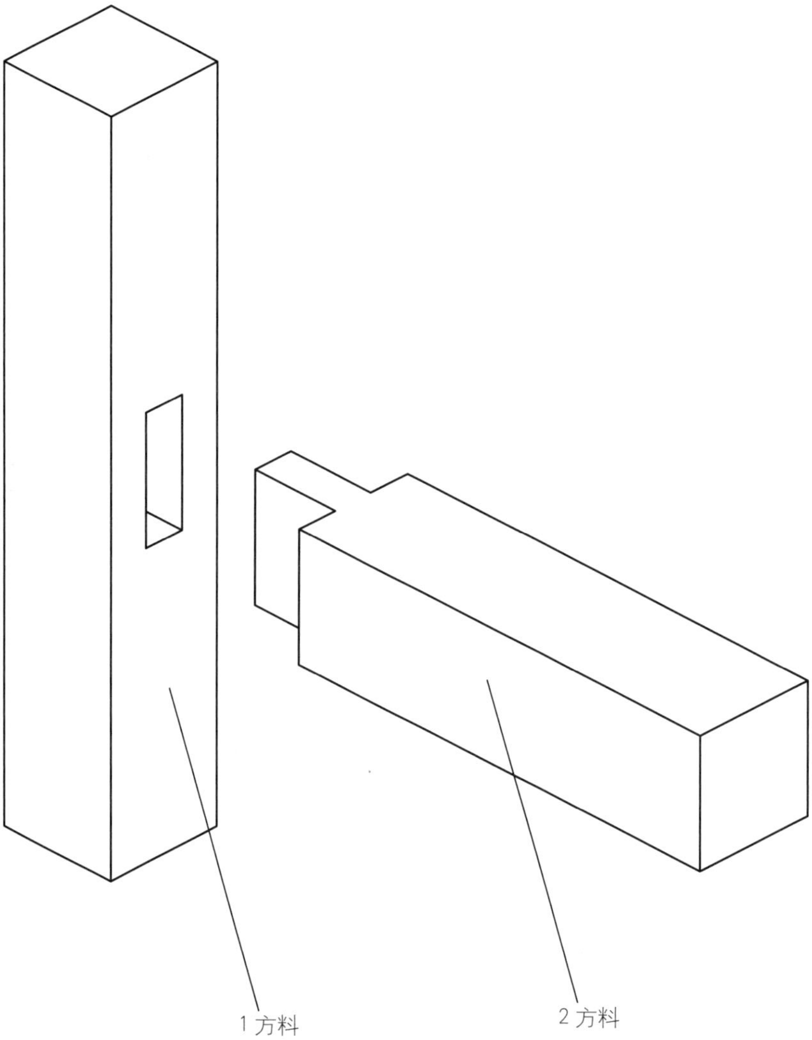

整体透视图

◆ 制作要点：

在此结构中，如果是半榫，榫头应尽量做长，开榫头时锯口不要过榫头肩线，榫头的两个直肩要在一个平面上。

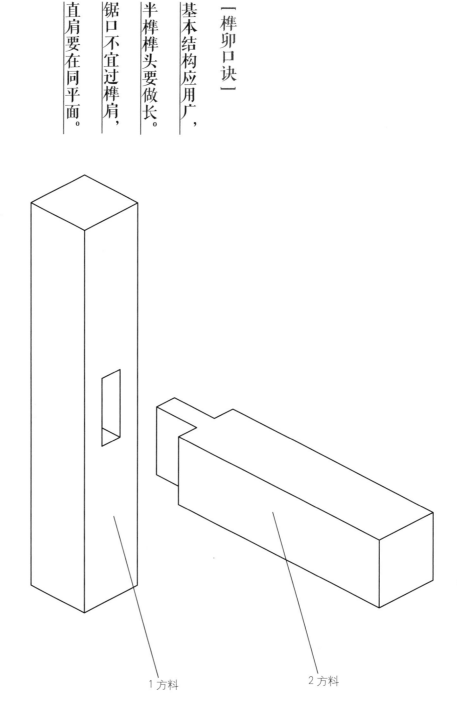

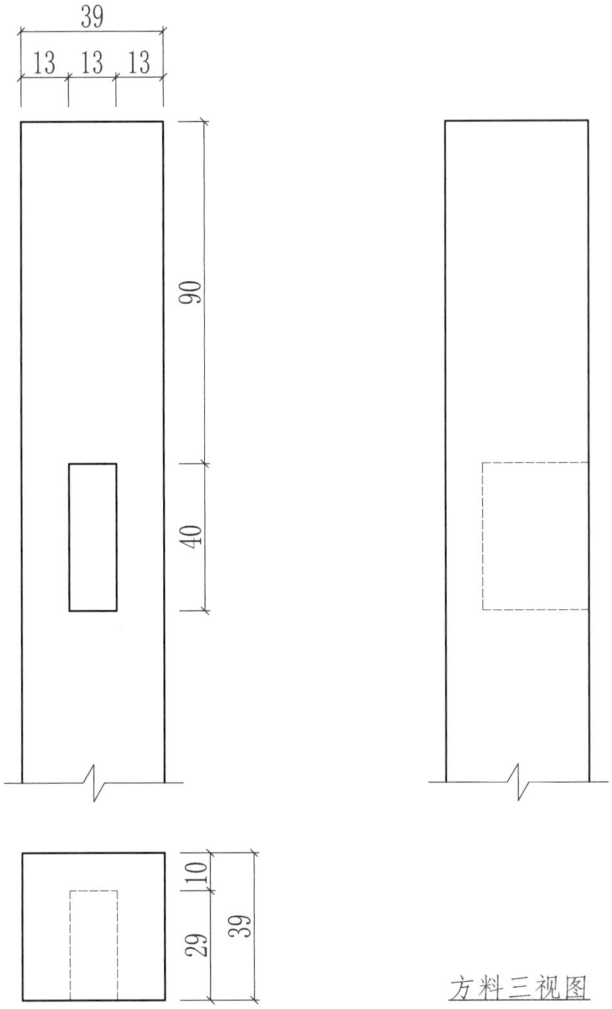

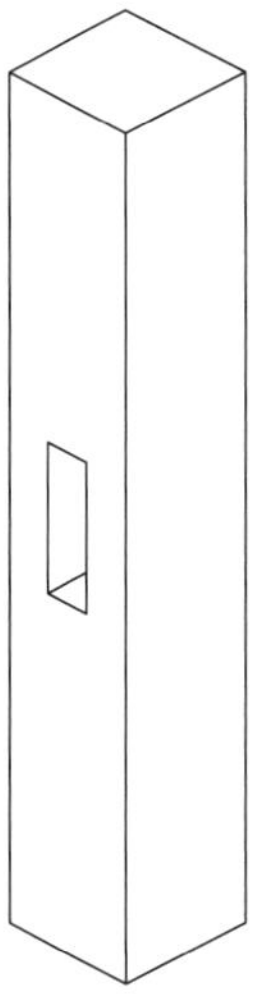

方料透视图

方料三视图

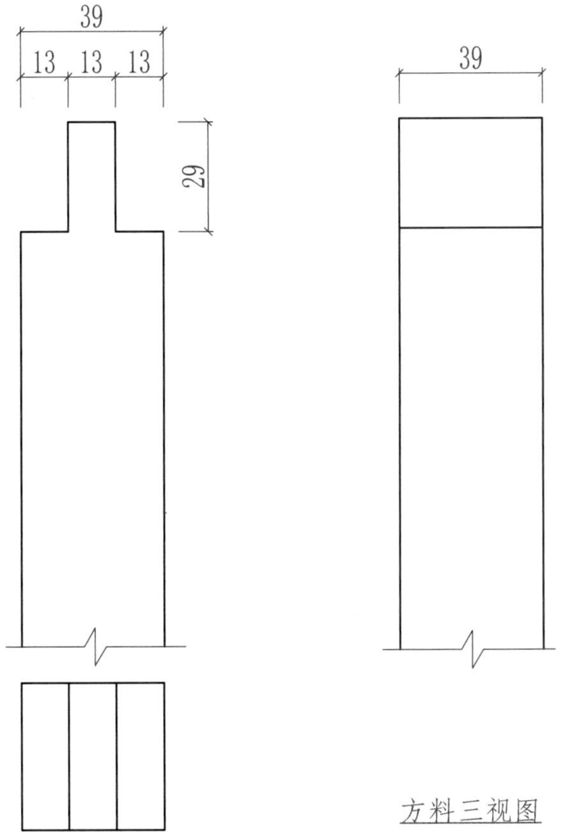

方料透视图

方料三视图

正视图	左视图
俯视图	

比例：1 : 2

3）家具实例：明式花梨木柜橱

明式花梨木柜橱—整体图

图版清单（方材丁字形接合之一）：
整体结构示意图
拆分结构示意图
整体透视图
方料透视图
方料透视图
方料三视图
方料三视图
明式花梨木柜橱—整体图
明式花梨木柜橱—细节图

明式花梨木柜橱—细节图

6. 方材丁字形接合之二

1）基本概念

此结构为一面小格肩，一面齐肩。一般情况下，齐肩用于家具的背面，格肩用于家具的看面。小格肩结构的应用便于两根直材表面起比较宽的相交装饰线，装饰线的宽度等于格肩宽度，使其相交处美观大方。

2）应用部位

在家具结构中应用广泛。

整体结构示意图

拆分结构示意图

【榫卯口诀】
看面格肩观感美，
背面直肩易加工。
两料相交格肩厚，
三料相交格肩薄。

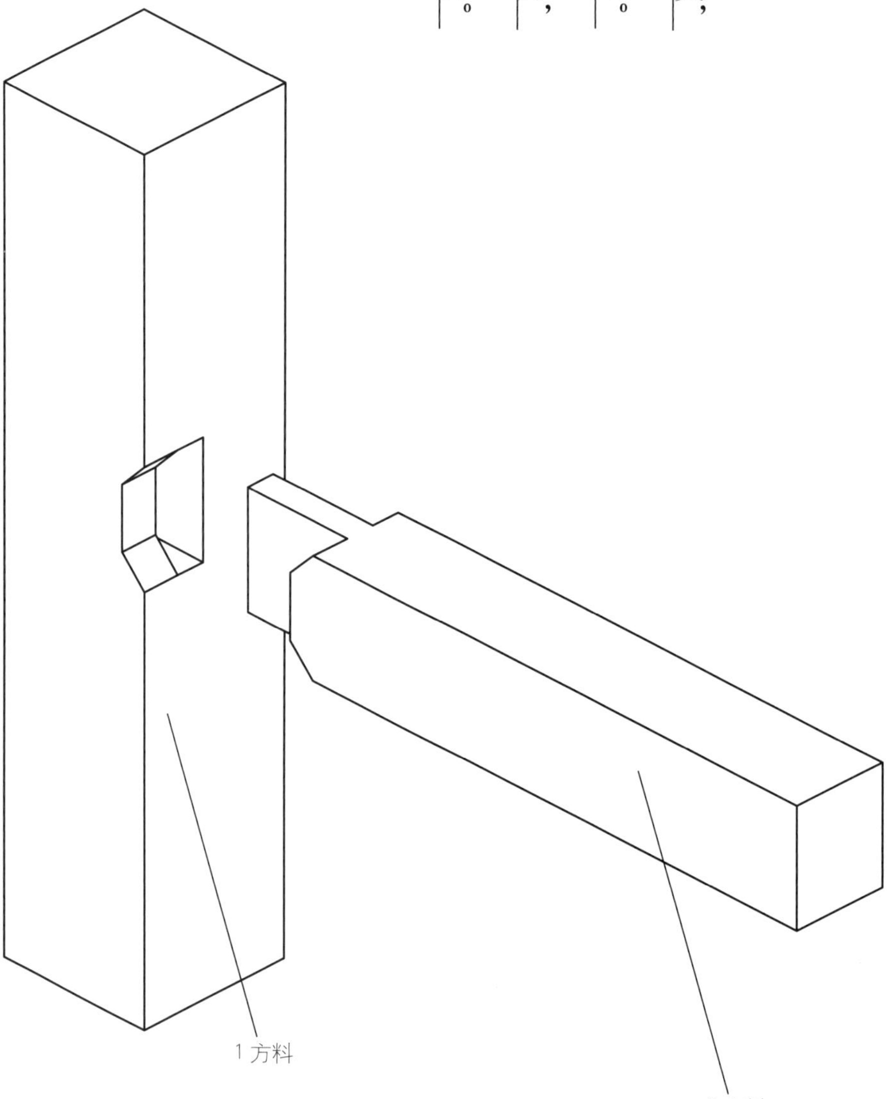

◆ 制作要点：

如果是两根料相交，小格肩的肩要厚一点，这样榫卯会更牢固。如果三根料相交，小格肩的肩要薄一些，这样可增加榫头的长度，那么也就增强了榫卯的牢固性。

整体透视图

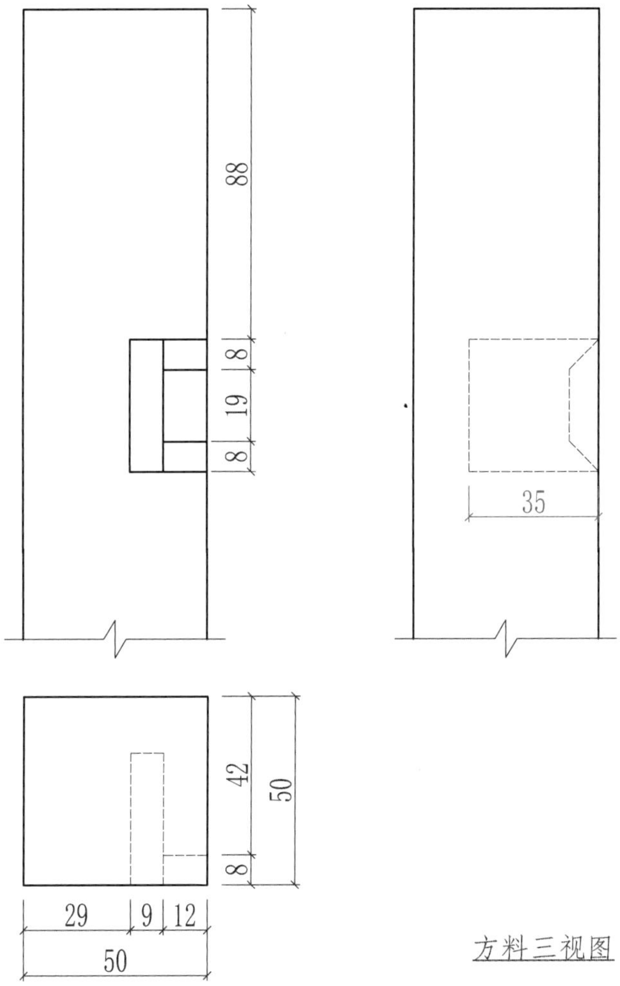

方料三视图

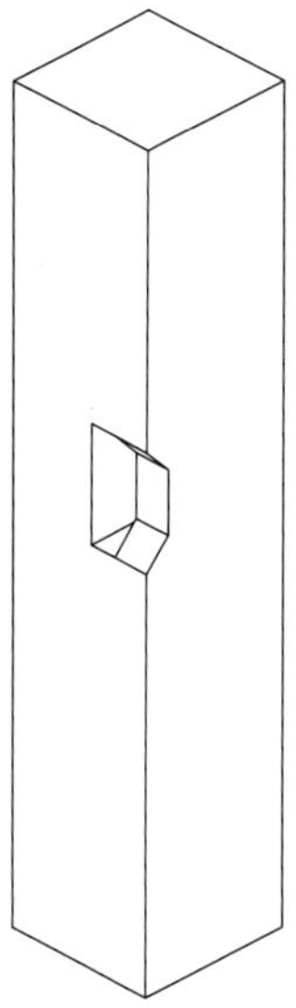

方料透视图

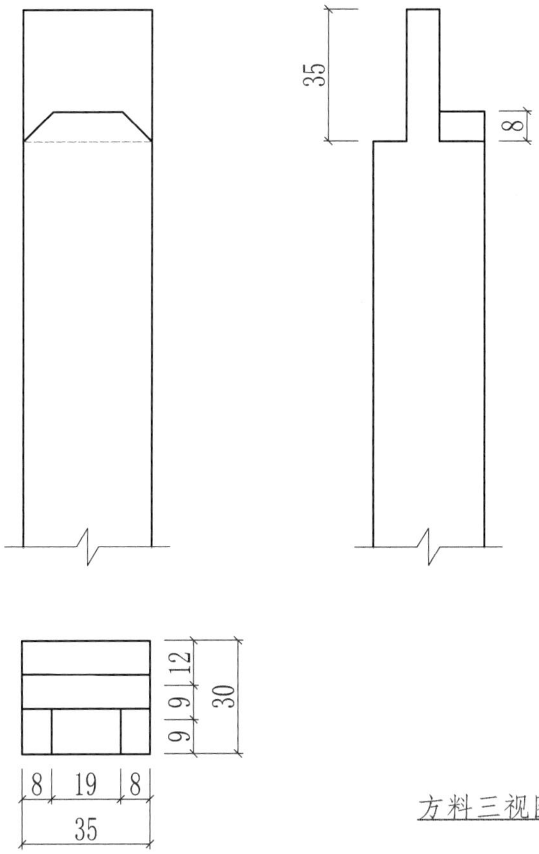

方料三视图

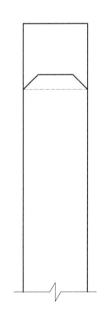

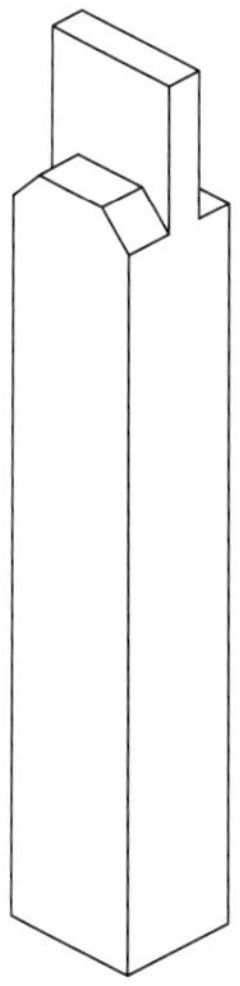

方料透视图

正视图	左视图
俯视图	

比例：1：2

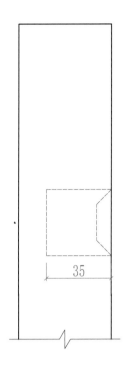

3）家具实例：明式花梨木亮格柜

明式花梨木亮格柜—整体图

明式花梨木亮格柜—细节图

图版清单（方材丁字形接合之二）：
整体结构示意图
拆分结构示意图
整体透视图
方料透视图
方料透视图
方料三视图
方料三视图
明式花梨木亮格柜—整体图
明式花梨木亮格柜—细节图

7. 方材丁字形接合之三

1）基本概念

此结构为一面大格肩，一面齐肩。大格肩和小格肩基本形式一样，加工比小格肩容易。在家具制作中，大格肩广泛应用于两根或三根料表面丁字接合。

2）应用部位

在家具结构中应用广泛。

整体结构示意图

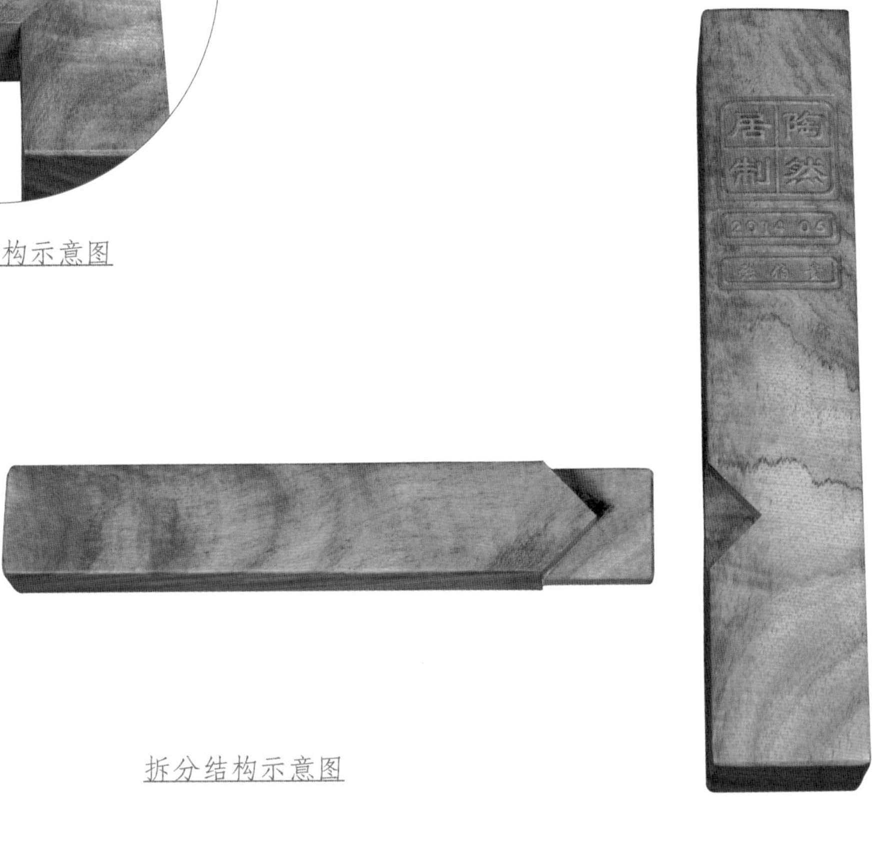

拆分结构示意图

【榫卯口诀】

大小格肩形式同，
两料三料皆可用。
格肩看面齐肩背，
直肩肩线虚一些。

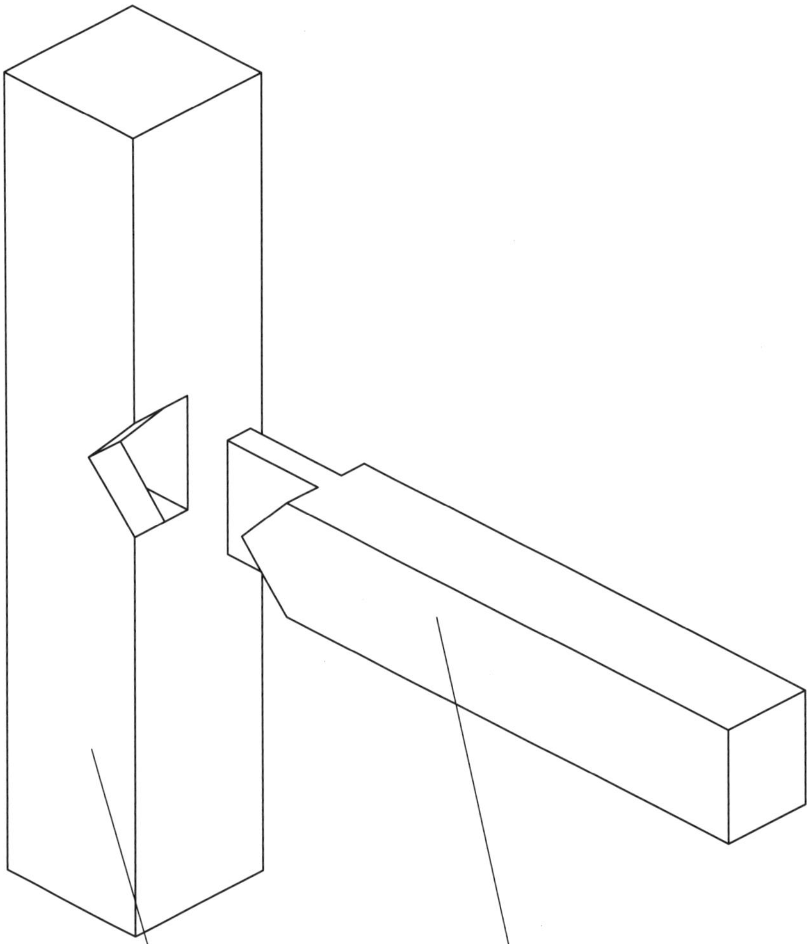

整体透视图

◆ 制作要点：

为了格肩的一面接合更严密，通常做法是：齐肩的肩线比格肩的肩线做小 1～2 丝米，这个做法适合所有的外格肩、内齐肩榫卯。

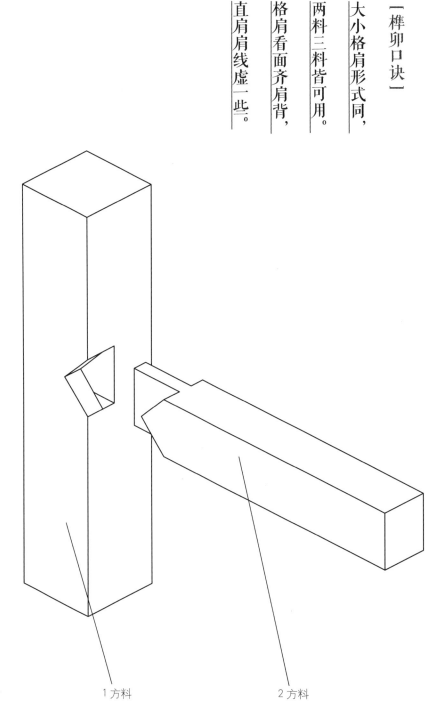

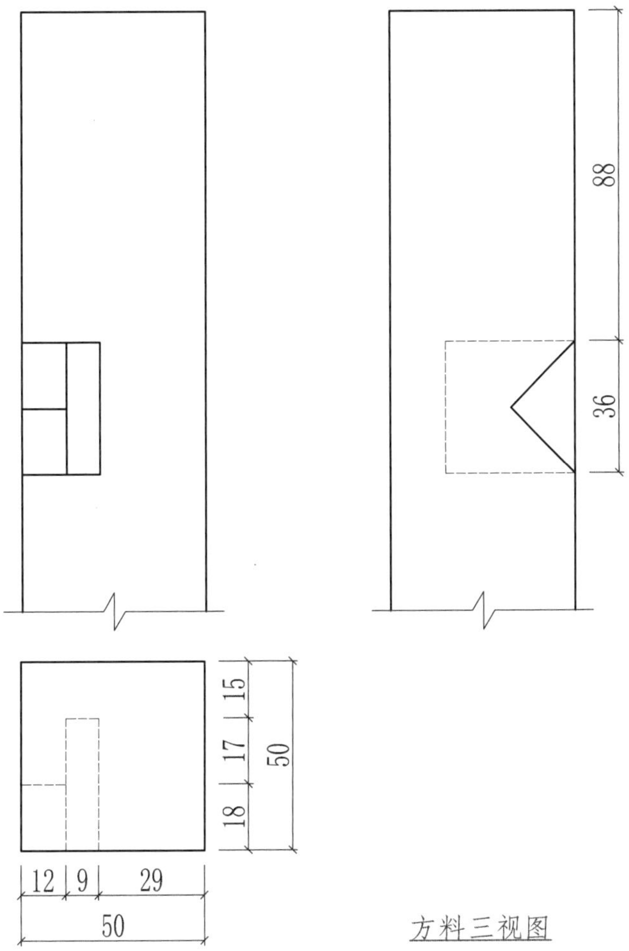

方料三视图

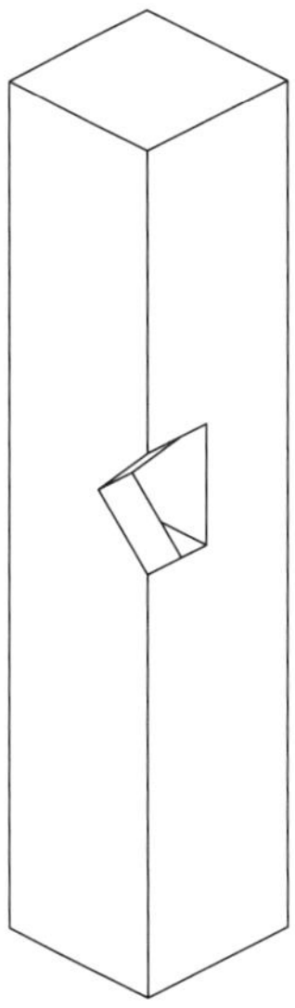

方料透视图

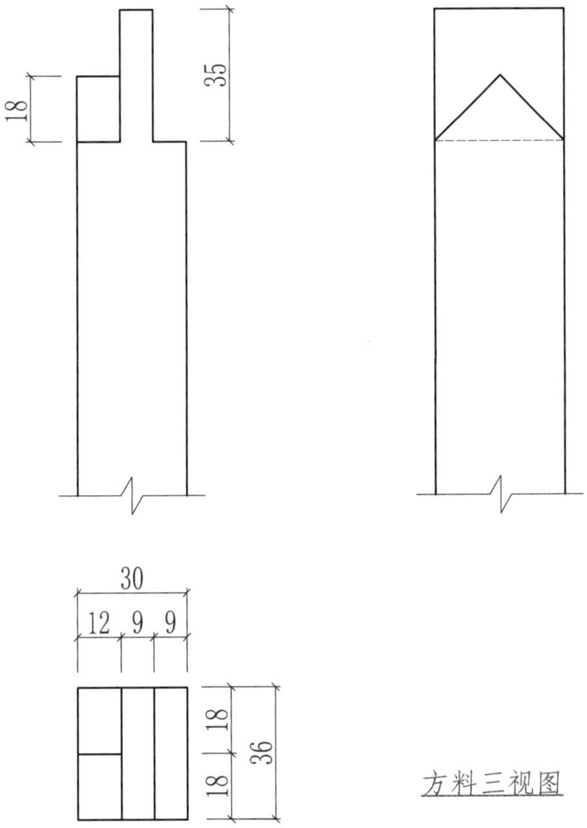

方料三视图

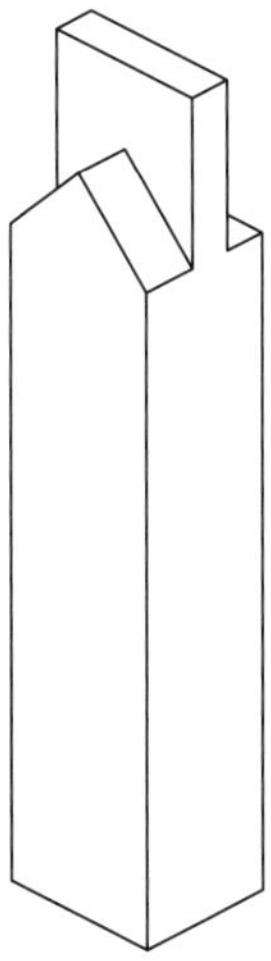

方料透视图

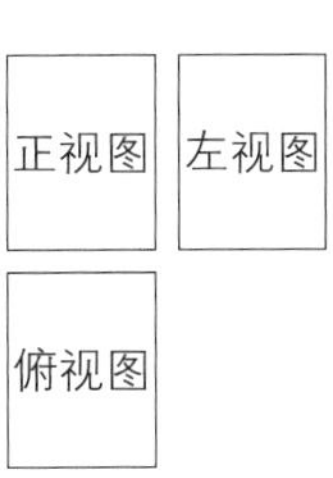

比例：1：2

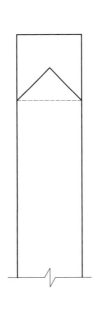

3）家具实例：清式紫檀福纹拐子多宝格

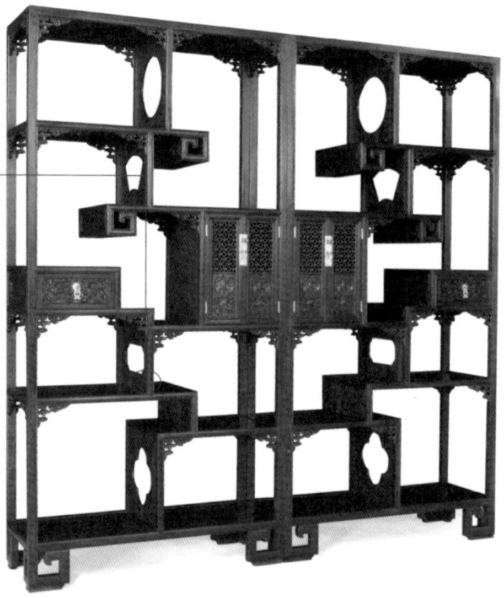

清式紫檀福纹拐子多宝格—整体图

清式紫檀雕福纹拐子多宝格—细节图

图版清单（方材丁字形接合之三）：
整体结构示意图
拆分结构示意图
整体透视图
方料透视图
方料透视图
方料三视图
方料三视图
清式紫檀福纹拐子多宝格—整体图
清式紫檀福纹拐子多宝格—细节图

8. 方材丁字形接合之四

1）基本概念

此结构为两面大格肩虚肩，内角倒圆。一般来讲，两面大格肩两面都是看面。大格肩虚肩是格肩结构的最佳造法，做成虚肩的目的是使榫头接触面变大，增加榫头和榫眼的摩擦力，达到接合牢固的目的。

2）应用部位

适用于床榻和椅子的围子、沙发类扶手、攒接的几何造型图案，也适用于框架内角出各种线条装饰。

整体结构示意图

拆分结构示意图

榫卯构造

〔榫卯口诀〕

看面格肩背齐肩，
虚肩增强摩擦力。
格肩圆角严紧好，
八字肩角做虚面。

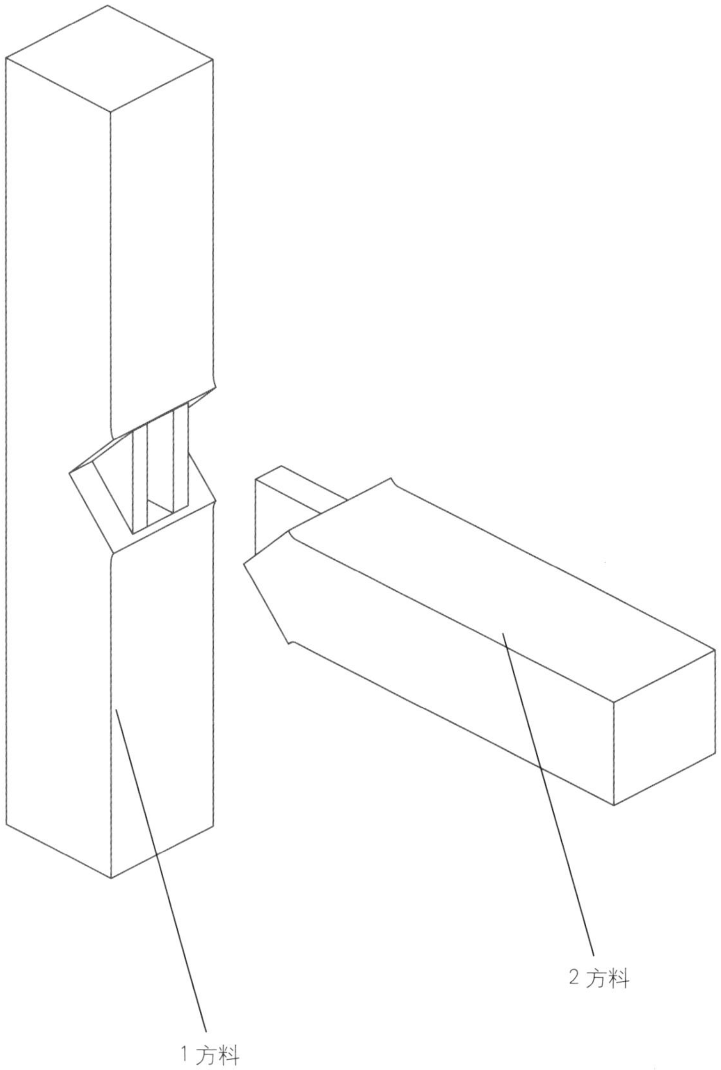

整体透视图

◆ 制作要点：

这种结构是两根料丁字形接合中比较难制作的一种结构，如果用在组装家具时应上胶水，格肩圆角处越严紧越好。如果家具是活拆家具，也就是家具不上胶水，拆装时圆角处容易"掉肉"，因为这里的木纤维是断茬，所以把窄面榫头和榫眼的接触面做了微小格肩处理，这样大大减轻了"掉肉"现象。另外，八字肩的圆角处接触面应做虚一点，这里不能受力。

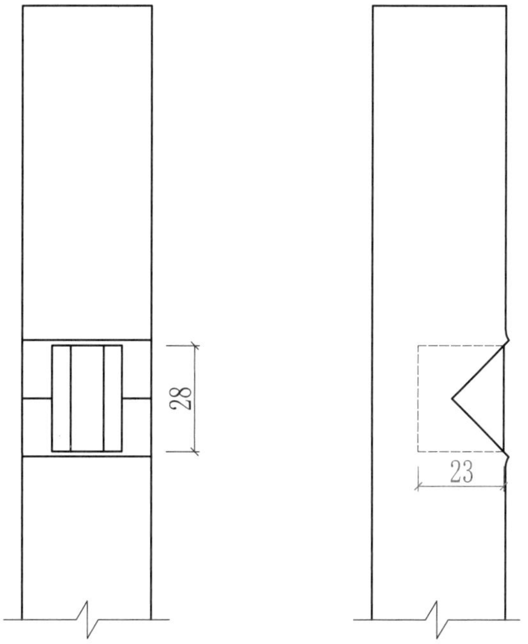

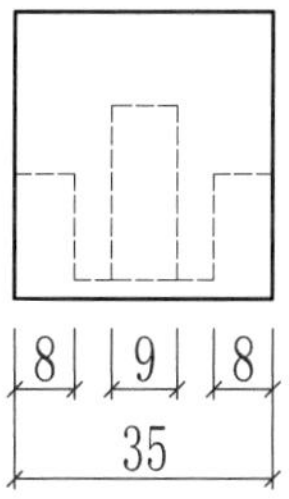

方料三视图

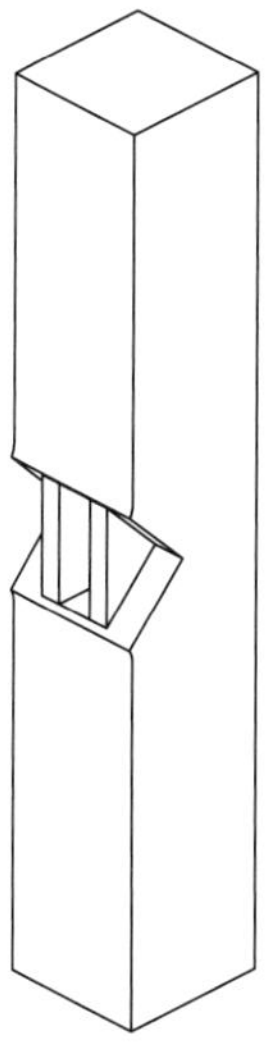

方料透视图

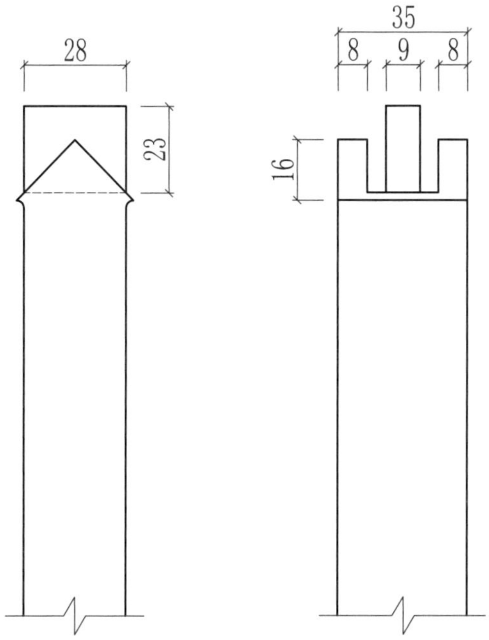

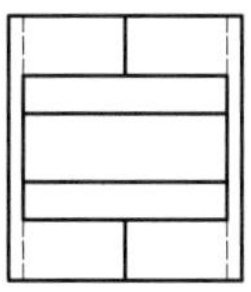

方料三视图

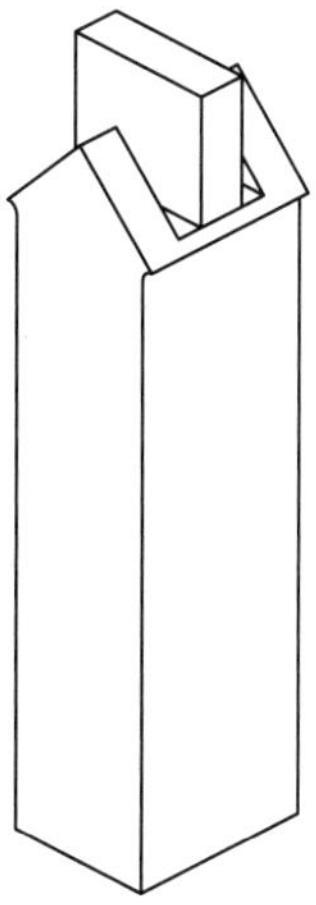

方料透视图

正视图 左视图

俯视图

比例：1 ：2

3）家具实例：清式酸枝木福纹亮格柜

方材丁字形接合之四
（两面大格肩虚肩）

清式酸枝木福纹亮格柜—整体图

方材丁字形接合之四
（两面大格肩虚肩）

图版清单（方材丁字形接合之四）：
整体结构示意图
拆分结构示意图
整体透视图
方料透视图
方料透视图
方料三视图
方料三视图
清式酸枝木福纹亮格柜一整体图
清式酸枝木福纹亮格柜一细节图

清式酸枝木福纹亮格柜—细节图

9. 方材丁字形接合之五

1）基本概念

这种两面小格肩虚肩榫是一种旧时做法，在现代家具制作中应用不多。此结构的八字肩的内壁是斜面，因为旧时格肩都是手工操作，这种做法可以节省工时。

2）应用部位

适用于床榻和椅子的围子、沙发类扶手、攒接的几何造型图案。

整体结构示意图

拆分结构示意图

【榫卯口诀】
旧时做法省工时，
表面美观效果好。
内壁斜度相吻合，
手工制作最常用。

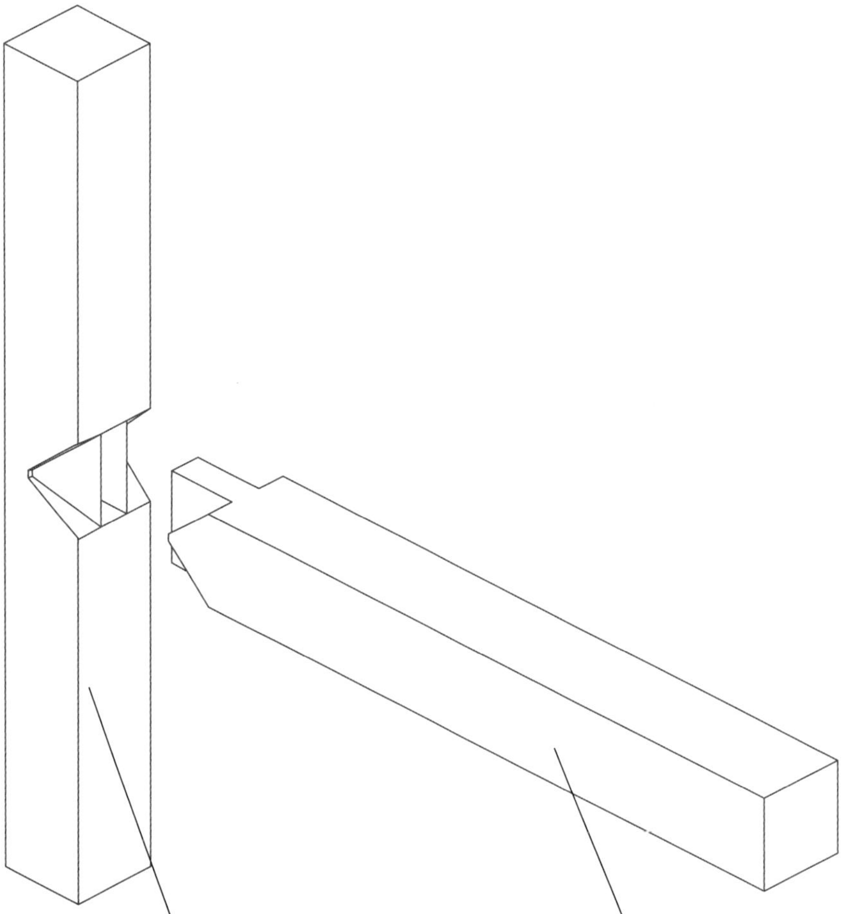

整体透视图

◆ 制作要点：

要保证八字肩内壁的斜度和榫眼上"榫舌"的斜度相吻合，这样才牢固。旧时是纯手工制作榫卯，为了省时省工才这样做。现在都是机械制作，一般不采用此种结构。

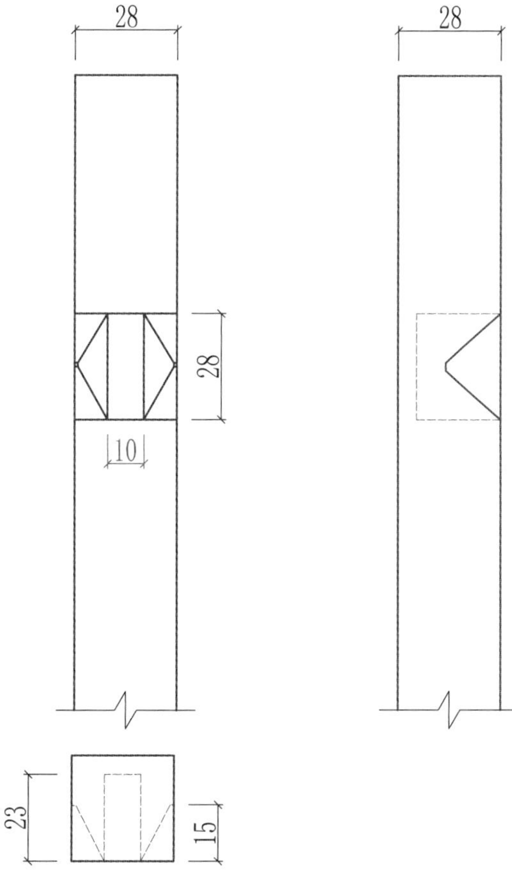

方料三视图

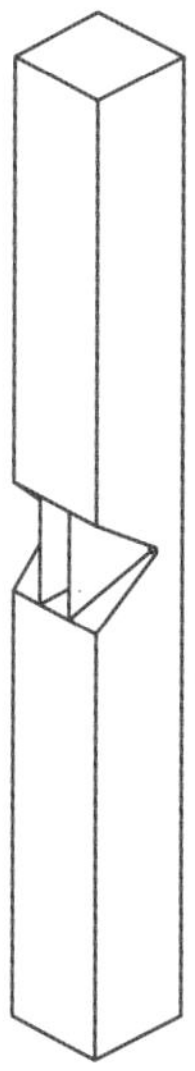

方料透视图

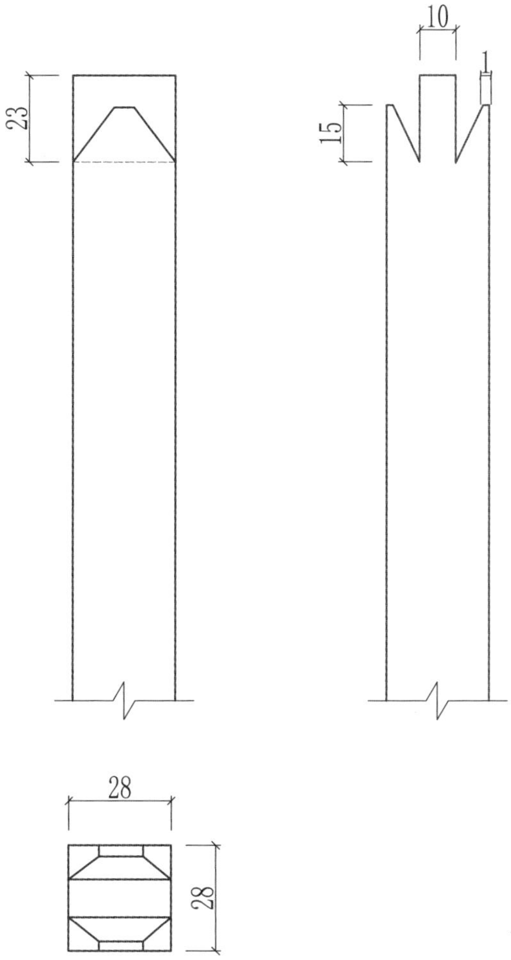

方料三视图

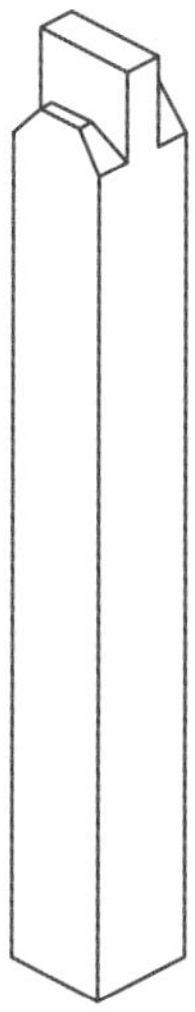

方料透视图

正视图 左视图

俯视图

比例：1：2

3）家具实例：清式酸枝木福纹写字台

方材丁字形接合之五
（两面小格肩虚肩）

清式酸枝木福纹写字台—整体图

方材丁字形接合之五
（两面小格肩虚肩）

清式酸枝木福纹写字台—细节图

图版清单（方材丁字形接合之五）：
整体结构示意图
拆分结构示意图
整体透视图
方料透视图
方料透视图
方料三视图
方料三视图
清式酸枝木福纹写字台—整体图
清式酸枝木福纹写字台—细节图

10. 方材丁字形接合之六

1）基本概念

此结构为一面大格肩虚肩，一面齐肩。此结构常用于柜体家具中，看面都做成大格肩虚肩。柜子里面丁字形相交的料往往厚度不一样，只能做成齐肩；即使两根相交的料厚度一样，但齐肩更容易加工，所以通常柜子里面都做齐肩。

2）应用部位

在家具结构中应用广泛。

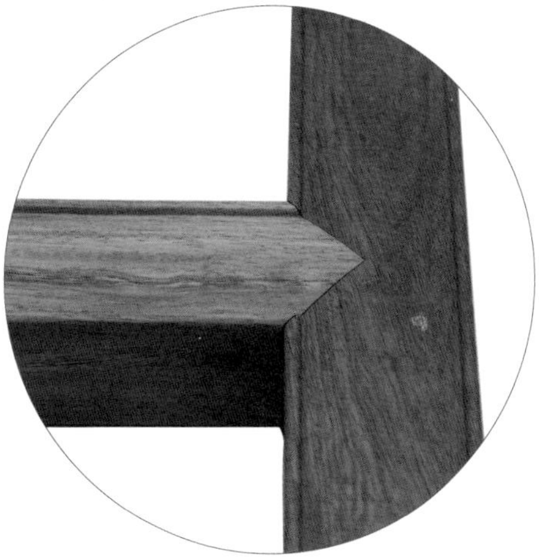

整体结构示意图

拆分结构示意图

【榫卯口诀】

柜体结构经常用，
格肩虚肩是看面。
八字肩下有榫舌，
榫舌越厚越牢固。

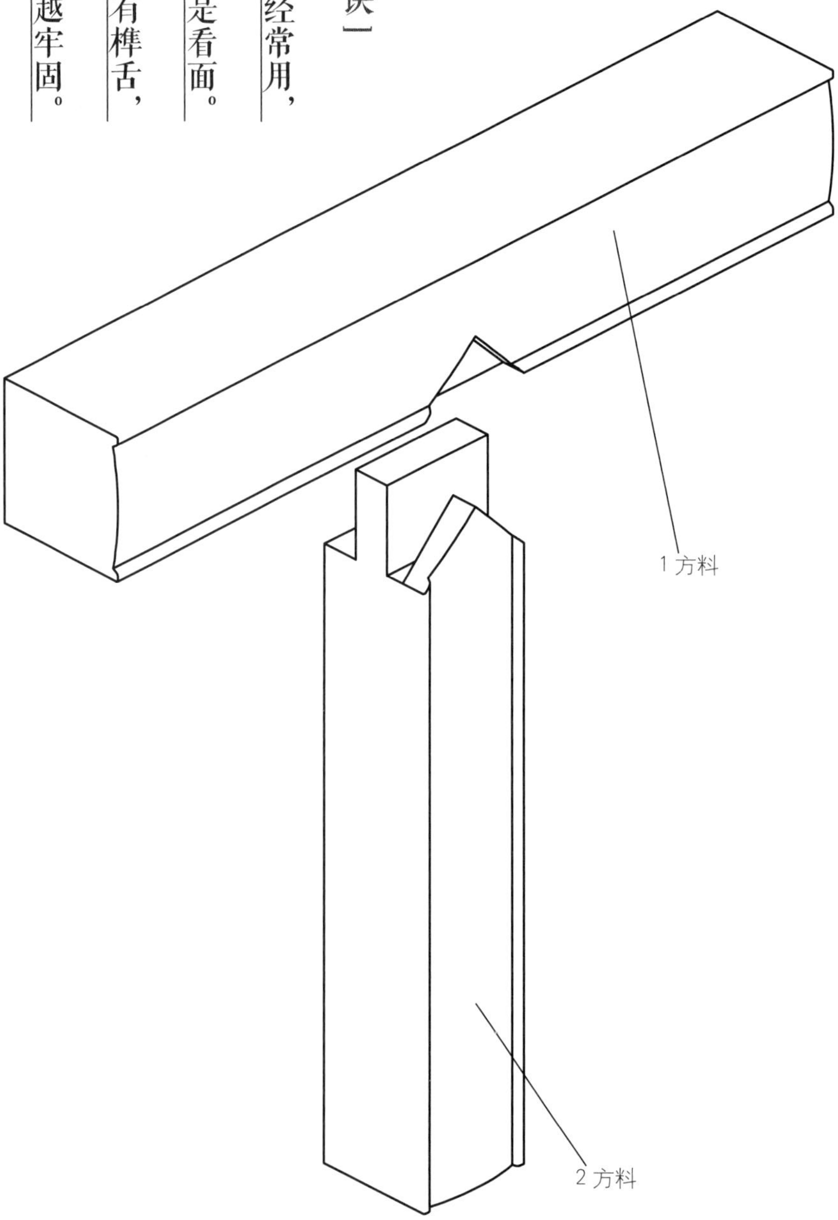

整体透视图

◆ 制作要点：

所谓虚肩，就是八字肩下还有一层榫舌，它的作用是增加榫头的摩擦力。在制作此结构时，只要是料的截面允许，八字格肩下的榫舌可以尽量厚一些，榫头会更牢固。

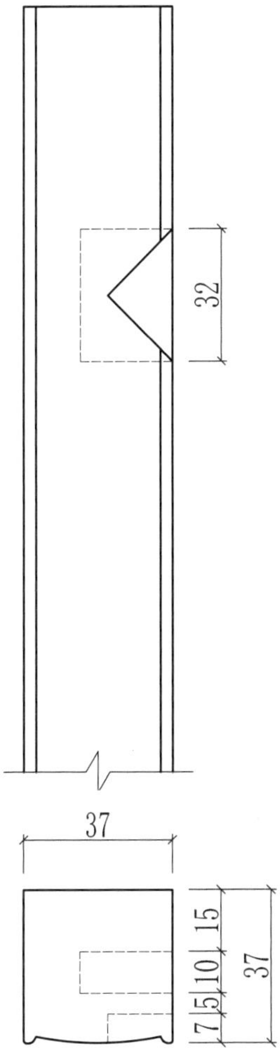

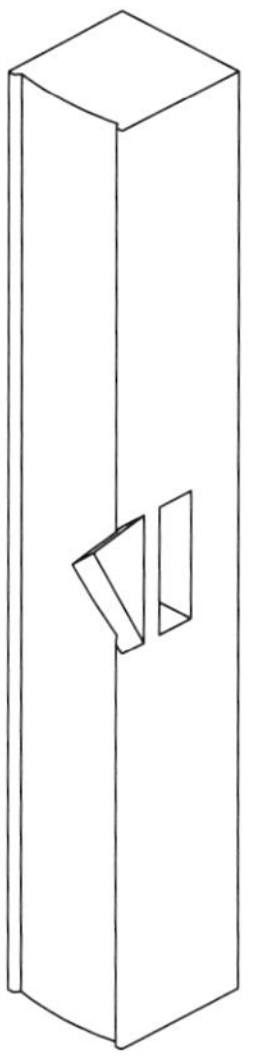

方料透视图

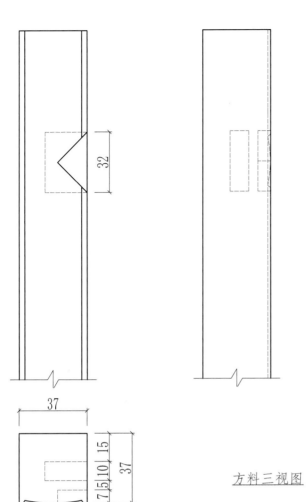

方料三视图

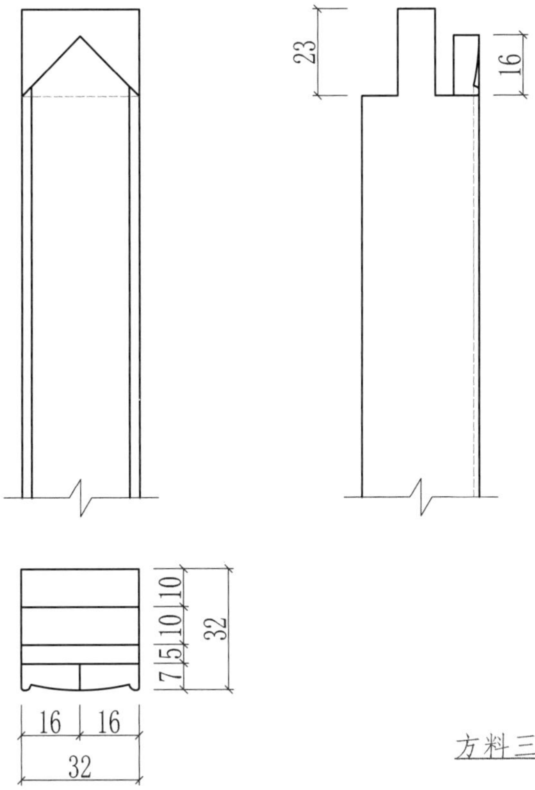

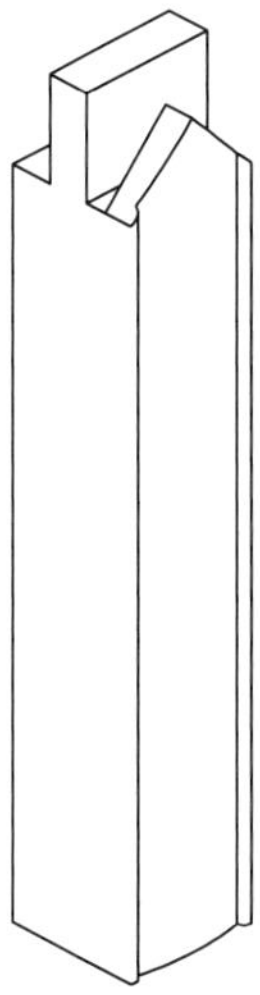

方料透视图

方料三视图

正视图	左视图
俯视图	

比例：1 ∶ 2

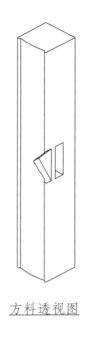

3）家具实例：清式花梨木嵌理石屏风

方材丁字形接合之六
（一面大格肩虚肩，一面齐肩）

清式花梨木嵌理石屏风—整体图

图版清单（方材丁字形接合之六）：
整体结构示意图
拆分结构示意图
整体透视图
方料透视图
方料透视图
方料三视图
方料三视图
清式花梨木嵌理石屏风—整体图
清式花梨木嵌理石屏风—细节图

方材丁字形接合之六
（一面大格肩虚肩，一面齐肩）

清式花梨木嵌理石屏风—细节图

11. 圆材角接合之一

1）基本概念

此结构又叫夹头燕尾暗榫，和揣揣榫同属一类，加工难度大，但接合最牢固，它是揣揣榫的最高级做法，此种结构适合做“活拆”家具。

2）应用部位

常用于圆腿类椅子的前腿和扶手接合处，也可用于任意圆材角接合处。

整体结构示意图

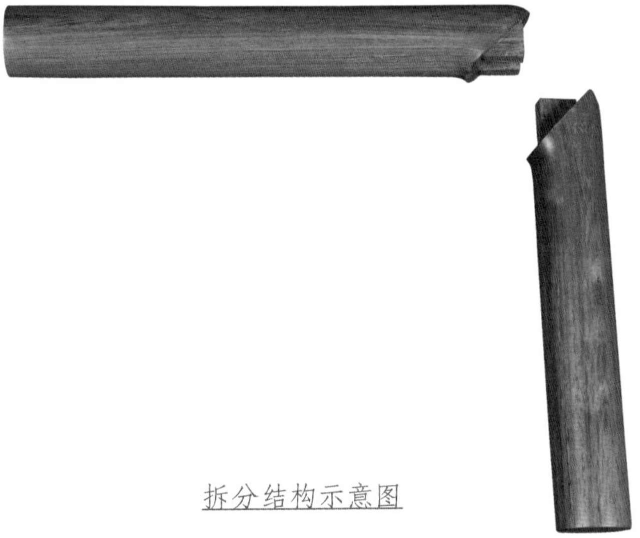

拆分结构示意图

【榫卯口诀】

暗榫加工难度大，
接合起来最牢固。
活拆家具是首选，
顺纹制作不易裂。

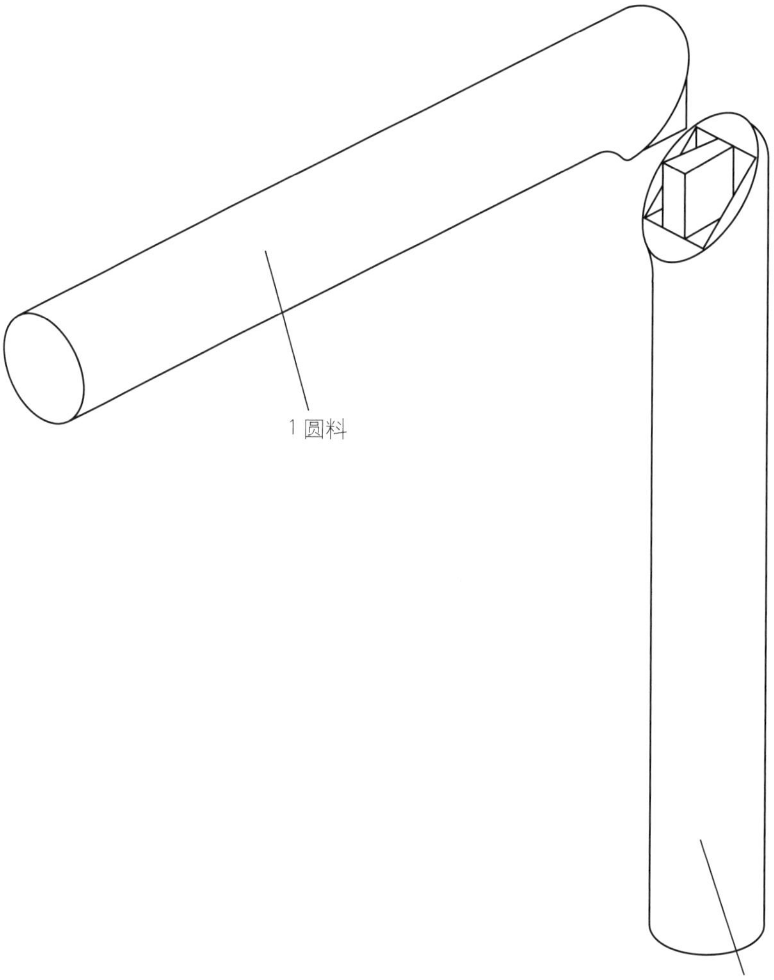

整体透视图

◆ 制作要点：

应根据料的大小，尽量把榫头做大，因为料都是顺木纹制作，没有横茬，组装时不容易开裂。单燕尾榫的接触面要严紧，双燕尾榫的外侧接触面略松一点为好。

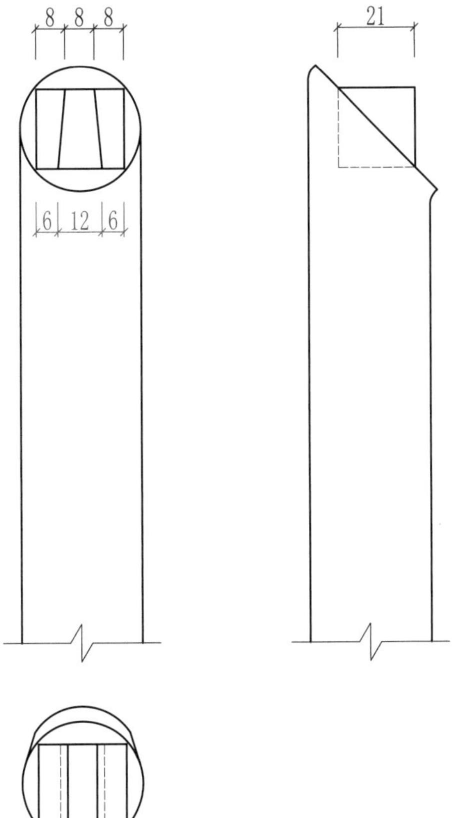

圆料三视图

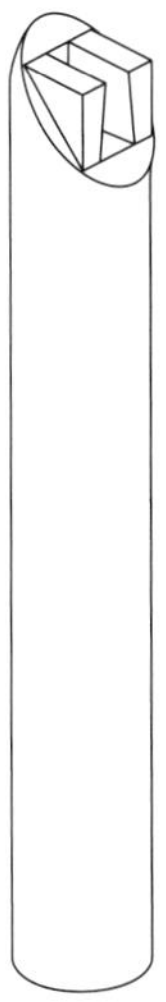
圆料透视图

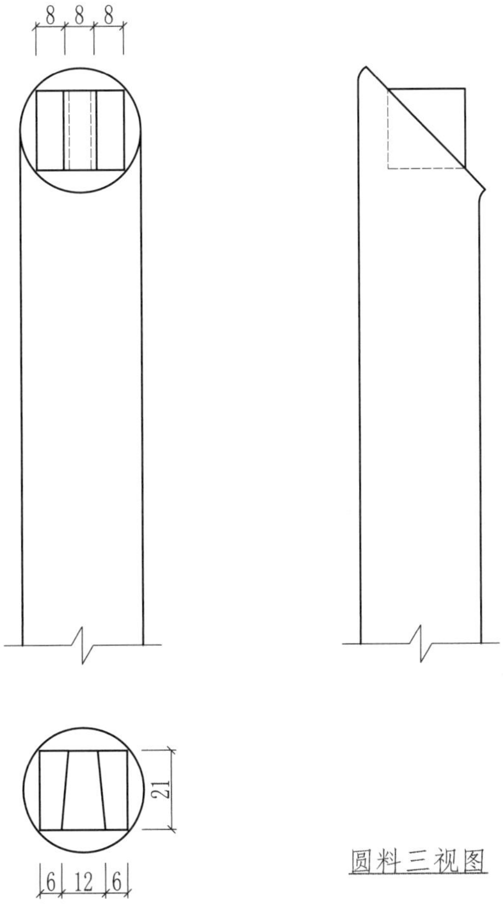

圆料三视图

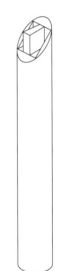

圆料透视图

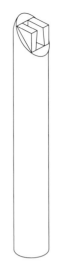

正视图	左视图
俯视图	

比例：1 ∶ 2

3）家具实例：明式酸枝木南官帽椅

圆材角接合之一
(夹头燕尾暗榫)

明式酸枝木南官帽椅—整体图

图版清单（圆材角接合之一）：
整体结构示意图
拆分结构示意图
整体透视图
圆料透视图
圆料透视图
圆料三视图
圆料三视图
明式酸枝木南官帽椅一整体图
明式酸枝木南官帽椅一细节图

圆材角接合之一
(夹头燕尾暗榫)

明式酸枝木南官帽椅—细节图

12. 圆材角接合之二

1）基本概念

此结构又叫挖烟袋锅榫，一根圆料转向而向下弯扣，开榫眼，另一根圆料出榫头。可以将其理解为正方形的方材齐肩角接合，然后倒圆而成。这个结构只是为造型而设计，它的力学不太合理。

2）应用部位

常用于椅子的搭脑与扶手接合处，也可用于任意圆材角接合处。

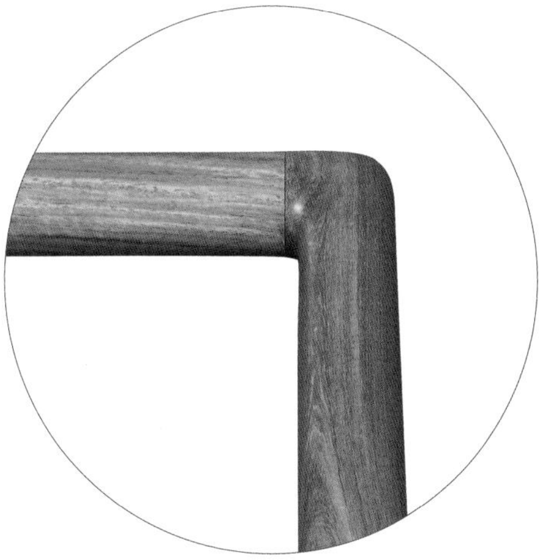

整体结构示意图

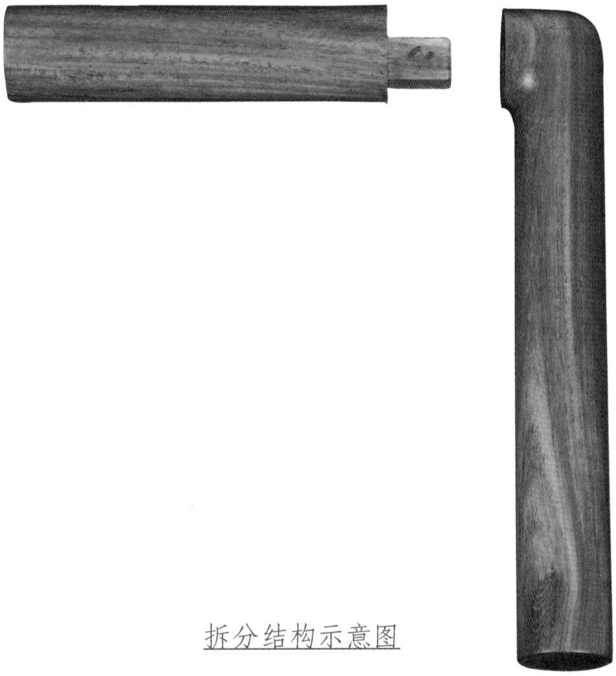

拆分结构示意图

【榫卯口诀】

方材倒圆为造型，
力学结构不合理。
四面有肩不等厚，
外肩厚而内肩薄。

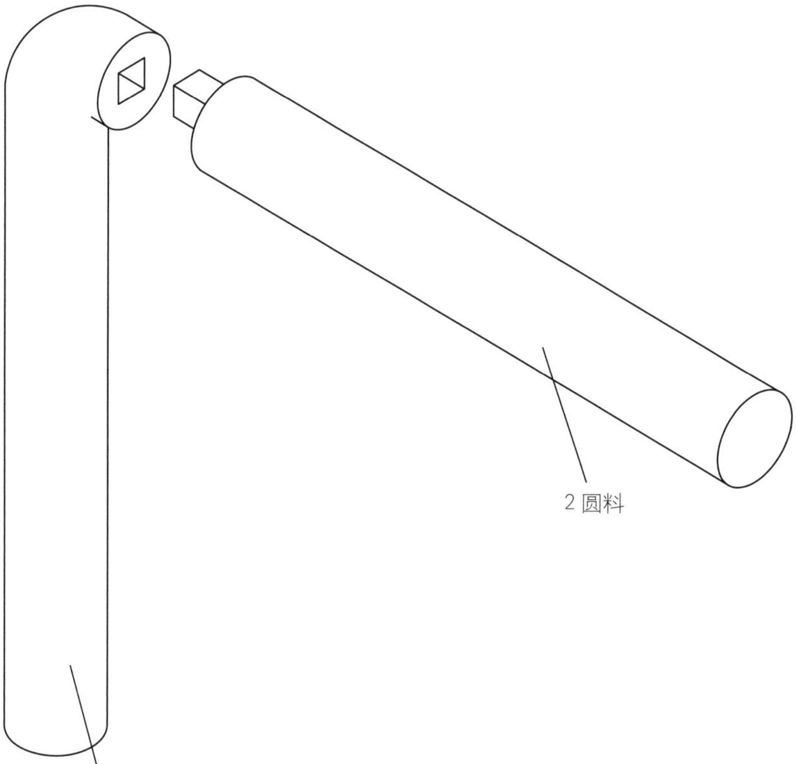

整体透视图

◆ 制作要点：

此结构榫头的受力很大，木材不能有任何缺陷。挖烟袋锅榫四面有肩，以带榫头的这根料为例，上面和左右为外肩，下面为内肩。一般内肩要尽量做薄，外肩尽量做厚，这样接合才牢固。

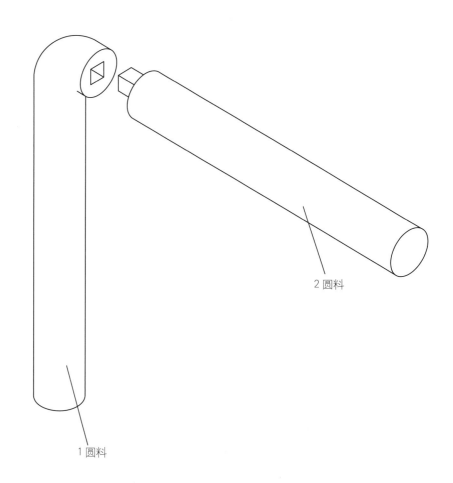

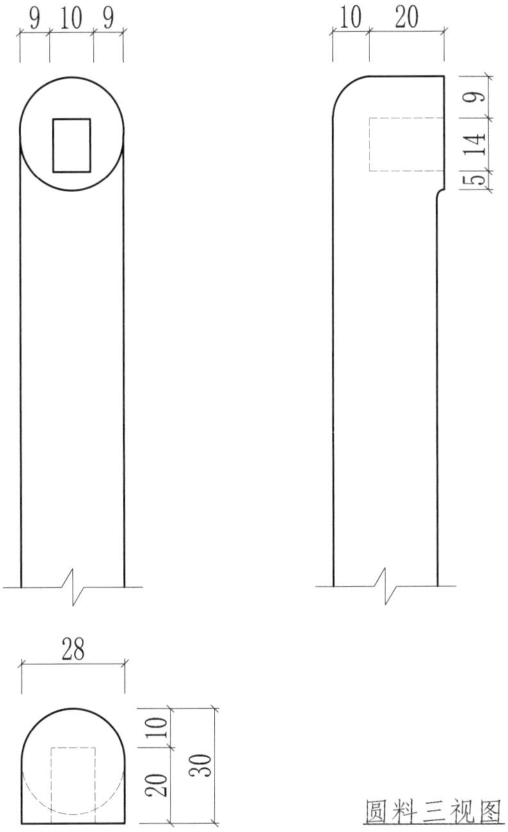

圆料三视图

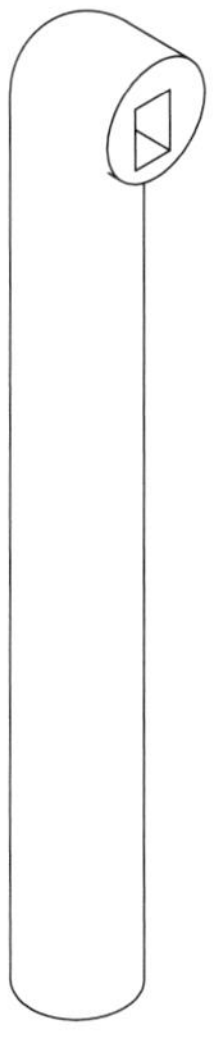

圆料透视图

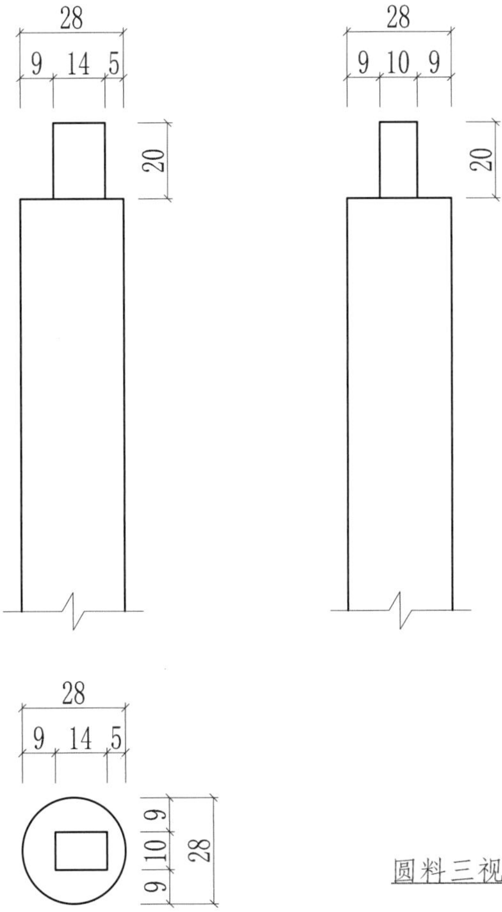

圆料三视图

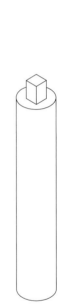

圆料透视图

正视图	左视图
俯视图	

比例：1：2

3）家具实例：明式花梨木靠背箱椅

明式花梨木靠背箱椅—整体图

图版清单（圆材角接合之二）：
整体结构示意图
拆分结构示意图
整体诱视图
圆料透视图
圆料透视图
圆料三视图
圆料三视图
明式花梨木靠背箱椅—整体图
明式花梨木靠背箱椅—细节图

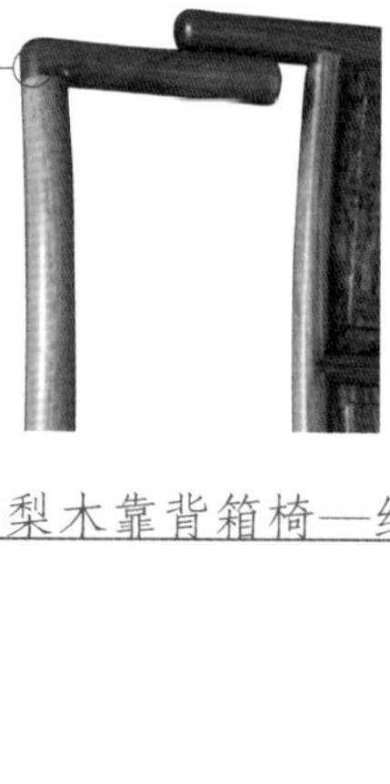

明式花梨木靠背箱椅—细节图

13. 圆材弧形暗榫接合

1）基本概念

此结构又叫楔钉榫结构，是明式圈椅接头的经典成型结构，是弧形料截面比较小的时候常采用的榫卯结构，制作考究、牢固、美观，在中国榫卯结构中有特殊性。

2）应用部位

圈椅或交椅椅圈的接头处。

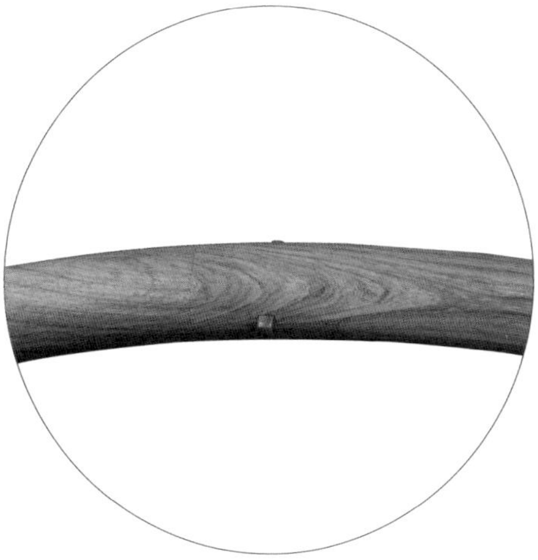

整体结构示意图

拆分结构示意图

【榫卯口诀】

楔钉榫头有大小，
外圈大来内圈小。
弧形结构不好做，
接缝严密才美观。

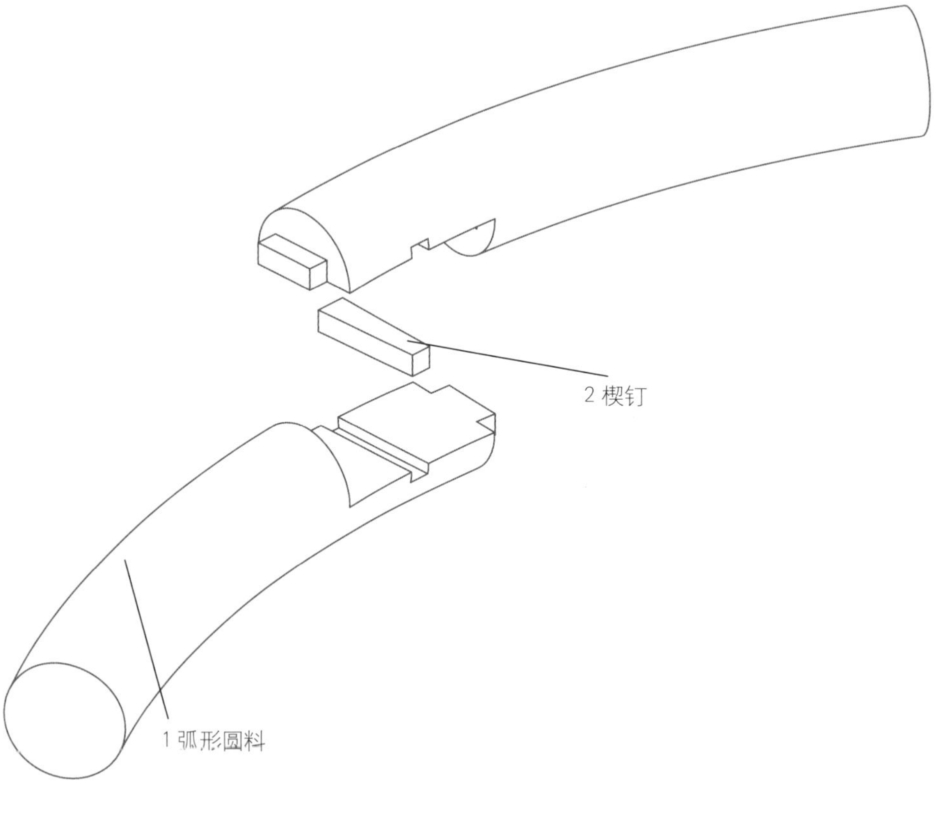

整体透视图

◆ 制作要点：

木工师傅在加工构件时，往往方正平直的活儿容易做好，带有弧度且不是直角的结构往往做不严。楔钉榫结构中的接缝大部分暴露在看面，如果接缝不严，会影响美观。在制作楔钉榫结构时，要把握好接口的角度，把榫肩锯准是关键。再有，从舌头这一端的肩到楔钉眼的距离有意放长了2～3丝米，上下两片做法相同。楔钉有大小头，圆弧构件外圈是大头，内圈是小头。楔钉形状成等边梯形，楔钉槽和楔钉大小形状应一致。

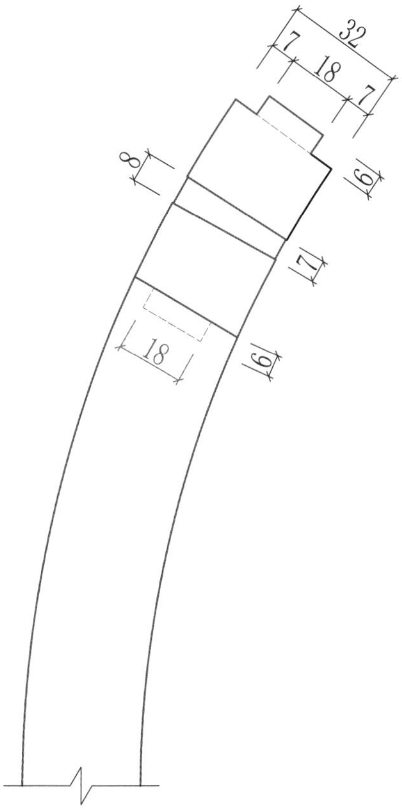

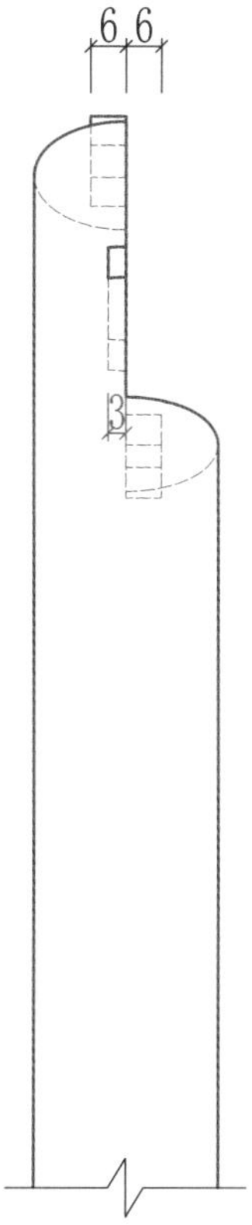

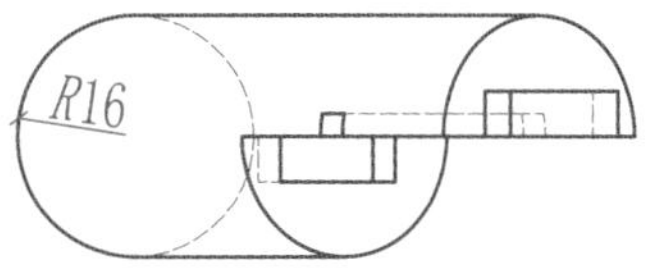

弧形圆料三视图

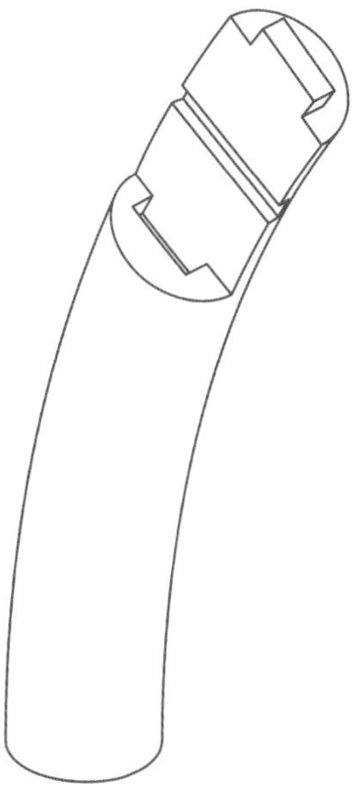

弧形圆料
透视图

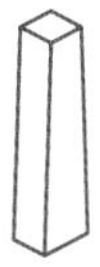

楔钉透视图

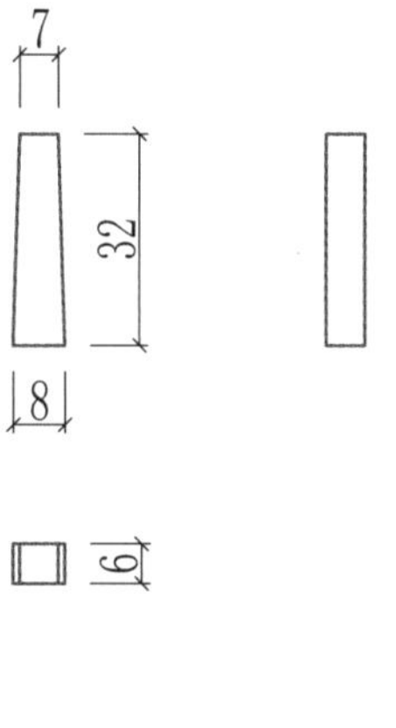

楔钉三视图

正视图	左视图
俯视图	

比例：1：2

3）家具实例：明式花梨木圈椅

明式花梨木圈椅—整体图

图版清单（圆材弧形暗榫接合）：
整体结构示意图
拆分结构示意图
整体透视图
弧形圆料透视图
楔钉透视图
弧形圆料三视图
楔钉三视图
明式花梨木圈椅—整体图
明式花梨木圈椅—细节图

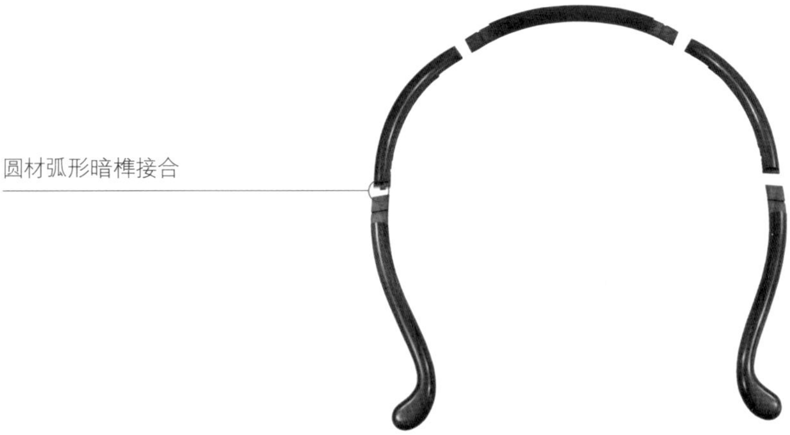

明式花梨木圈椅—细节图

14. 圆材弧形明榫接合

1）基本概念

此结构也是楔钉榫结构的一种。此结构外观与上一款结构相似，但更常用，制作比较容易，同属于明式家具榫卯的经典结构，体现了古人的匠心和智慧。

2）应用部位

圈椅或交椅椅圈的接头处。

整体结构示意图

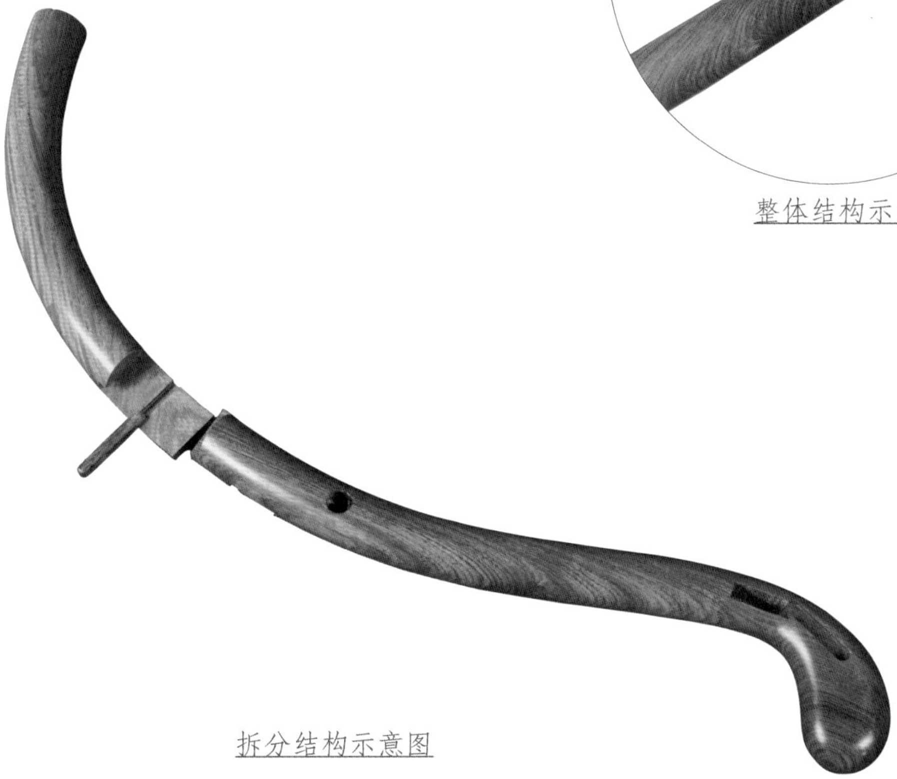

拆分结构示意图

【榫卯口诀】

明榫制作更简单，
接合牢固亦美观。
楔钉截面有两种，
等边梯形四边形。

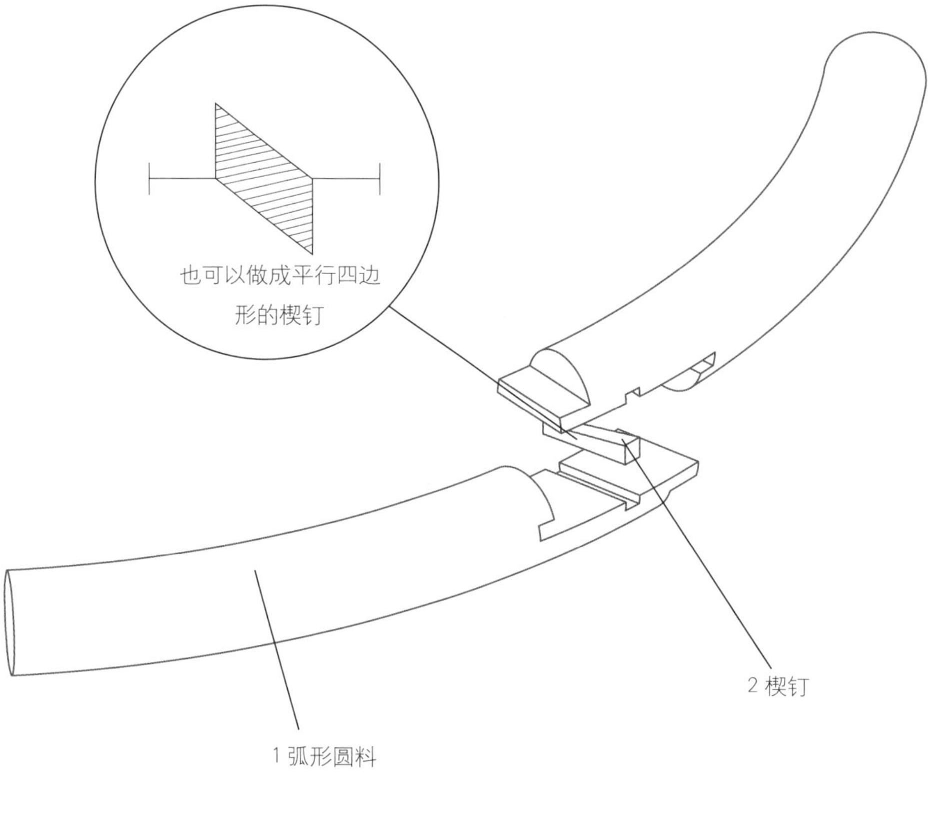

◆ 制作要点：

此结构和上一款结构基本一致，上一款结构的榫舌是暗榫，此结构的榫舌是明榫。楔钉也可以做成截面形状是平行四边形的，仍然是一头大一头小，如图所示，楔钉的两个钝角在接缝上。

整体透视图

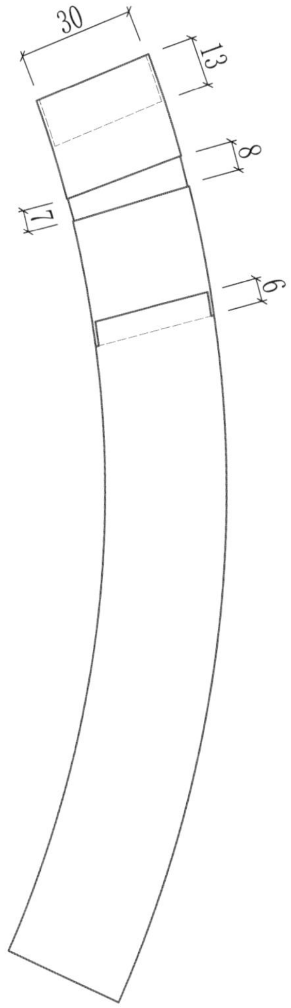

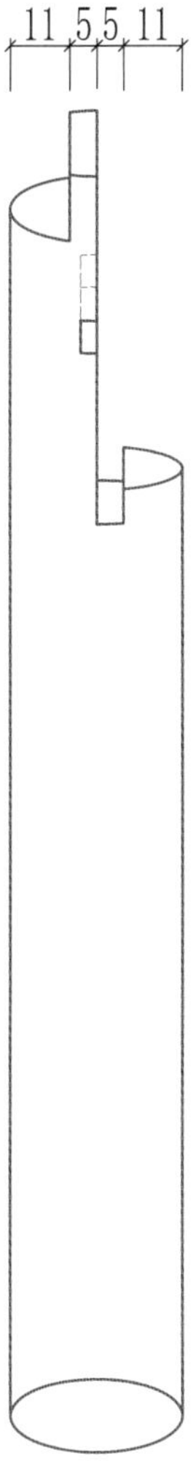

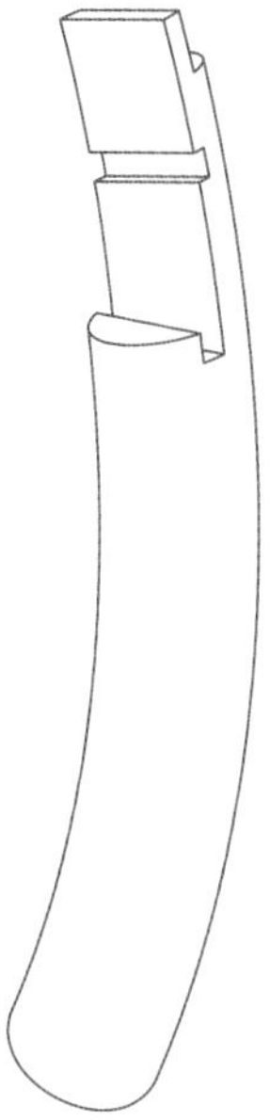

弧形圆料
透视图

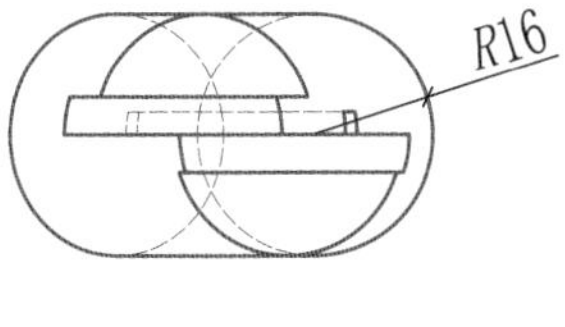

弧形圆料三视图

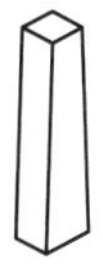

楔钉透视图

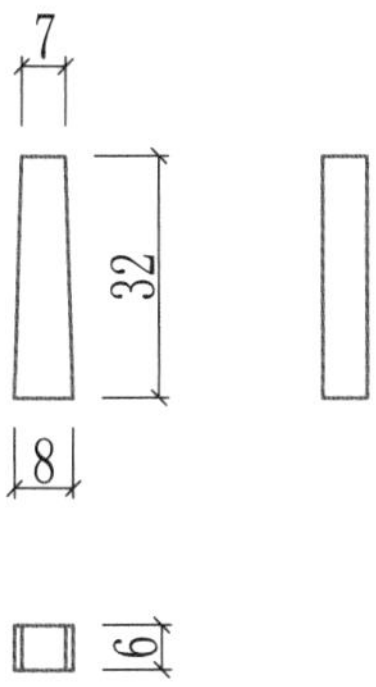

楔钉三视图

正视图	左视图
俯视图	

比例：1：2

3）家具实例：明式花梨木圈椅

明式花梨木圈椅—整体图

图版清单（圆材弧形明榫接合）：
整体结构示意图
拆分结构示意图
整体透视图
弧形圆料透视图
楔钉透视图
弧形圆料三视图
楔钉三视图
明式花梨木圈椅一整体图
明式花梨木圈椅一细节图

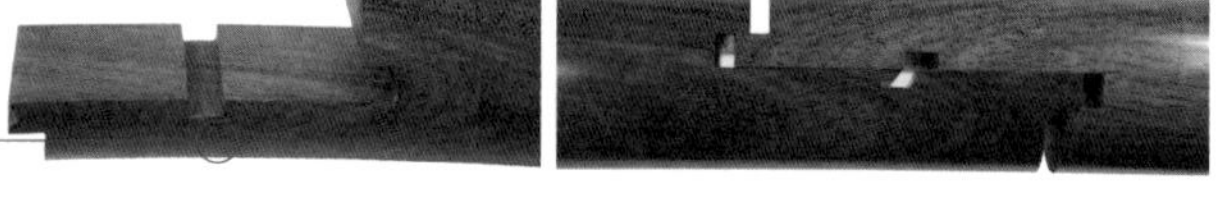

明式花梨木圈椅—细节图

15. 方材弧形暗榫接合

1）基本概念

此结构也是楔钉榫结构的一种。此结构和圆材弧形暗榫结构相同，只是料的截面是方形的。此结构适合做不上胶水的活拆家具，虽结构复杂，但接合牢固，是弧形边料的讲究做法。

2）应用部位

适用于圆形家具托泥的连接。

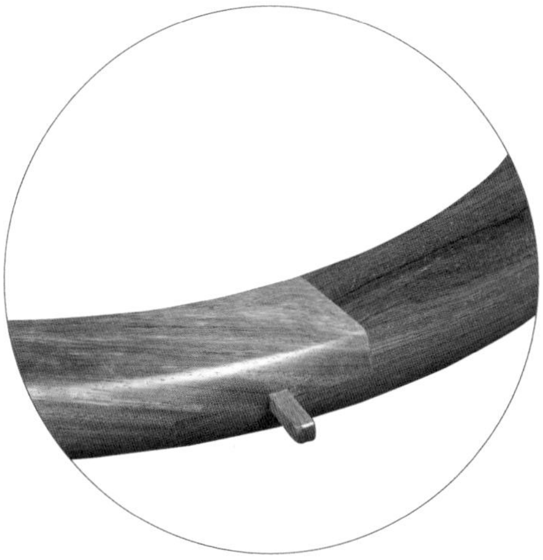

整体结构示意图

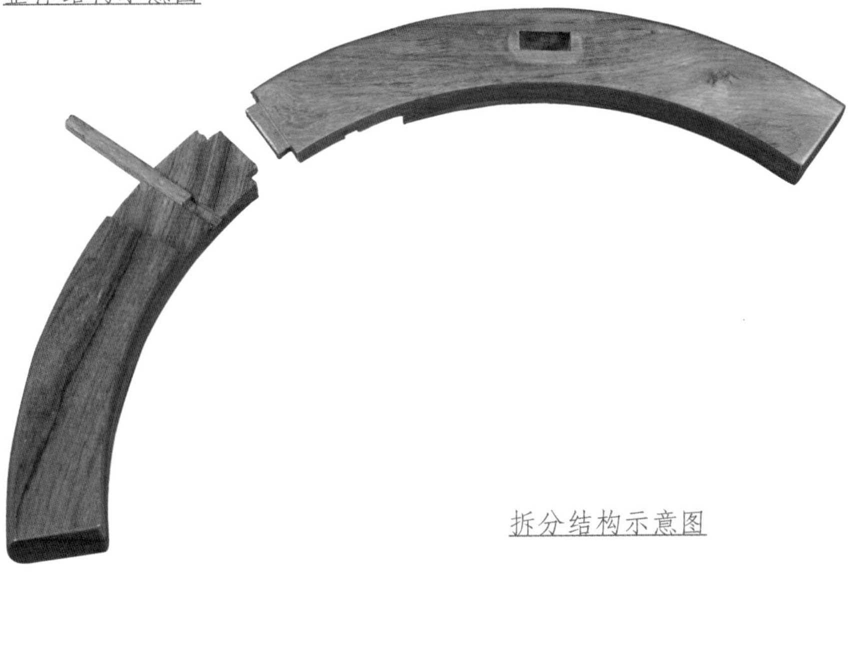

拆分结构示意图

【榫卯口诀】

圆形家具腿足下，
俗称托泥连接用。
材料截面是方形，
结构复杂接合牢。

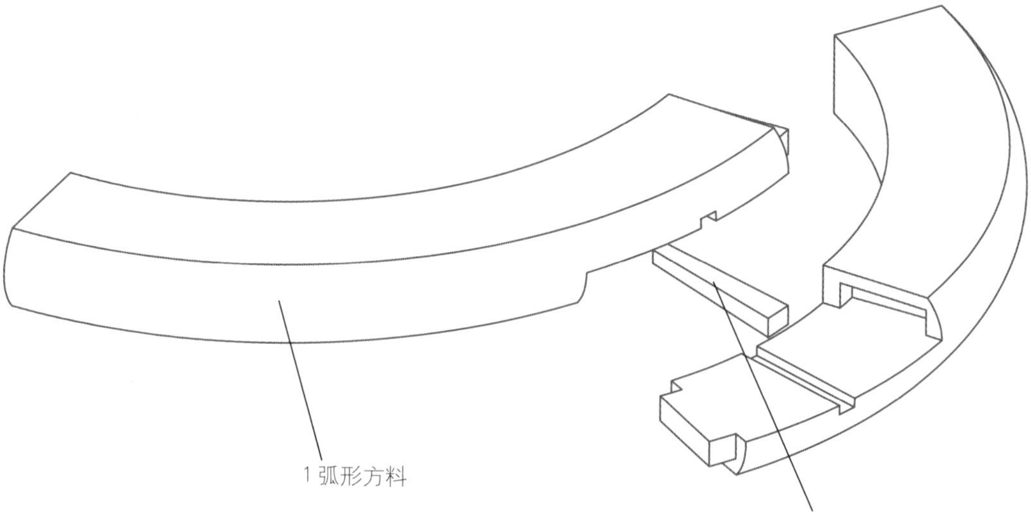

整体透视图

◆ 制作要点：

此结构和圆材弧形暗榫接合类似，做法和要求相同。

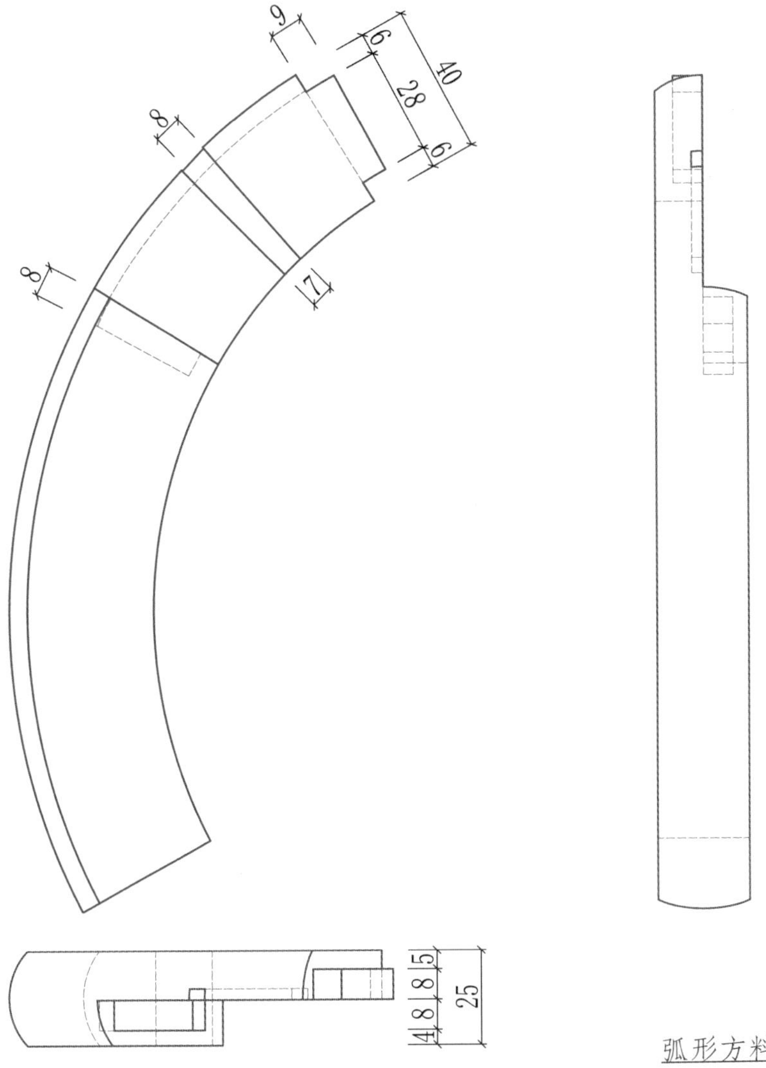

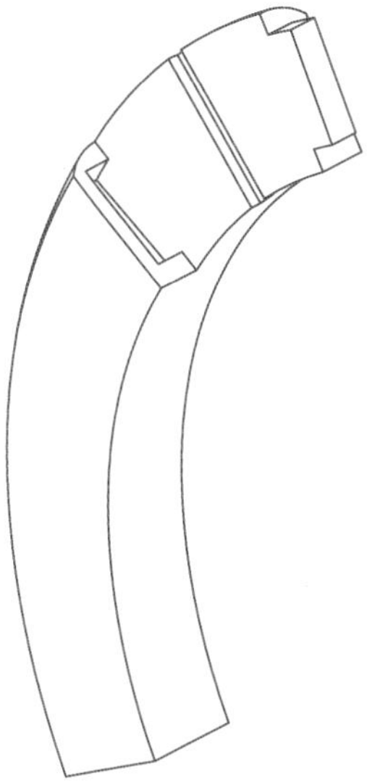

弧形方料透视图

弧形方料三视图

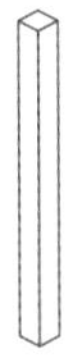

楔钉透视图

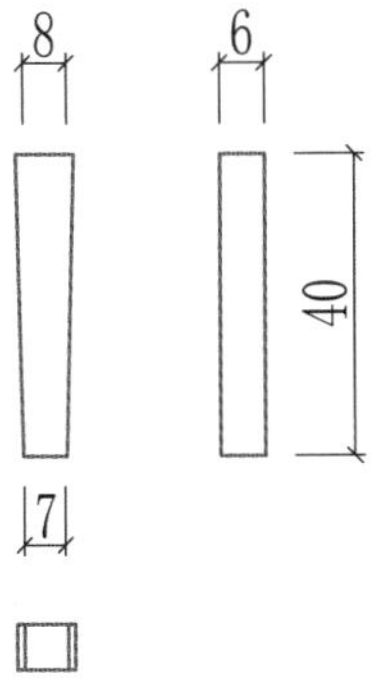

楔钉三视图

正视图	左视图
俯视图	

比例：1：2

3）家具实例：明式花梨木香几

明式花梨木香几—整体图

图版清单（方材弧形暗榫接合）：
整体结构示意图
拆分结构示意图
整体透视图
弧形方料透视图
楔钉透视图
弧形方料三视图
楔钉三视图
明式花梨木香几—整体图
明式花梨木香几—细节图

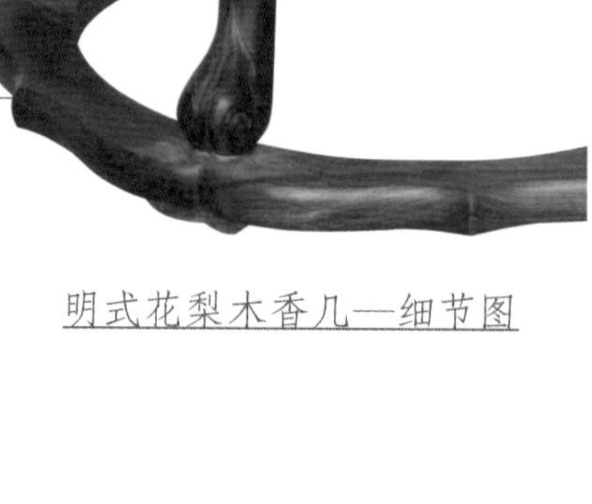

明式花梨木香几—细节图

16. 方材角接合之一

1）基本概念

格角攒边结构在家具制作中经常用到，采用什么样的榫头，要根据家具结构而定。家具在使用中，由于木材的变形，经常出现格角相交的两个边料不平整的现象。此结构榫头附带一个三角，其作用就是使榫头接触面加大，避免或削弱两个边料产生不平整现象。

2）应用部位

适用于木料截面比较窄的边框结构。

整体结构示意图

拆分结构示意图

【榫卯口诀】

格角攒边常用到，
榫头附带小三角。
边料宽时则加大，
边料窄时则减小。

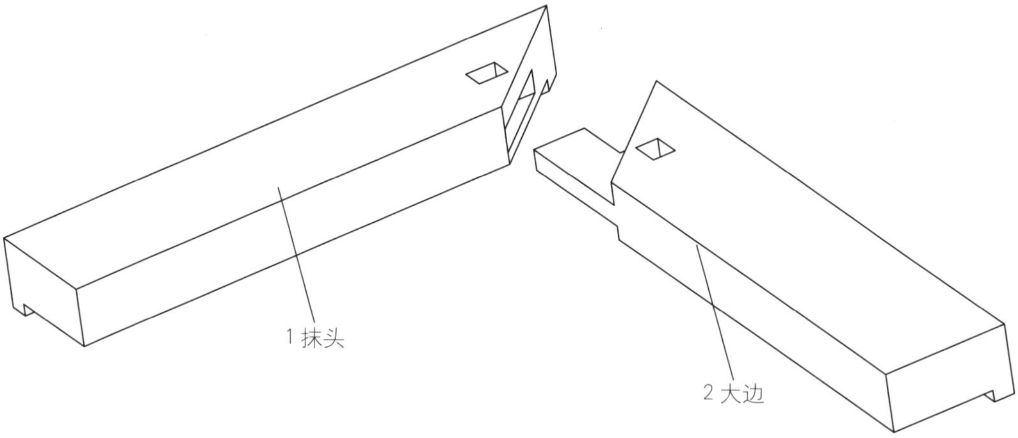

整体透视图

◆ 制作要点：

榫头根部附带的三角大小，要随边料的大小而变化，边料宽则大，边料窄则小。

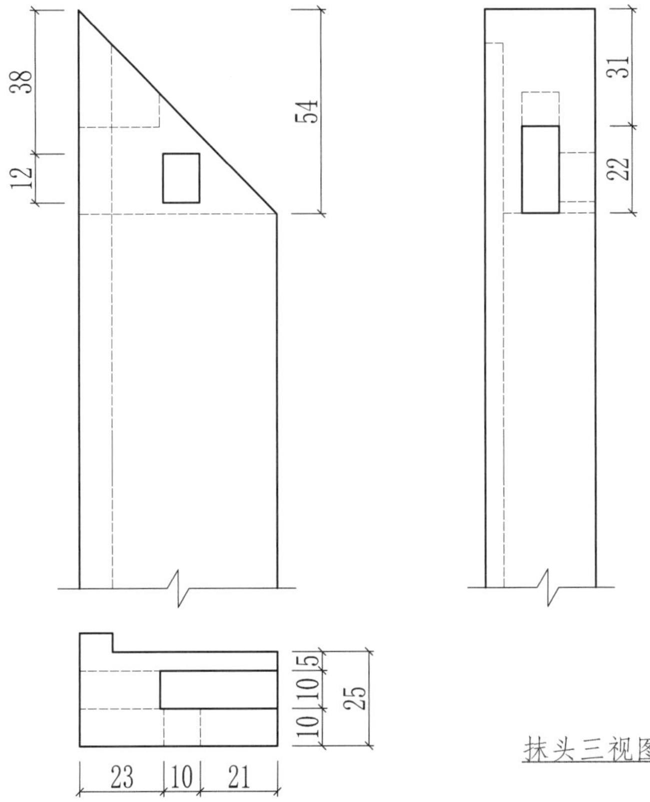

抹头三视图

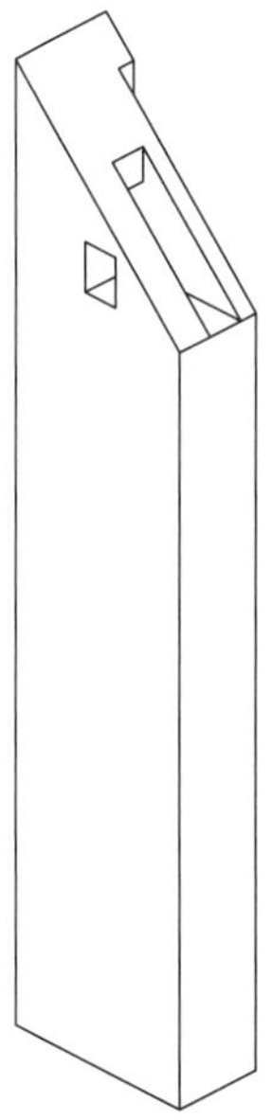

抹头透视图

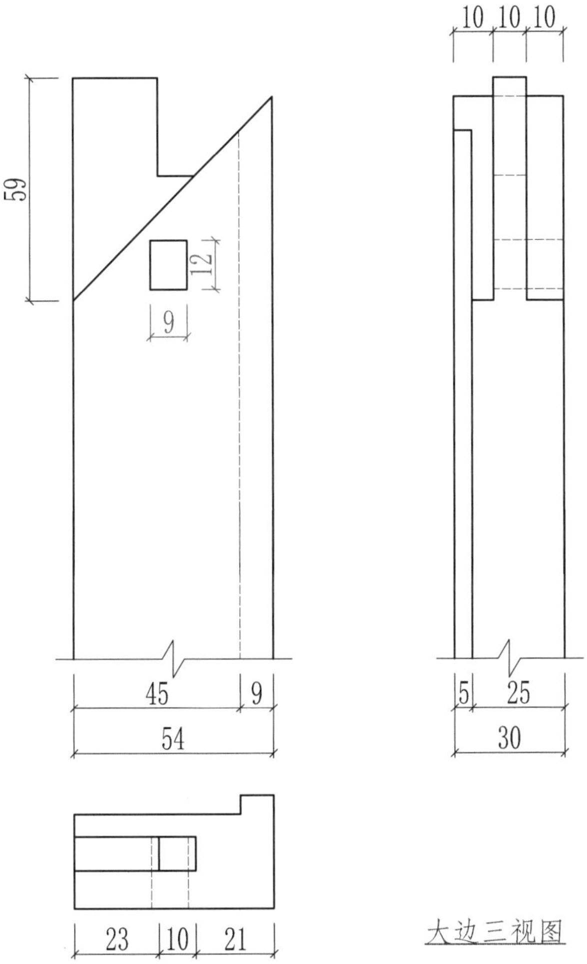

大边三视图

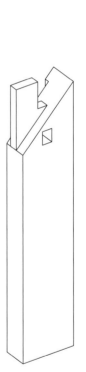

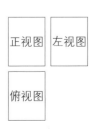

大边透视图

正视图	左视图
俯视图	

比例：1：2

3）家具实例：清式花梨木福禄纹四件柜

清式花梨木福禄纹四件柜—整体图

图版清单（方材角接合之一）：
整体结构示意图
拆分结构示意图
整体透视图
抹头透视图
大边透视图
抹头三视图
大边三视图
清式花梨木福禄纹四件柜—整体图
清式花梨木福禄纹四件柜—细节图

清式花梨木福禄纹四件柜—细节图

17. 方材角接合之二

1）基本概念

此结构与上一款结构类似，但三角榫与主榫分离，适用于截面比较宽的边框。三角榫起到了独立的暗销的作用，能减少两根料由于变形造成的表面不平整。

2）应用部位

适用于木料截面比较宽的边框结构。

整体结构示意图

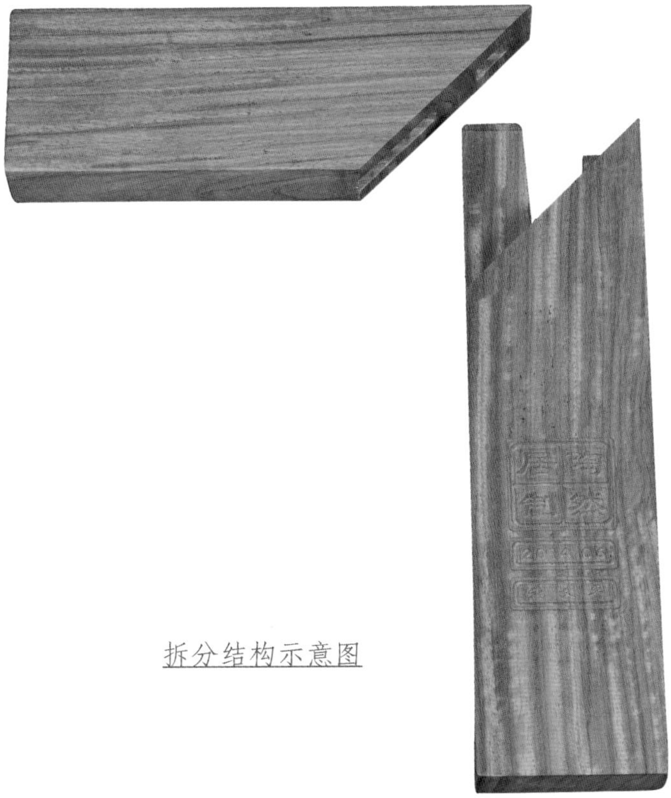

拆分结构示意图

【榫卯口诀】

独立三角用处大，
类似暗销减不平。
截面较宽用此款，
厚度较大用双榫。

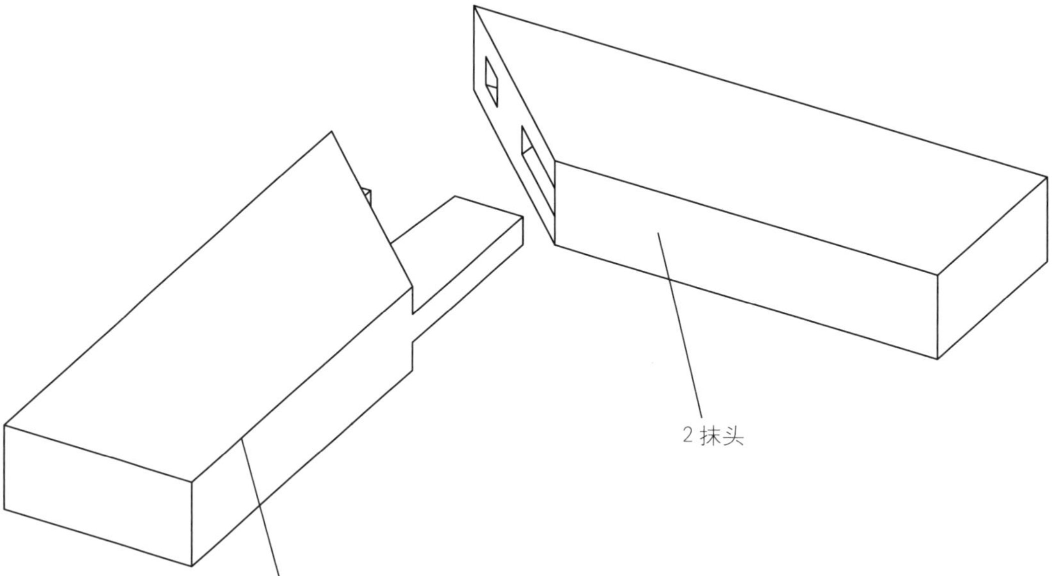

◆ 制作要点：

在家具制作中，当边框的料比较宽时才适合设计独立的三角榫，一般面边宽度超过5厘米才做。三角榫的位置越靠外边越好，也就是尽量离主榫远一些，另外，三角榫不用做得太大。当边框厚度超过5厘米时，主榫和三角榫还都要做双榫。

整体透视图

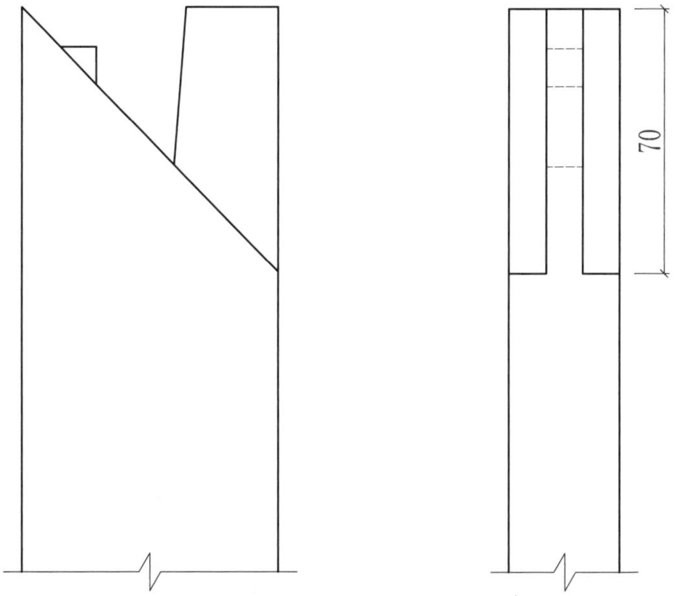

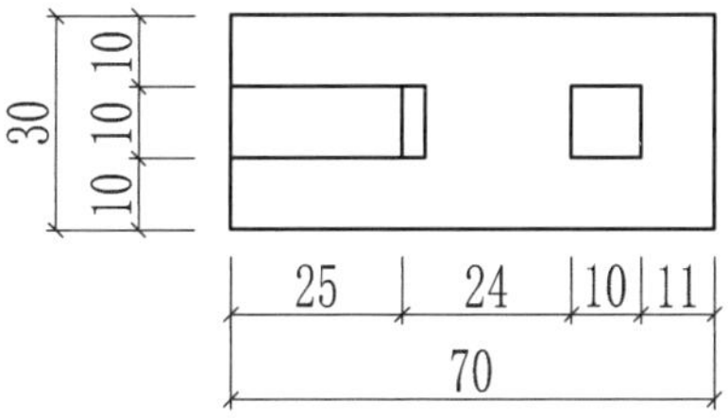

大边三视图

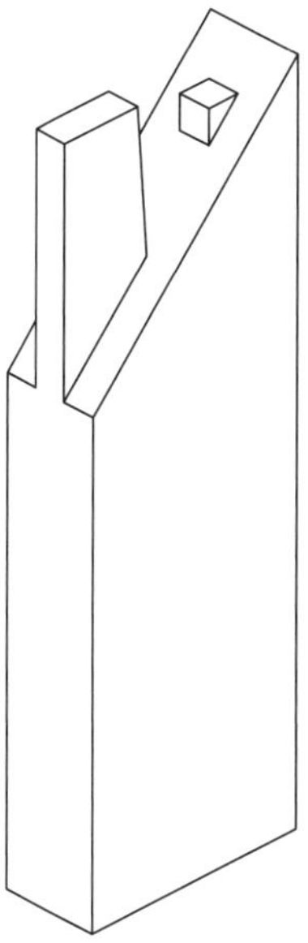

大边透视图

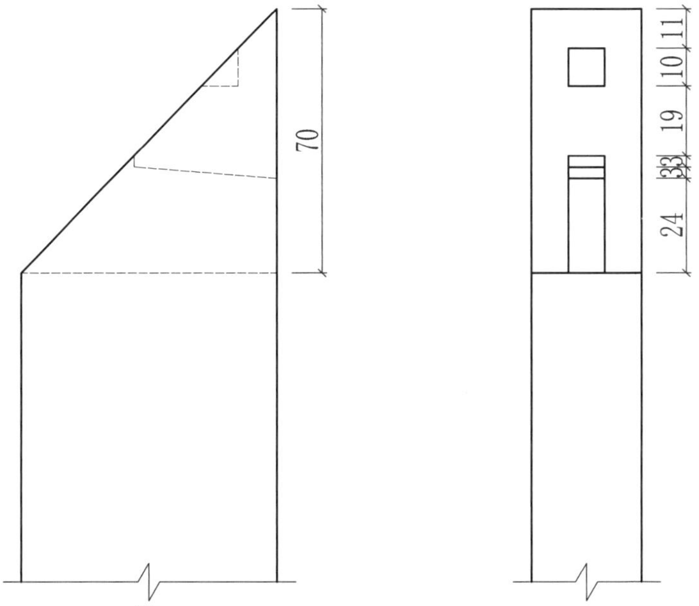

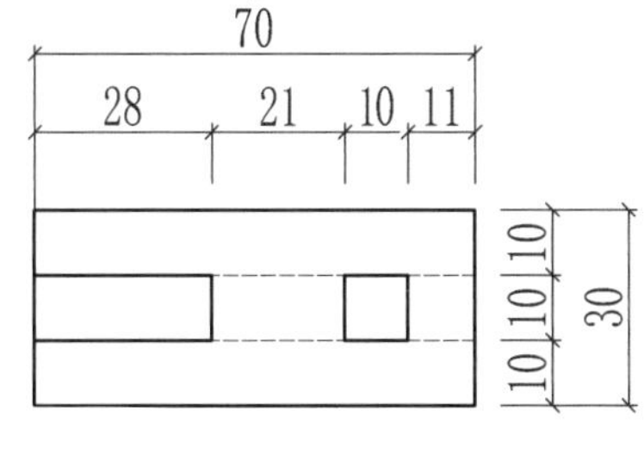

抹头三视图

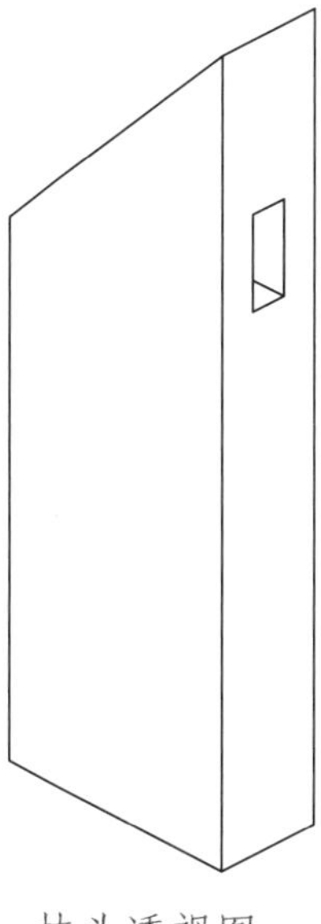

抹头透视图

正视图	左视图
俯视图	

比例：1：2

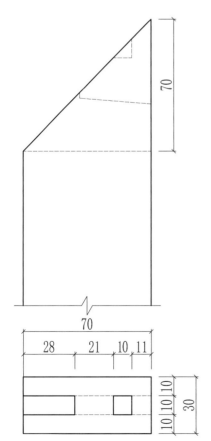

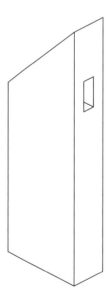

3）家具实例：现代中式花梨木办公桌

方材角接合之二
（格角攒边，附带独立三角榫）

现代中式花梨木办公桌—整体图

图版清单（方材角接合之二）：
整体结构示意图
拆分结构示意图
整体透视图
大边透视图
抹头透视图
大边三视图
抹头三视图
现代中式花梨木办公桌—整体图
现代中式花梨木办公桌—细节图

方材角接合之二
（格角攒边，附带独立三角榫）

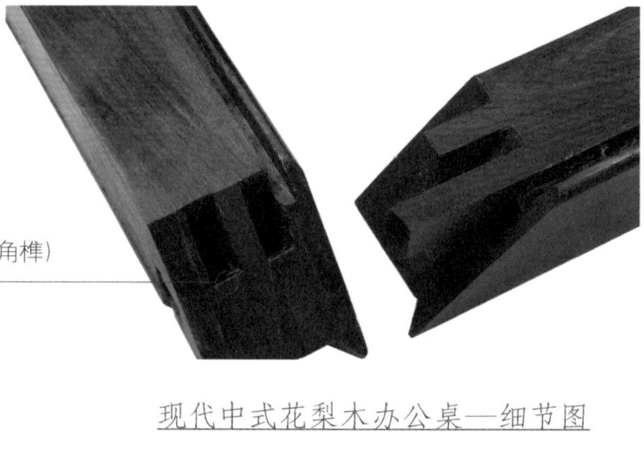

现代中式花梨木办公桌—细节图

18. 方材角接合之三

1）基本概念

此种格角攒边结构采用闷榫接合，是最讲究、最牢固的榫卯结构，是家具制作中最精巧的做法，适合做“活拆”家具。但制作费时费工、效率低。

2）应用部位

适合做柜类的门框结构。

整体结构示意图

拆分结构示意图

【榫卯口诀】

榫中有榫结构巧，
制作费时难度大。
活拆家具最讲究，
榫头接合要严密。

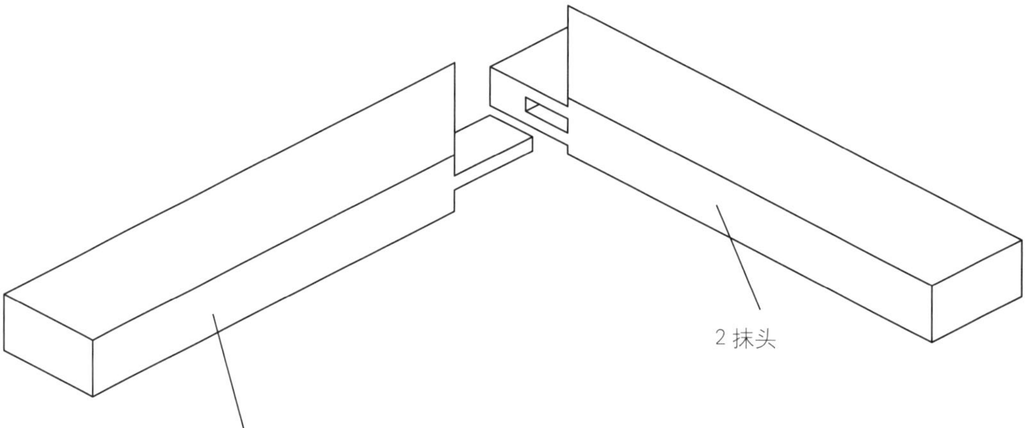

整体透视图

◆ 制作要点：

此结构的榫卯接触面多，制作时工序多、难度大，属于榫中有榫的结构。如果榫头做不严，采用此结构没有意义，白白浪费工时。

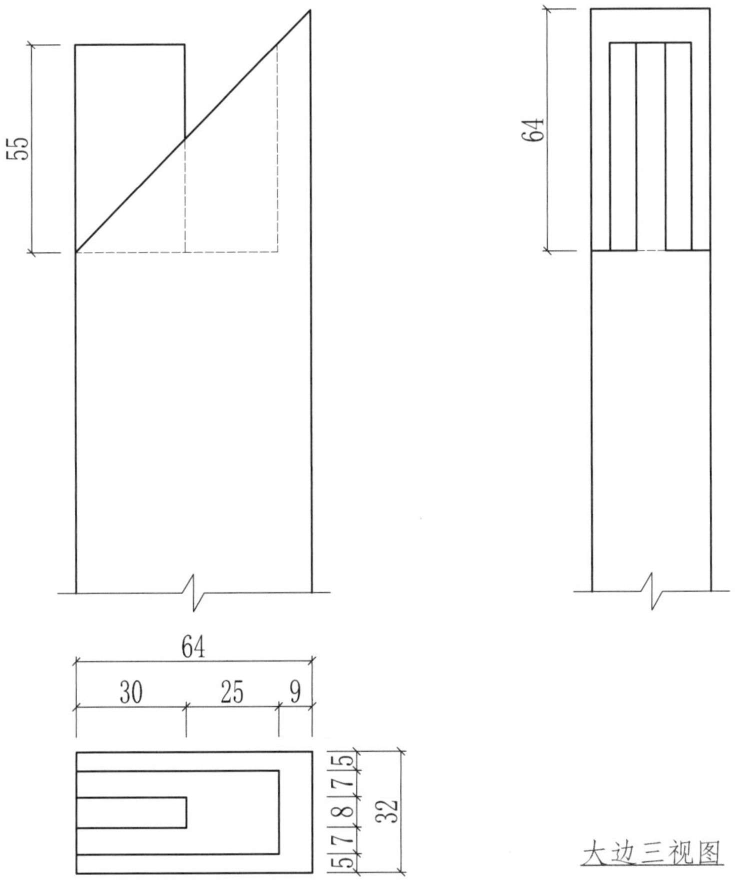

大边三视图

大边透视图

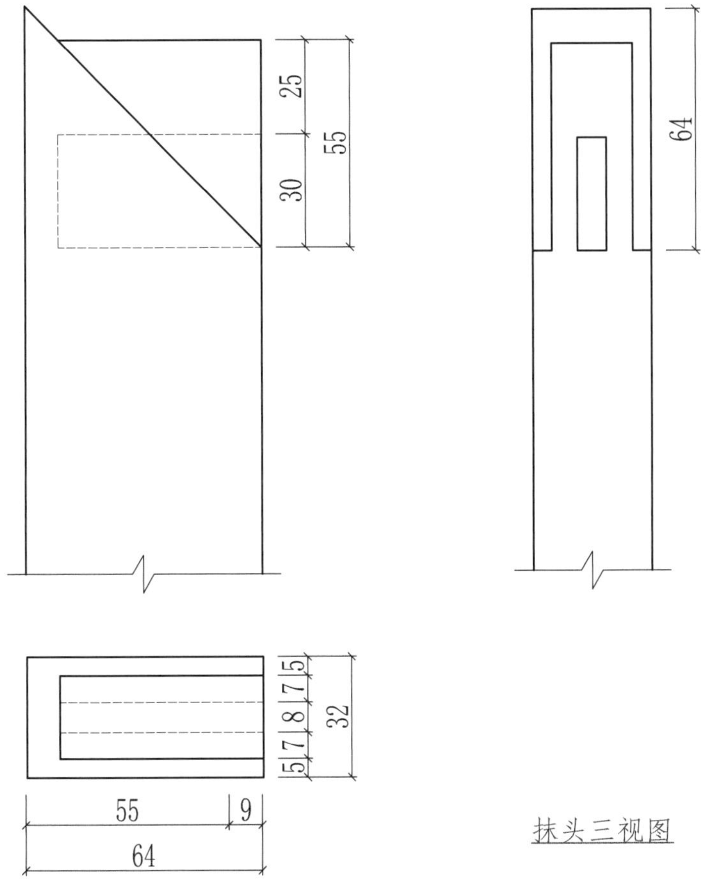

抹头三视图

抹头透视图

正视图	左视图
俯视图	

比例：1：2

3）家具实例：清式花梨木福禄纹四件柜

方材角接合之三
（格角攒边，闷榫）

清式花梨木福禄纹四件柜—整体图

图版清单（方材角接合之三）：
整体结构示意图
拆分结构示意图
整体透视图
大边透视图
抹头透视图
大边三视图
抹头三视图
清式花梨木福禄纹四件柜—整体图
清式花梨木福禄纹四件柜—细节图

方材角接合之三
（格角攒边，闷榫）

清式花梨木福禄纹四件柜—细节图

19. 方材角接合之四

1）基本概念

此结构又叫揣揣榫，是一个两面格肩的方材角接合结构。如不想见到明榫，方材的截面又不大，揣揣榫接合是比较牢固的。

2）应用部位

此结构常用于椅子前腿和扶手角接合部位，有时也用于截面较小的边框结构。

整体结构示意图

拆分结构示意图

【榫卯口诀】

两面格肩揣揣榫，
结构常用椅前腿。
两料各出榫和卯，
粘接受力稳而牢。

◆ 制作要点：

揣揣榫是指两根料上各自有相同的榫头和榫眼，像揣手一样接合，粘接后受力稳定、牢固。如果采用方榫眼和方榫头，在受力时，方榫眼的一端料容易开裂。如果做不上胶水的"活拆"家具，此法不妥。在此结构中，两根料相交处有圆角，在组装时圆角处很容易损坏，所以在两根料的内角处做了微小格肩，这样做可以减轻"掉肉"现象。

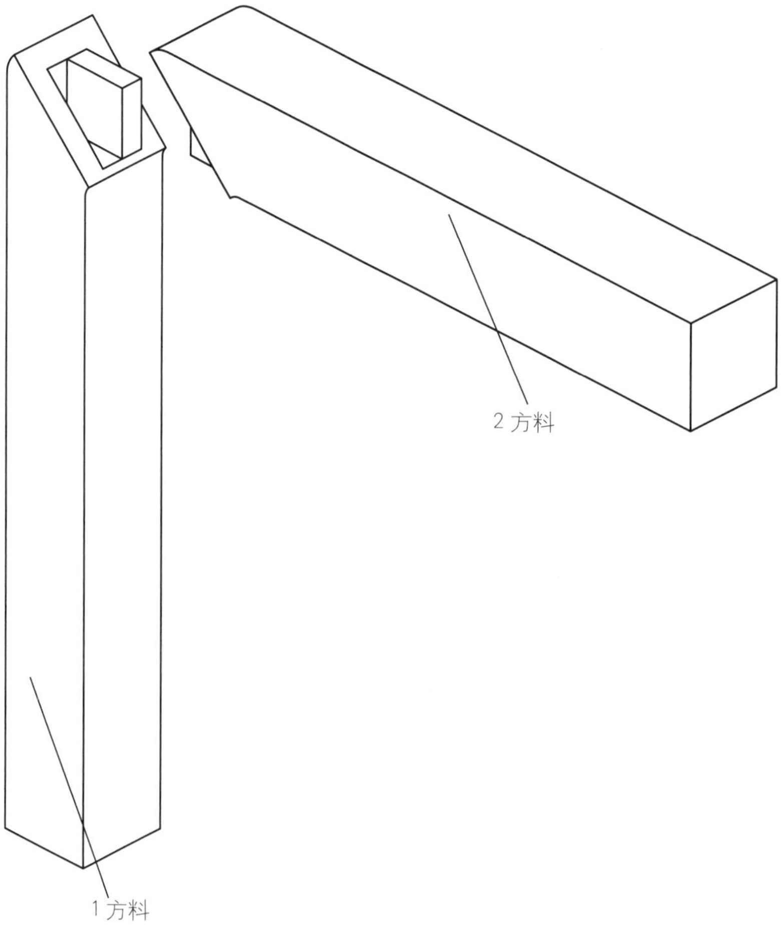

整体透视图

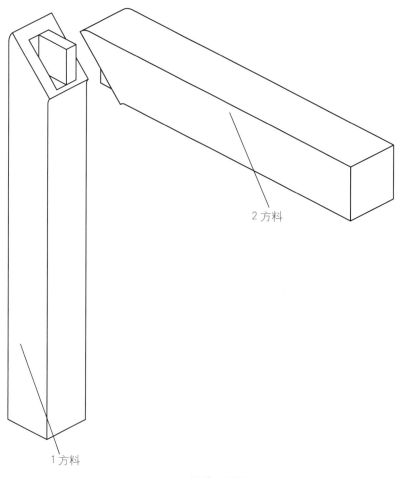

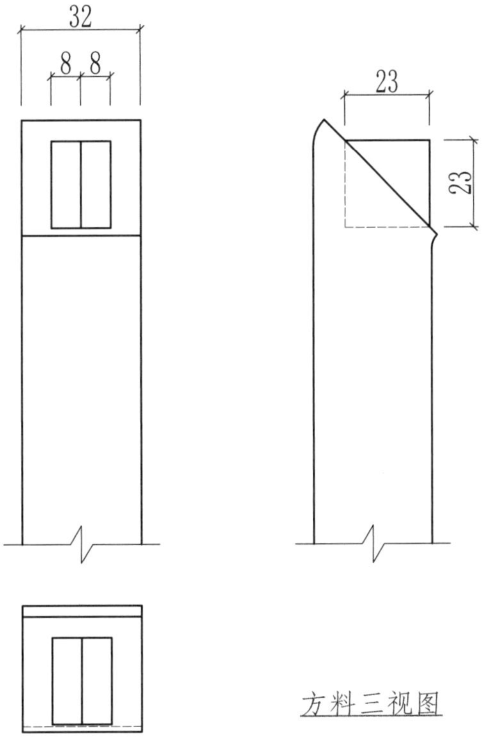

方料三视图

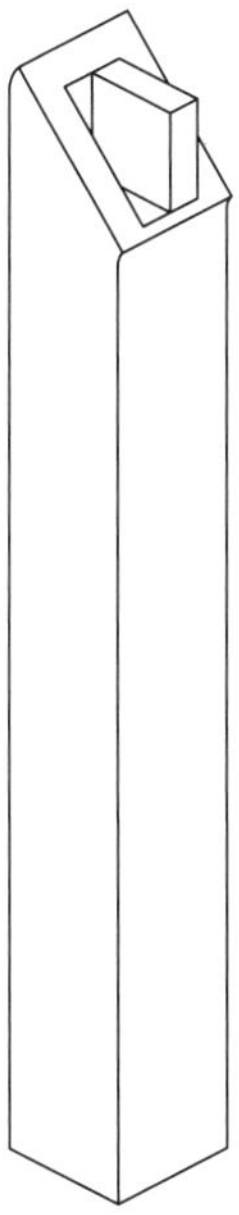

方料透视图

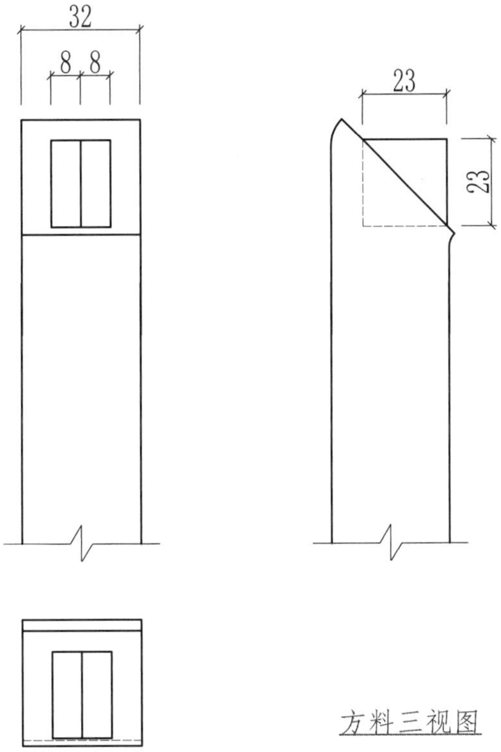

方料三视图

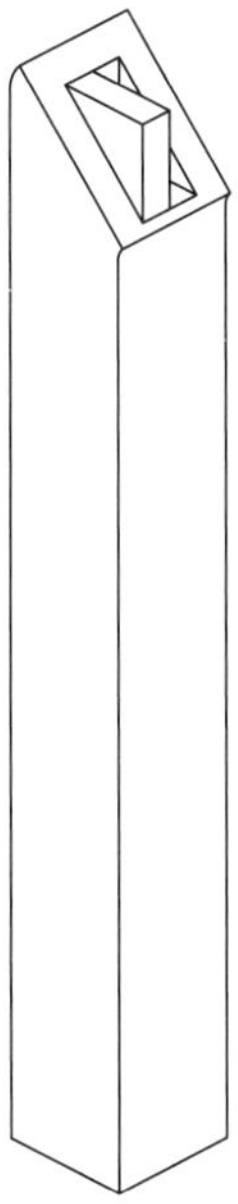

方料透视图

正视图	左视图
俯视图	

比例：1 : 2

3）家具实例：明式酸枝木靠背椅

明式酸枝木靠背椅—整体图

图版清单（方材角接合之四）：
整体结构示意图
拆分结构示意图
整体透视图
方料透视图
方料透视图
方料三视图
方料三视图
明式酸枝木靠背椅—整体图
明式酸枝木靠背椅—细节图

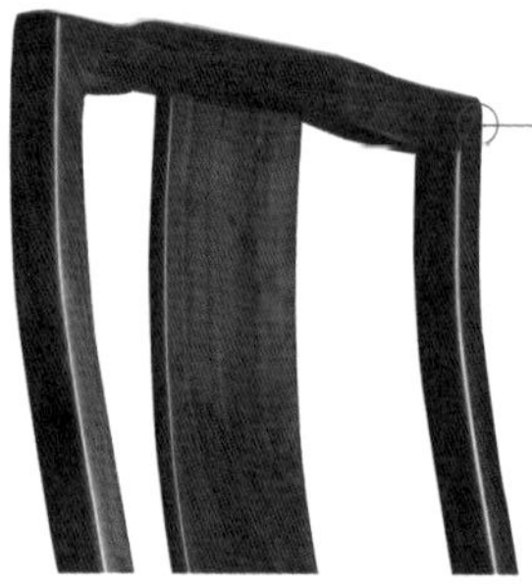

明式酸枝木靠背椅—细节图

20. 方材角接合之五

1) 基本概念

此结构也是揣揣榫，一根料出一个榫舌，另一根料出两个榫舌，这样就比上一款结构更牢固。

2) 应用部位

常用在带有装板的沙发或罗汉床的围子上。

整体结构示意图

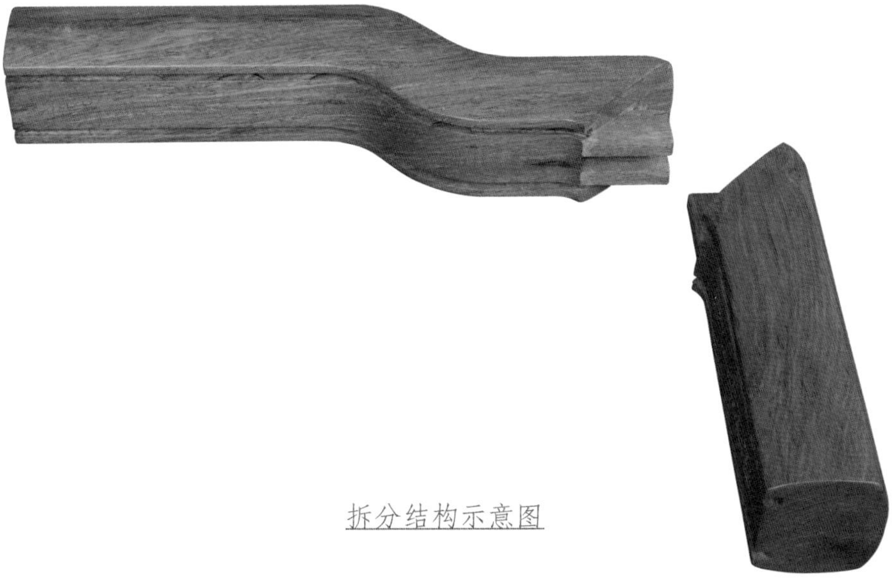

拆分结构示意图

【榫卯口诀】

一料单来一料双，
如此结构更牢固。
两面打槽装板时，
微小格肩免掉肉。

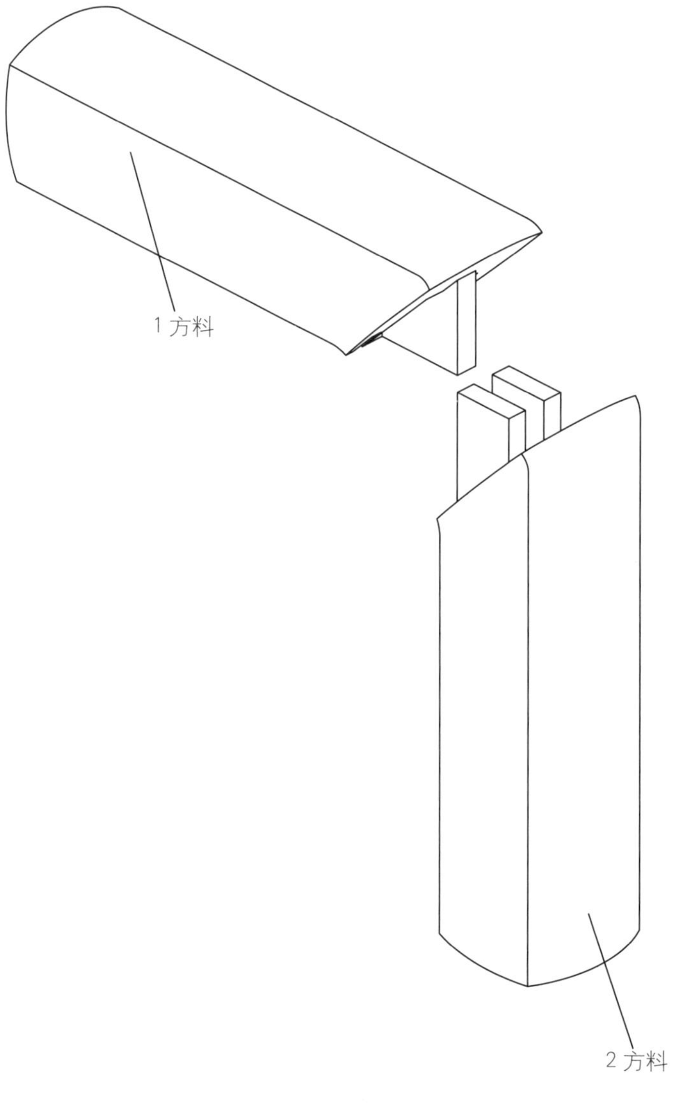

整体透视图

◆ 制作要点：

此结构从料的截面分析，榫舌设计得偏小，主要是为两面打槽装板预留出一定的空间。因为在家具制作中，最忌讳打槽时伤到榫头。此种结构用在“活拆”家具上不太牢固。另外，只要两根料相交内角是圆角，那么两根料的内角接触面都要做微小格肩处理，以减轻“掉肉”现象。

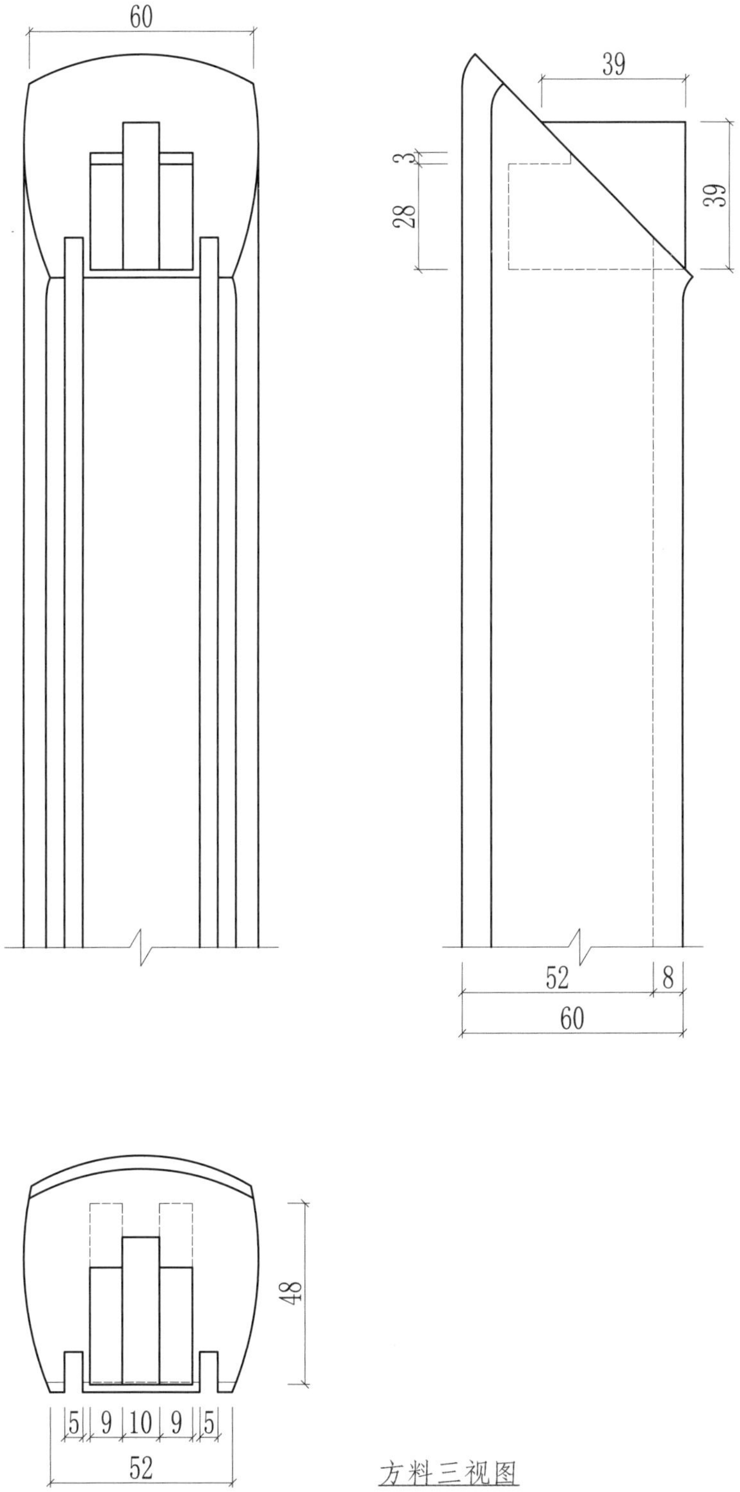

方料三视图

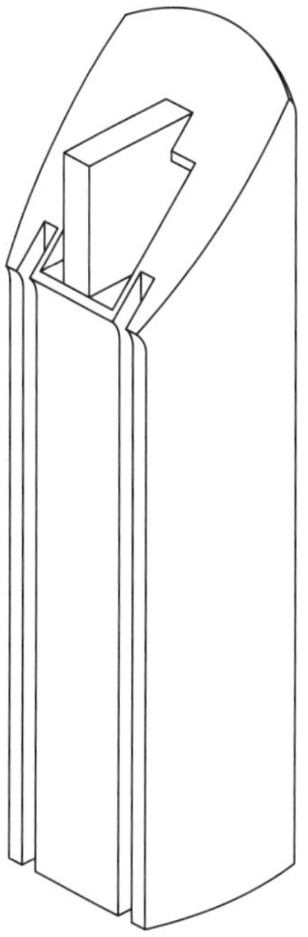

方料透视图

正视图	左视图
俯视图	

比例：1：2

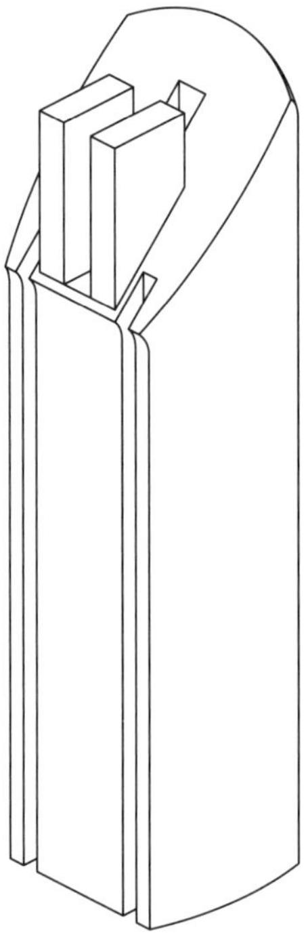

方料透视图

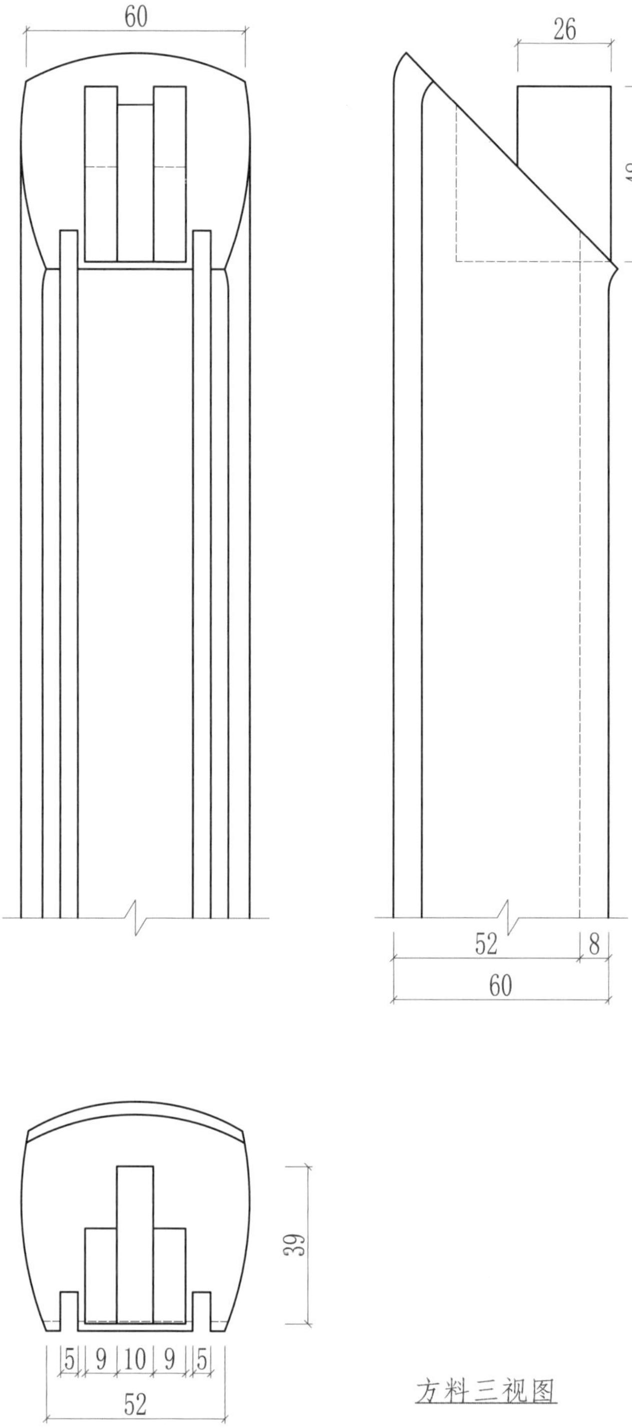

方料三视图

正视图 左视图

俯视图

比例：1：2

3）家具实例：明式花梨木灵芝纹靠背椅

方材角接合之五
（一面单榫，一面双榫）

明式花梨木灵芝纹靠背椅—整体图

方材角接合之五
（一面单榫，一面双榫）

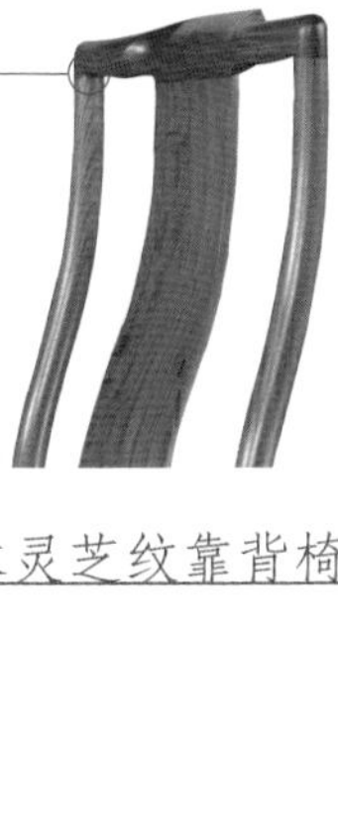

明式花梨木灵芝纹靠背椅—细节图

图版清单（方材角接合之五）：
整体结构示意图
拆分结构示意图
整体透视图
方料透视图
方料透视图
方料三视图
方料三视图
明式花梨木灵芝纹靠背椅—整体图
明式花梨木灵芝纹靠背椅—细节图

21. 板材角接合

1）基本概念

此结构又叫开夹榫。当需要接合的材料很薄或很小时，需要把榫头做到最大，把榫眼也做到最大，也就变成了一边是榫舌一边是开口的榫夹，这样做是板材角接合中最简易也是最牢固的接合方式。现代家具的边框制作也有用此种结构的，上胶水组装后比通常榫的连接要牢固，只是不太讲究而已。

2）应用部位

常用于家具的牙板和牙头的接合处。

整体结构示意图

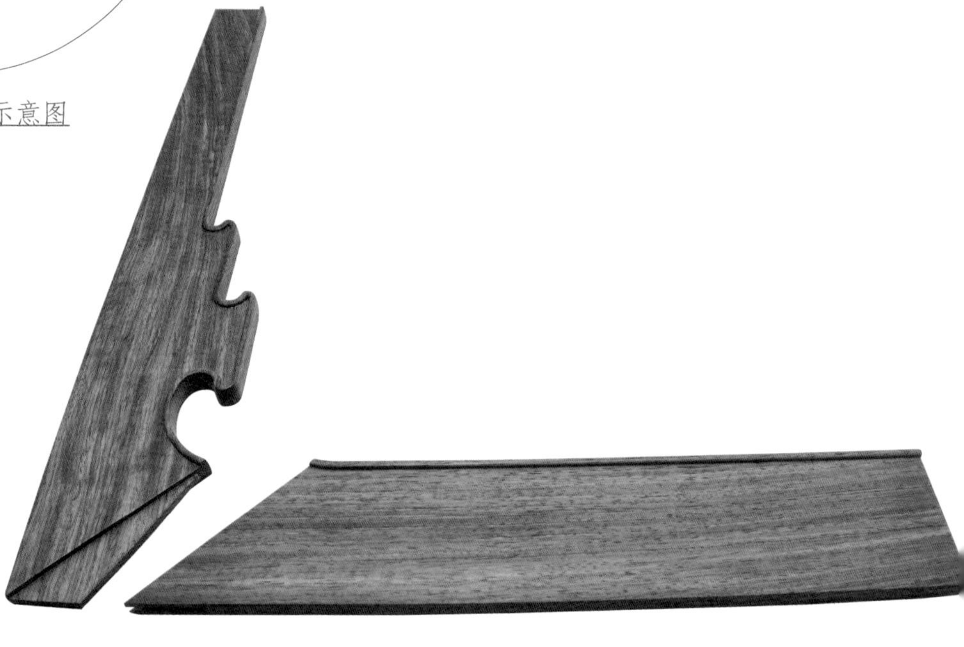

拆分结构示意图

【榫卯口诀】

榫头做大成榫舌，
榫眼做大成榫夹。
接合简易牢固强，
家具牙板最常用。

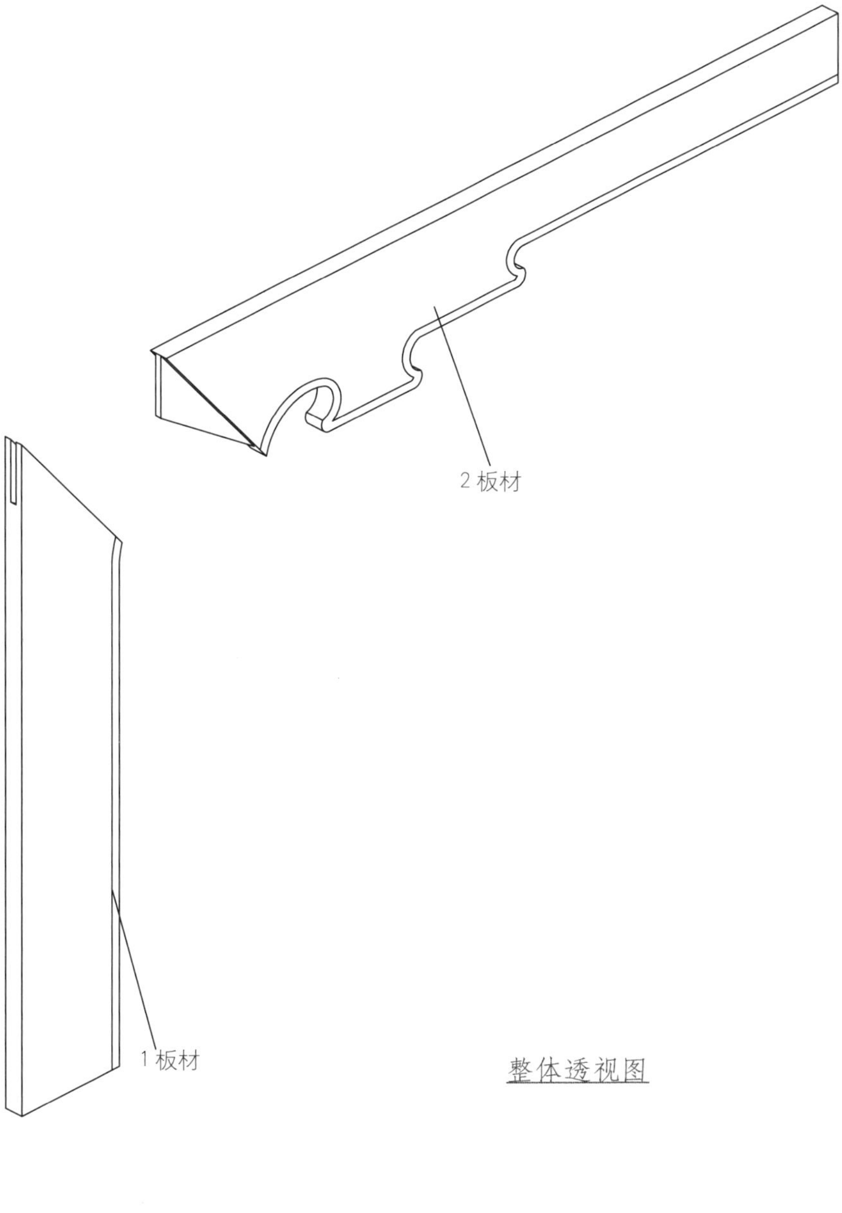

整体透视图

◆ 制作要点：

设计开夹榫时，主要应考虑板的表面有没有装饰线或是雕刻图案，如果有，要把装饰线或雕刻图案所需要的厚度减去，再计算榫舌和榫夹的厚度；还要保证两片榫夹的厚度一致。

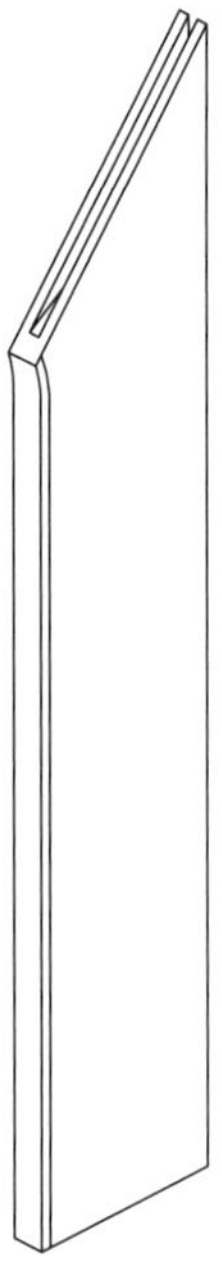

板材透视图

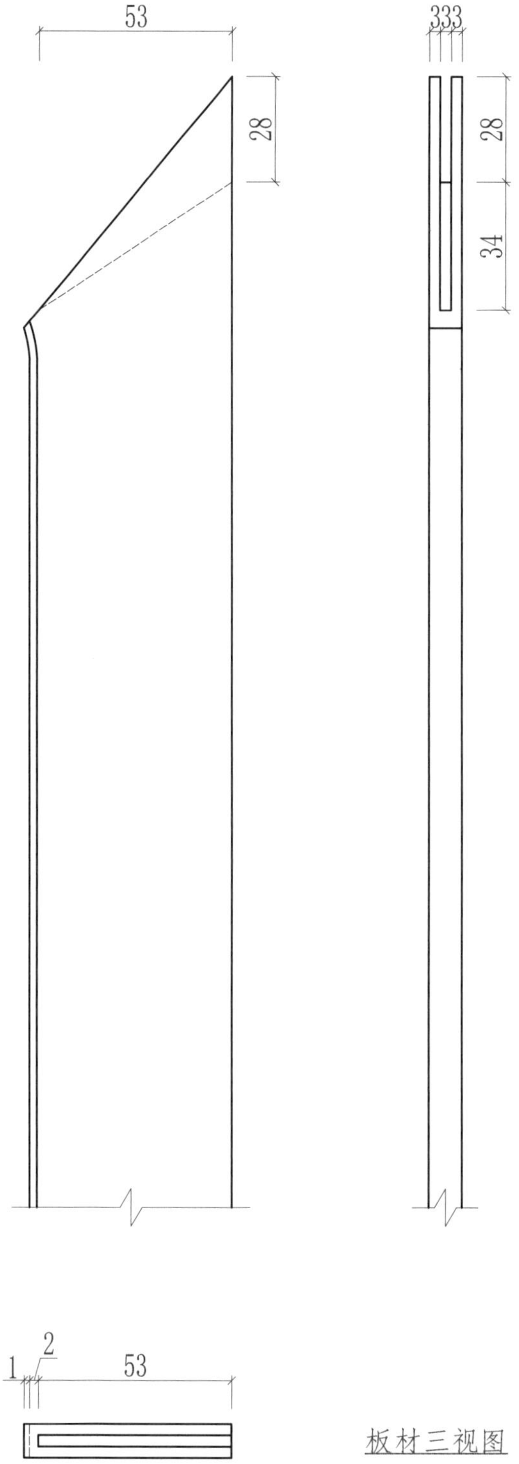

板材三视图

正视图	左视图
俯视图	

比例：1 ：2

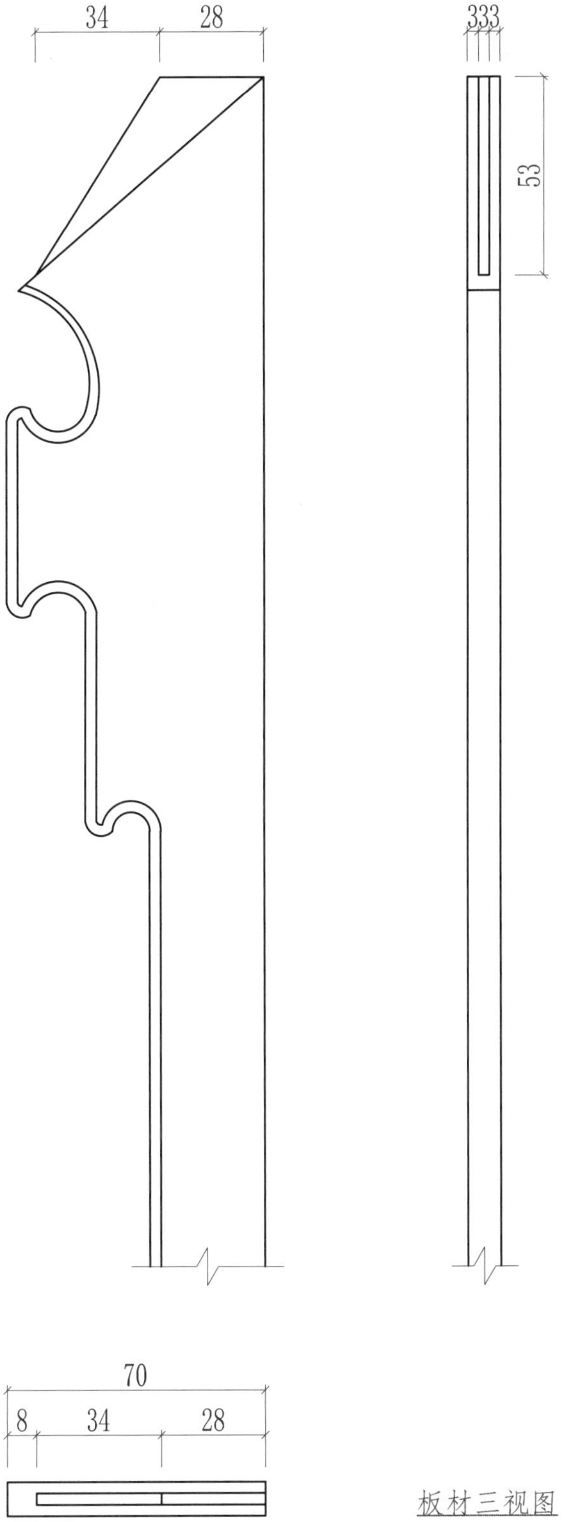

板材三视图

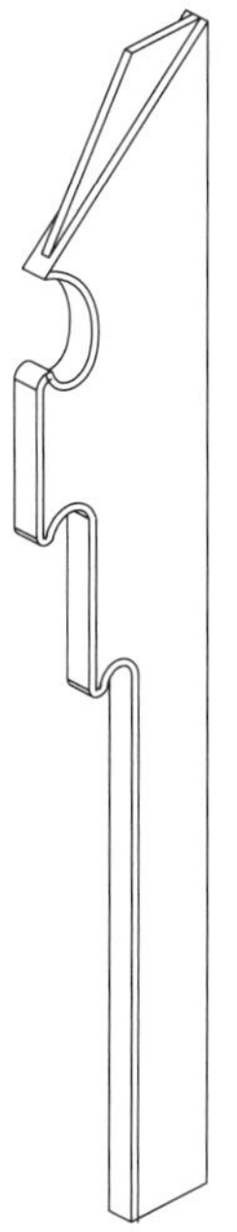

板材透视图

正视图 左视图
俯视图

比例：1 : 2

3）家具实例：清式酸枝木柜橱

清式酸枝木柜橱—整体图

图版清单（板材角接合）：
整体结构示意图
拆分结构示意图
整体透视图
板材透视图
板材透视图
板材三视图
板材三视图
清式酸枝木柜橱—整体图
清式酸枝木柜橱—细节图

清式酸枝木柜橱—细节图

22. 圆材丁字形接合

1）基本概念

此结构又叫飘肩榫，其中飘肩又称蛤蟆肩。此结构中，榫头的肩是弧形的，肩的弧度大小和相交圆材的接触面弧度一致。飘肩榫广泛应用于古典家具制作中，是明式家具典型的榫卯结构。

2）应用部位

用于圆材和圆材相交处，常用于搭脑和靠背立柱的接合处。

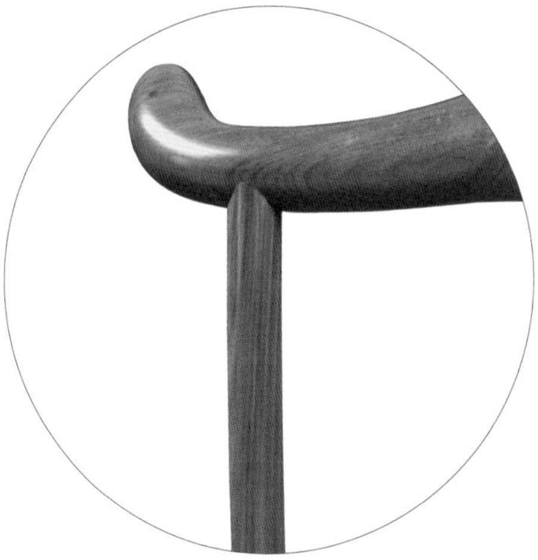

整体结构示意图

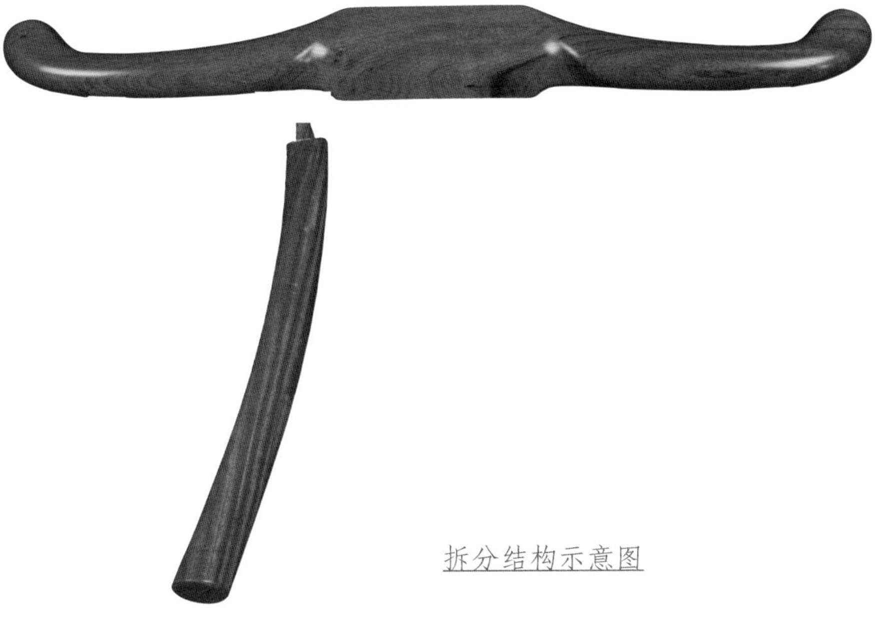

拆分结构示意图

［榫卯口诀］

蛤蟆肩要造弧形，
肩弧大小要一致。
榫眼略比榫头小，
飘肩里面多留肉。

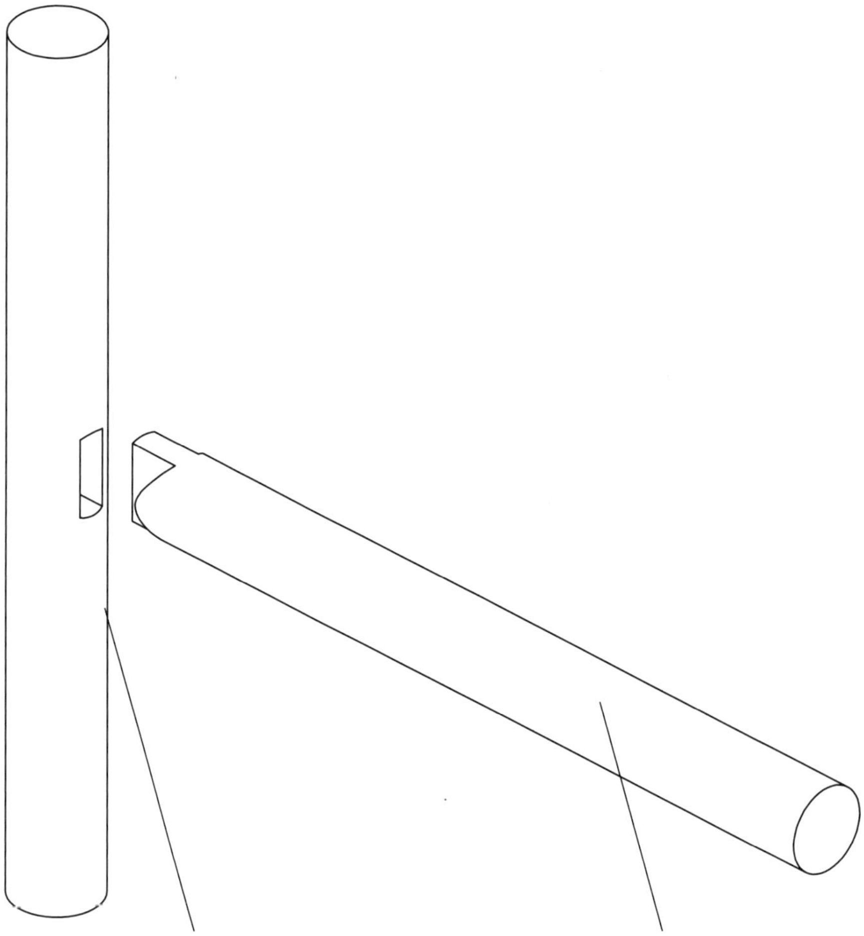

整体透视图

◆ 制作要点：

如果不是用数控机床制作飘肩榫，需要注意两点：一是榫眼要比榫头略小一点，以免组装后出现三角缝隙（往往榫头会随料一起倒圆）；二是在组装时飘肩不能受力，很容易被碰坏，里肩要多留点"肉"，根据圆材弧度通过试装再把多余的"肉"去掉，使飘肩和圆材吻合。此结构应用在截面相同的横竖材上；当横竖材截面不同时，飘肩的形状是有差异的。

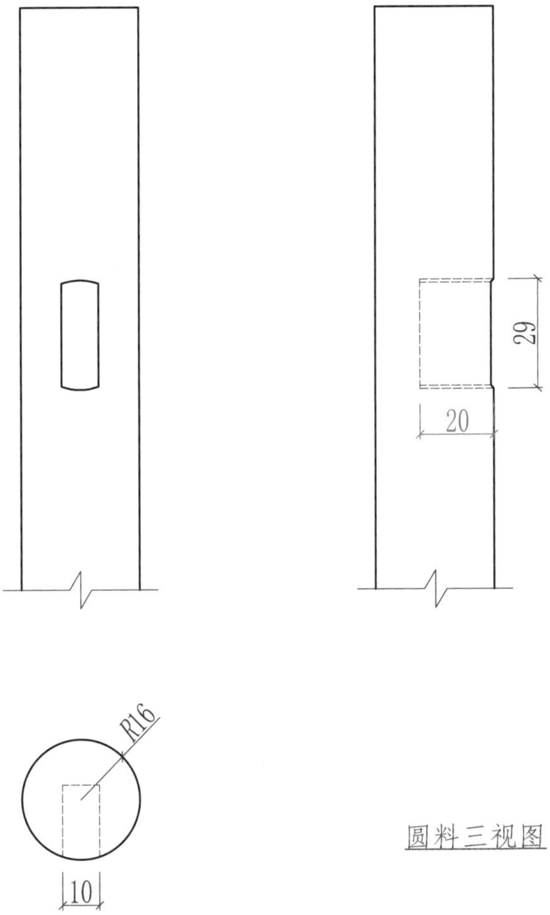

圆料三视图

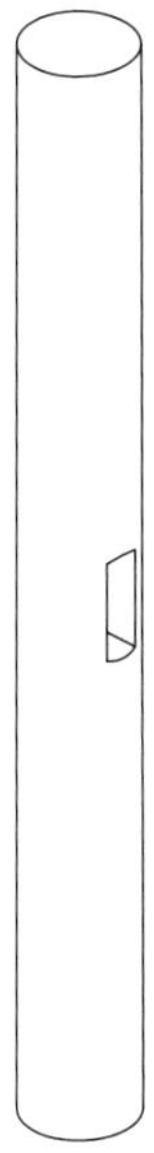

圆料透视图

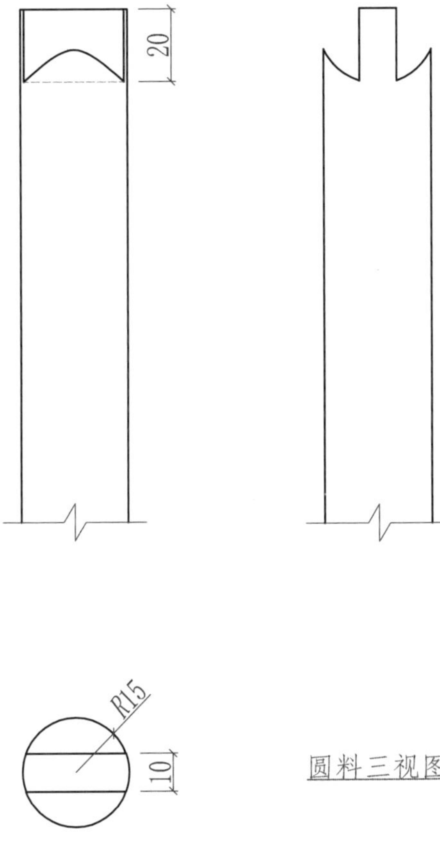

圆料三视图

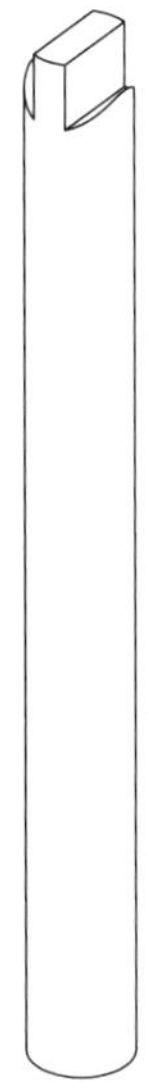

圆料透视图

正视图	左视图
俯视图	

比例：1 ：2

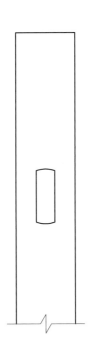

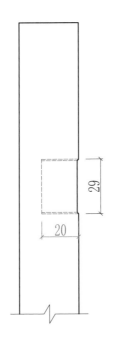

3）家具实例：明式黄花梨四出头官帽椅

明式黄花梨四出头官帽椅—整体图

明式黄花梨四出头官帽椅—细节图

图版清单（圆材丁字形接合）：
整体结构示意图
拆分结构示意图
整体透视图
圆料透视图
圆料透视图
圆料三视图
圆料三视图
明式黄花梨四出头官帽椅—整体图
明式黄花梨四出头官帽椅—细节图

23. 圆形托泥和腿足的接合

1）基本概念

圆形家具的腿足和托泥通常用嵌夹榫舌或楔钉榫接合，通常腿足下端出榫头，托泥上出榫眼，但此结构的榫眼要避开托泥弧形接合的榫卯，这样接合才更加牢固。

2）应用部位

适用于圆形家具腿足和托泥的接合。

整体结构示意图

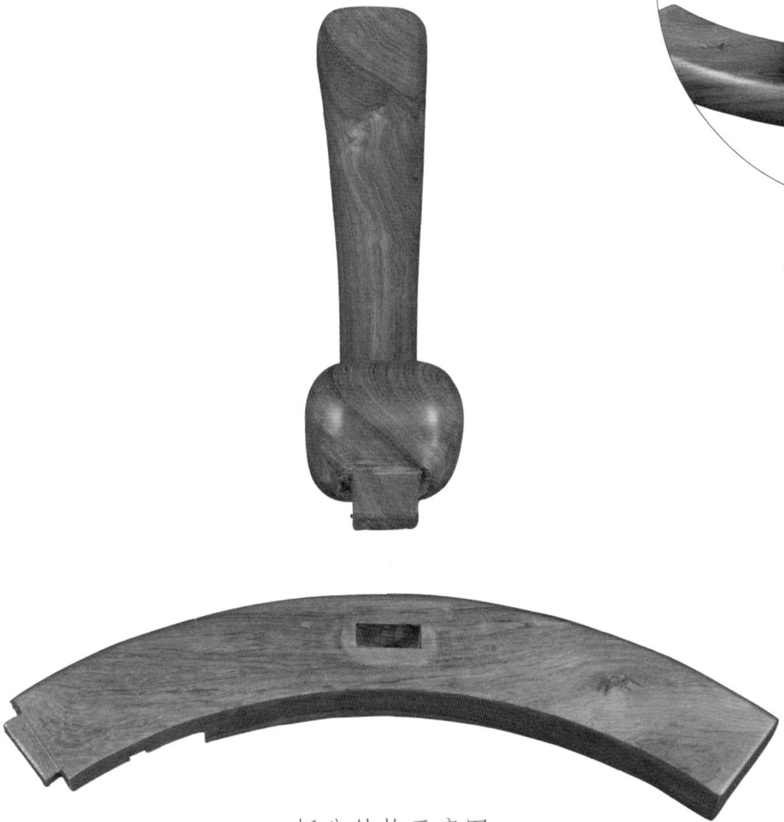

拆分结构示意图

【榫卯口诀】

腿足设计成弧线，
力学美学都合理。
榫头往往是斜茬，
接合多用是栽榫。

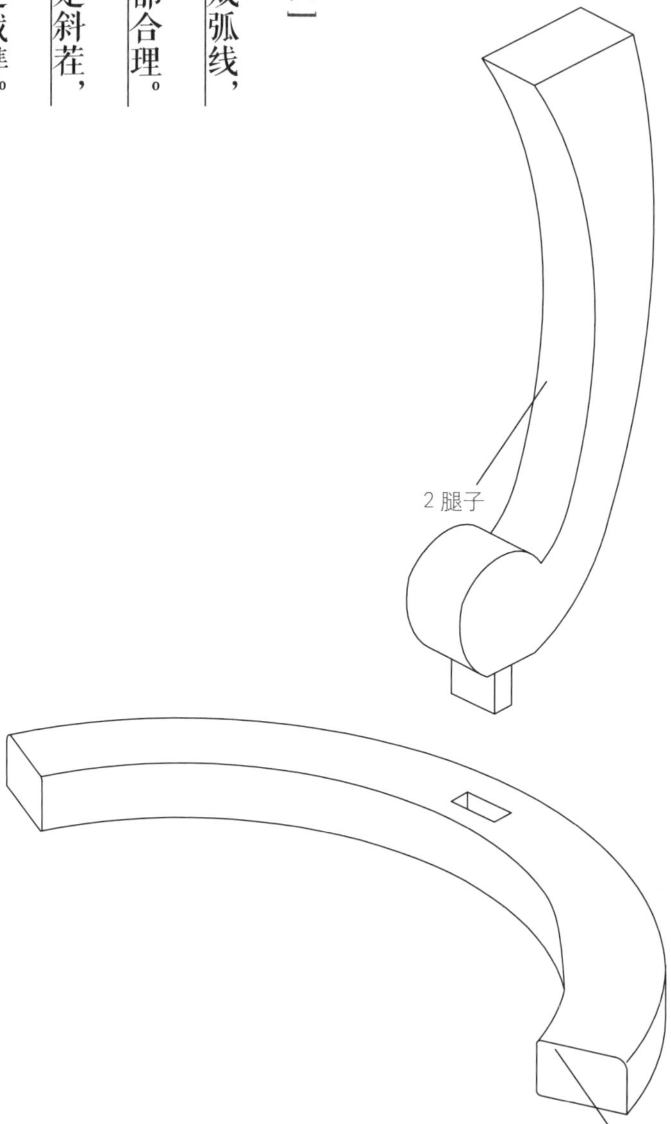

整体透视图

◆ 制作要点：

由于腿足是弯曲的，腿足上出的榫头往往是斜茬，容易断裂，而且腿足上出榫不易加工，所以圆形托泥和腿足的接合以使用栽榫为宜。此结构是常用的简单方法。

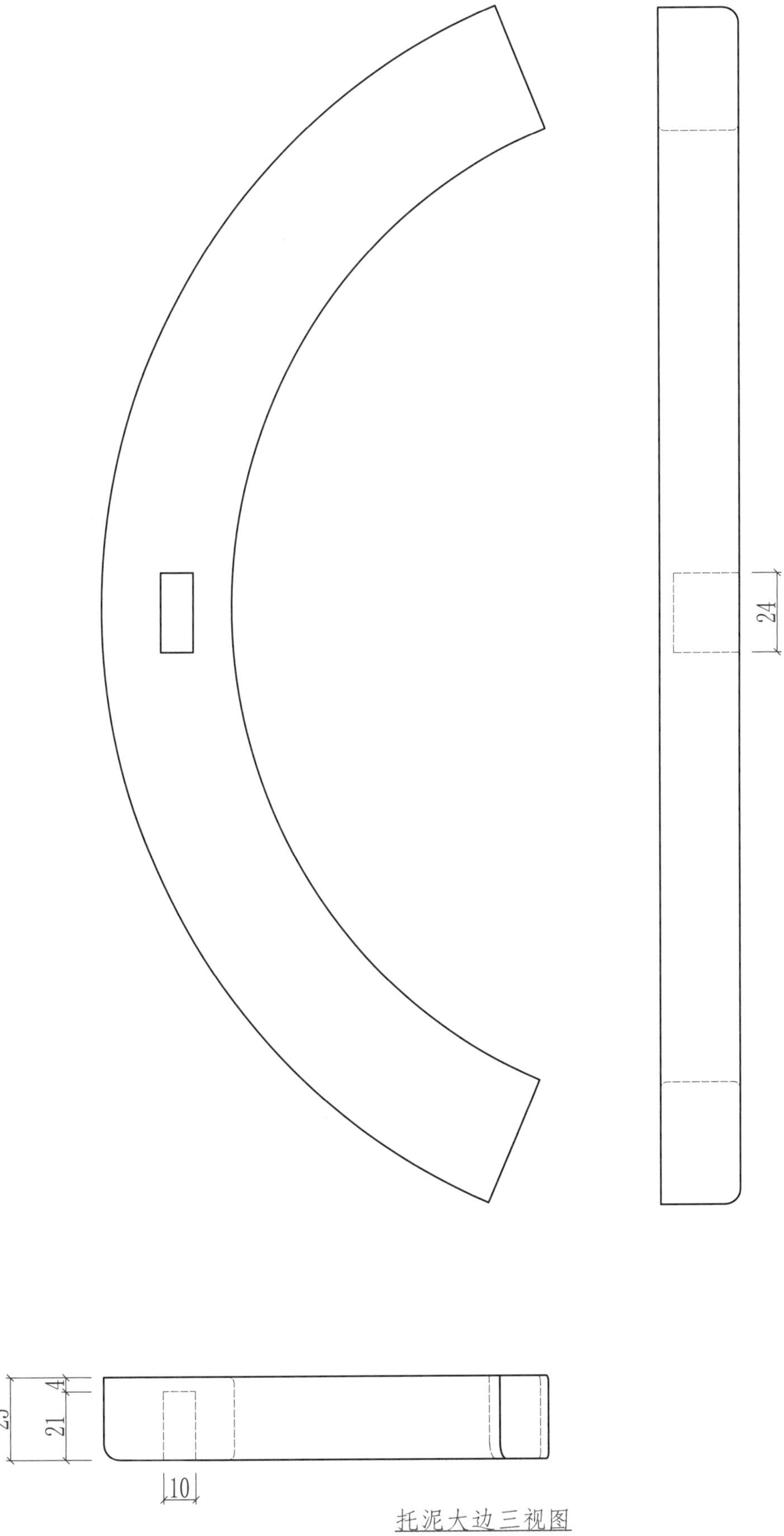

托泥大边三视图

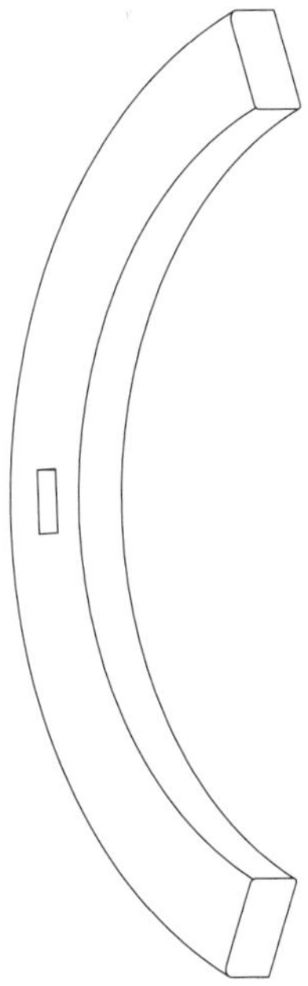

托泥大边
透视图

正视图	左视图
俯视图	

比例：1 : 2

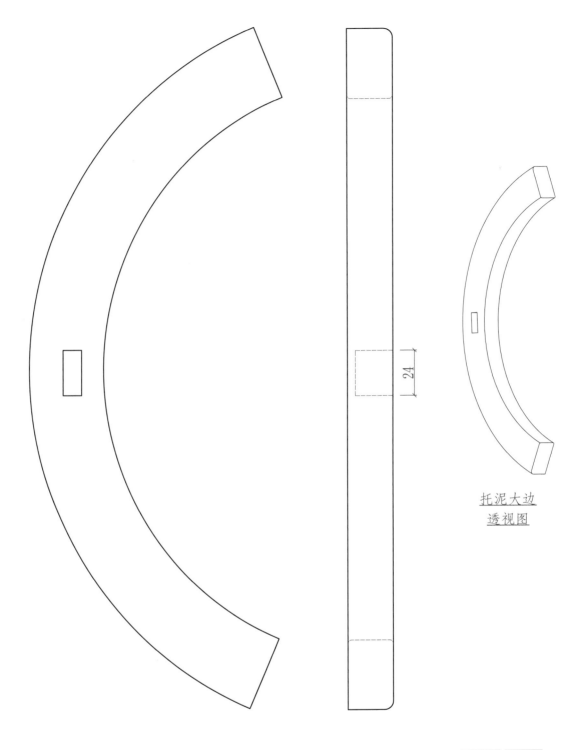

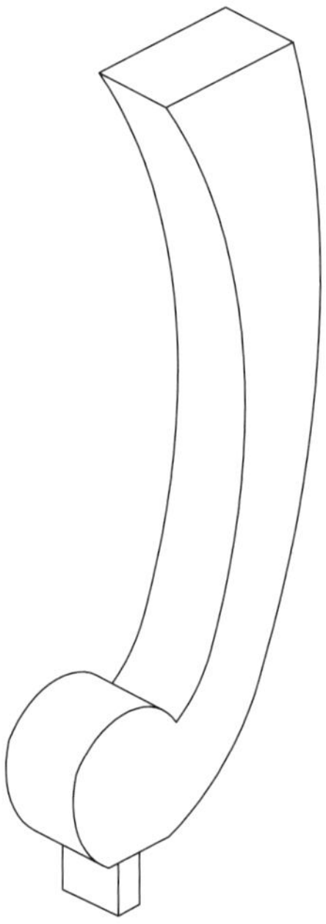

腿子透视图

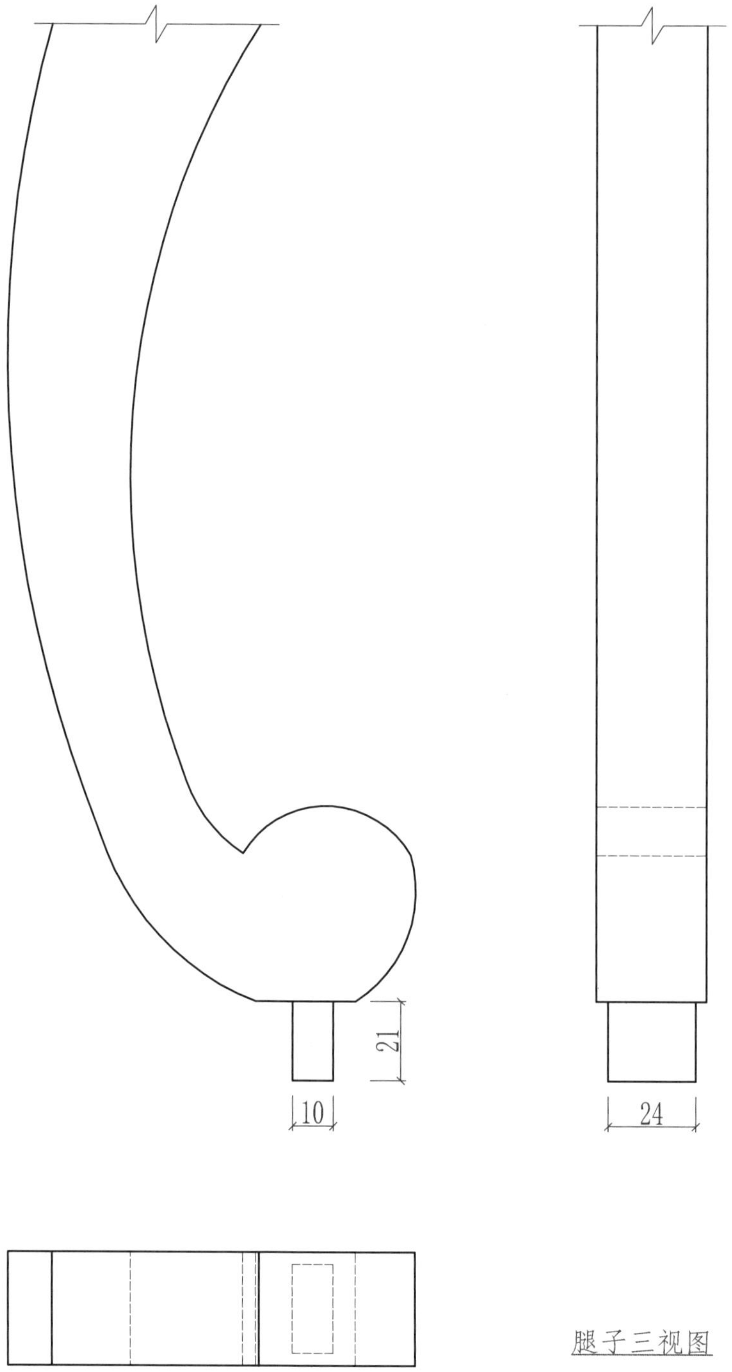

正视图 左视图
俯视图

比例：1 ：2

腿子三视图

3）家具实例：清式红酸枝圆凳

清式红酸枝圆凳—整体图

清式红酸枝圆凳—细节图

图版清单（圆形托泥和腿足的接合）：
整体结构示意图
拆分结构示意图
整体透视图
托泥大边透视图
腿子透视图
托泥大边三视图
腿子三视图
清式红酸枝圆凳—整体图
清式红酸枝圆凳—细节图

24. 直材十字交叉接合

1) 基本概念

家具制作中常遇到两根料十字相交的情况，两根料各挖去一半扣合即可，方材一般两边做出小格肩，圆材一般两边做出瓢肩。此结构没有装板的居多。

2) 应用部位

多用于制作几何图案或家具腿足之间的十字枨。

整体结构示意图

拆分结构示意图

【榫卯口诀】

两料十字相交时，
各挖一半来扣合。
几何图案多使用，
一般不会有装板。

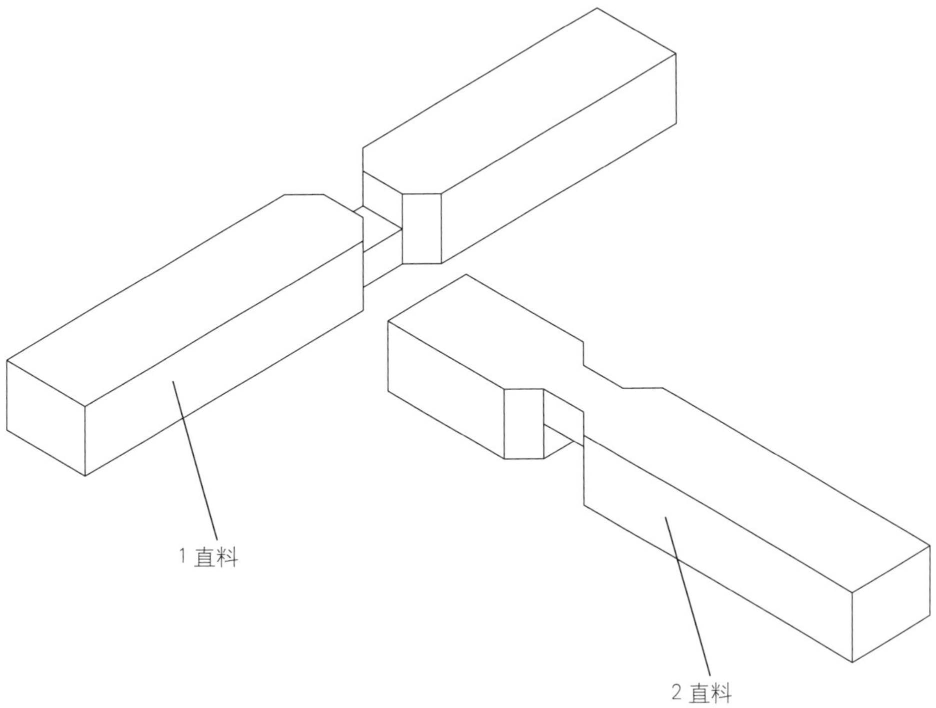

整体透视图

◆ 制作要点：

此结构制作简单，有时是为了满足料边起比较宽的装饰线而设计，装饰线的宽度应与格肩宽度一致。

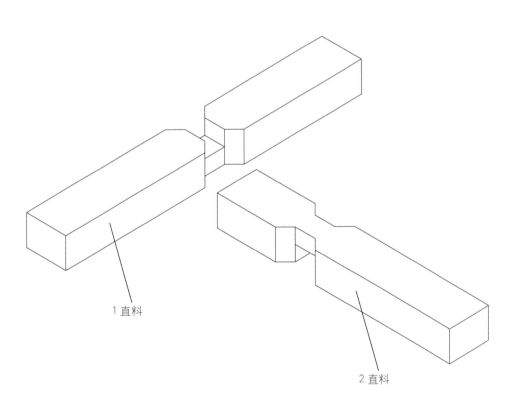

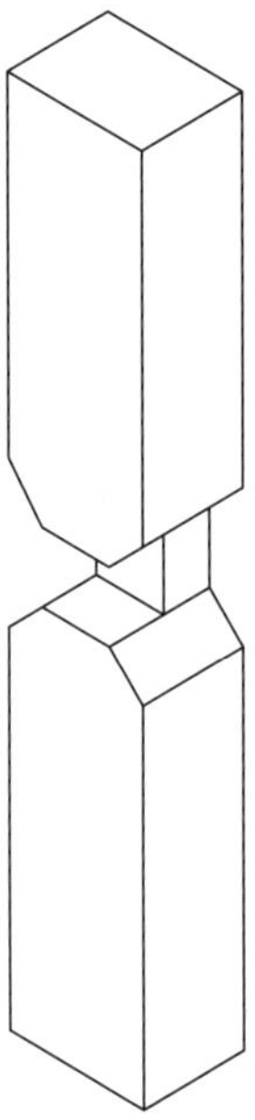

直料透视图

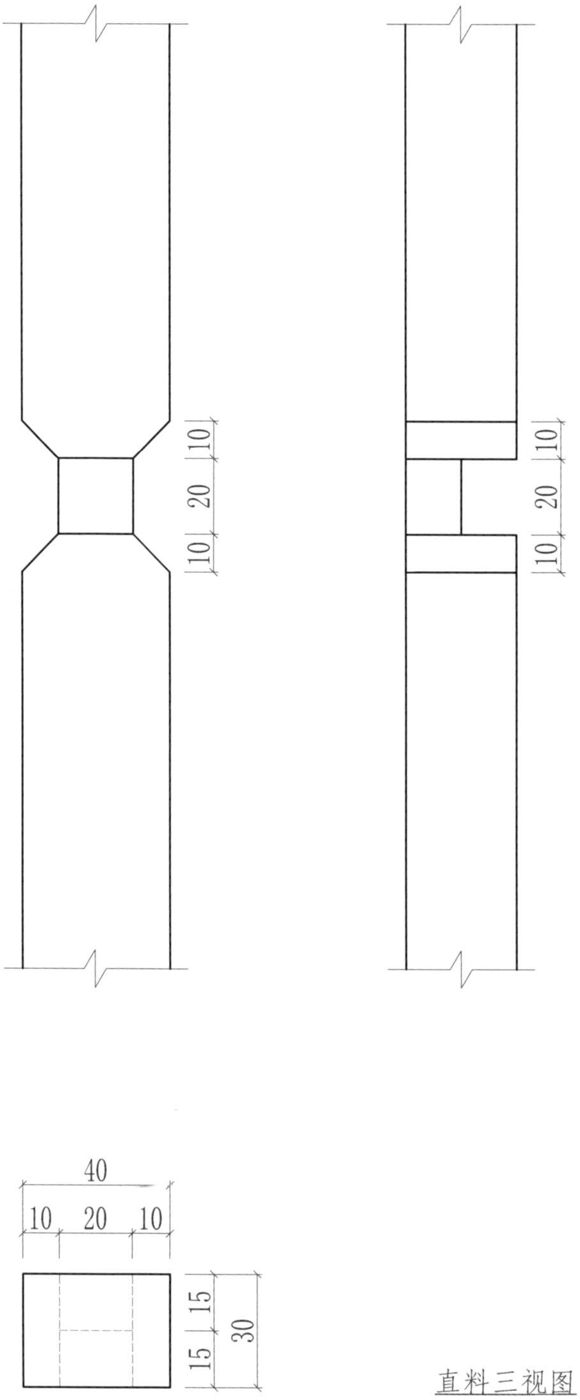

正视图 左视图

俯视图

比例：1：2

直料三视图

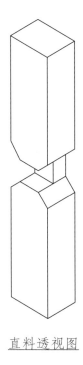

3）家具实例：现代中式酸枝木休闲椅

现代中式酸枝木休闲椅—整体图

现代中式酸枝木休闲椅—细节图

图版清单（直材十字交叉接合）：
整体结构示意图
拆分结构示意图
整体透视图
直料透视图
直料三视图
现代中式酸枝木休闲椅—整体图
现代中式酸枝木休闲椅—细节图

25. 直材米字交叉接合

1）基本概念

此榫卯结构在家具制作中不常用，古典家具中只有六腿的架类才能用得上，多被用来固定腿的位置；有时也用于特殊的几何造型中。

2）应用部位

多用于腿足间的米字枨接合或是几何图案造型中。

整体结构示意图

拆分结构示意图

【榫卯口诀】

圆周概念画角度，
位置关系很重要。
三根直料等分厚，
各自格肩互咬合。

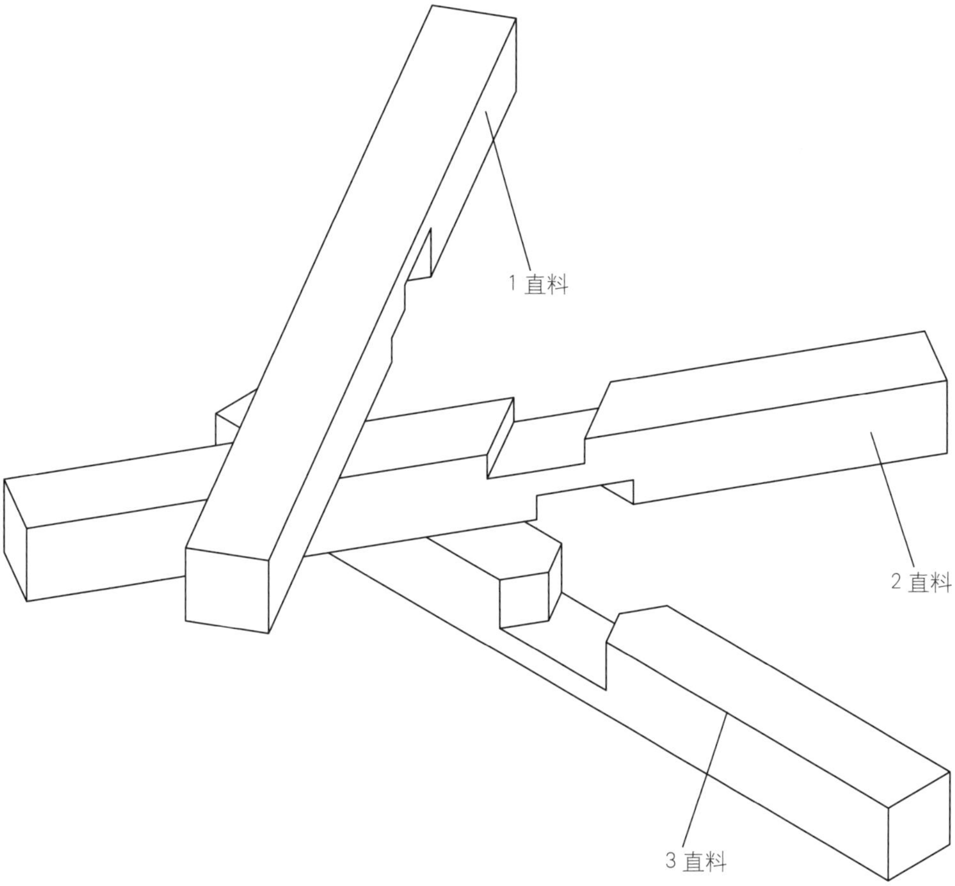

整体透视图

◆ 制作要点：

这是个比较复杂的结构，以圆周的概念画好三根料的位置关系，获取 60° 或 120° 的格肩角度。然后，在交叉点上，三根料以三分之一的厚度均分，再相互咬合。

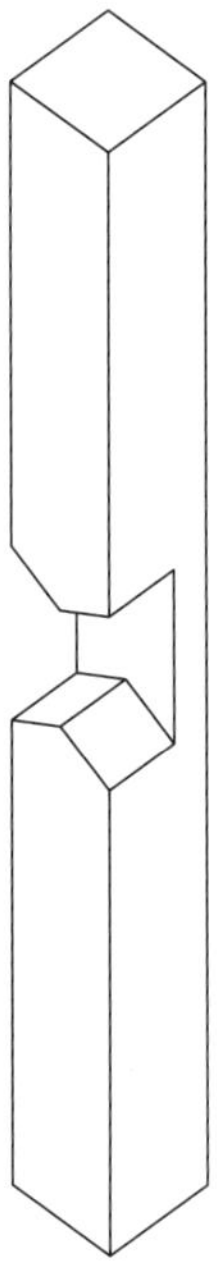

直料透视图

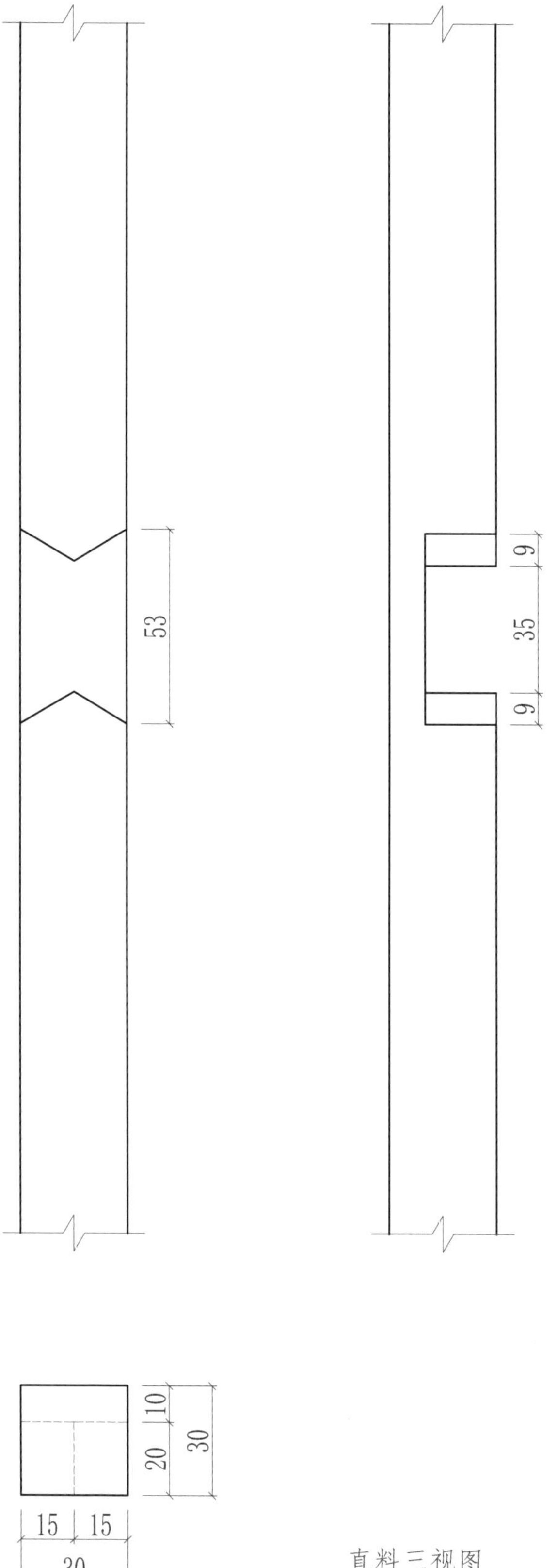

直料三视图

| 正视图 | 左视图 |
| 俯视图 | |

比例：1：2

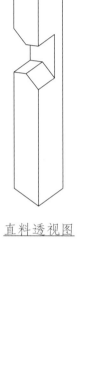

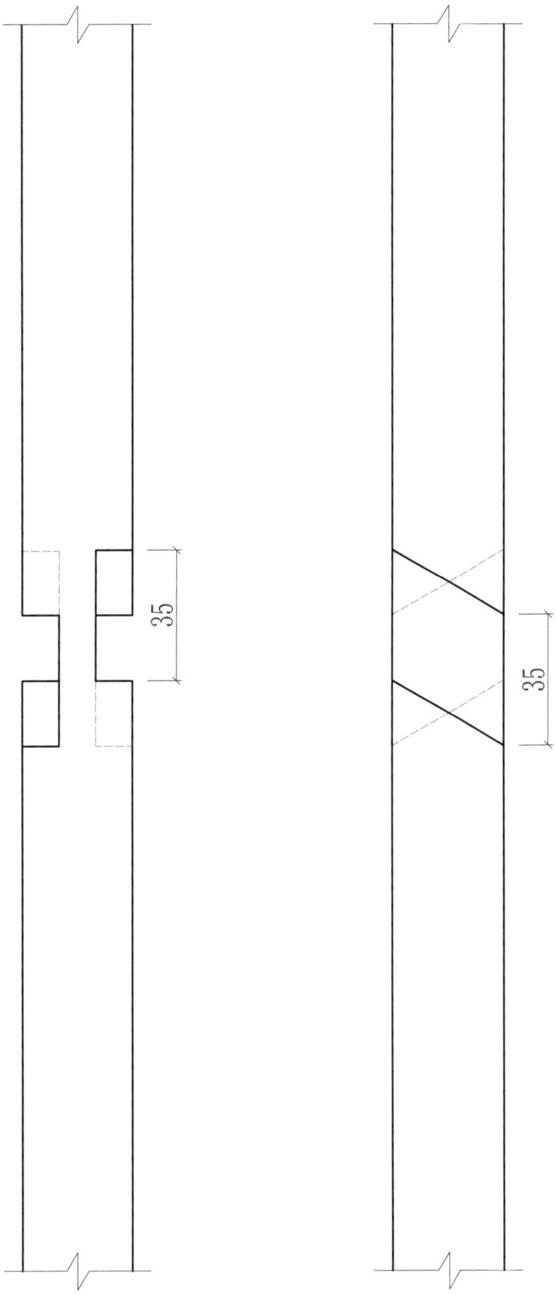

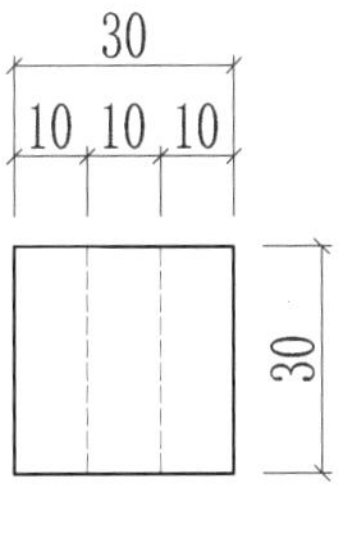

直料三视图

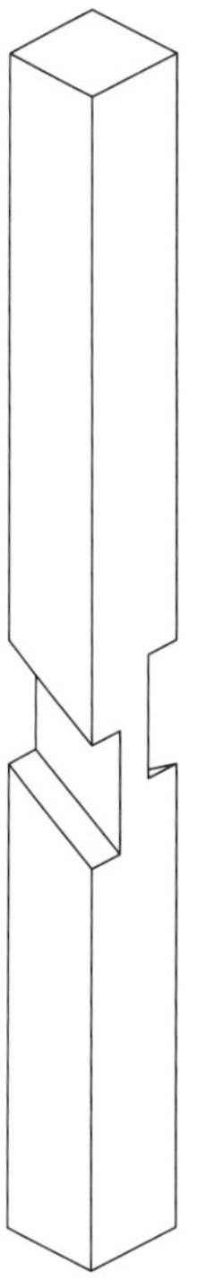

直料透视图

正视图	左视图
俯视图	

比例：1 ：2

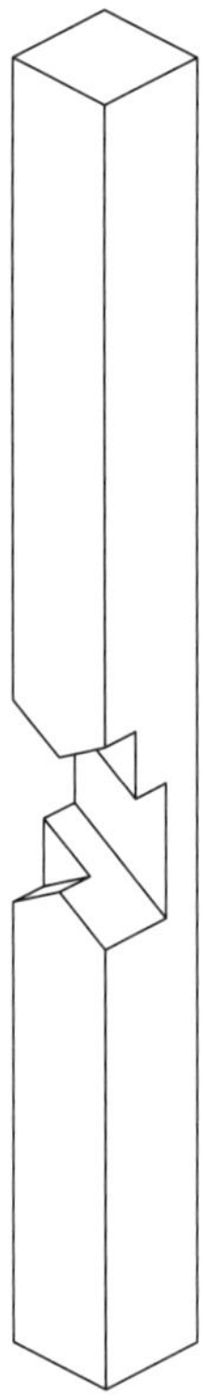

直料透视图

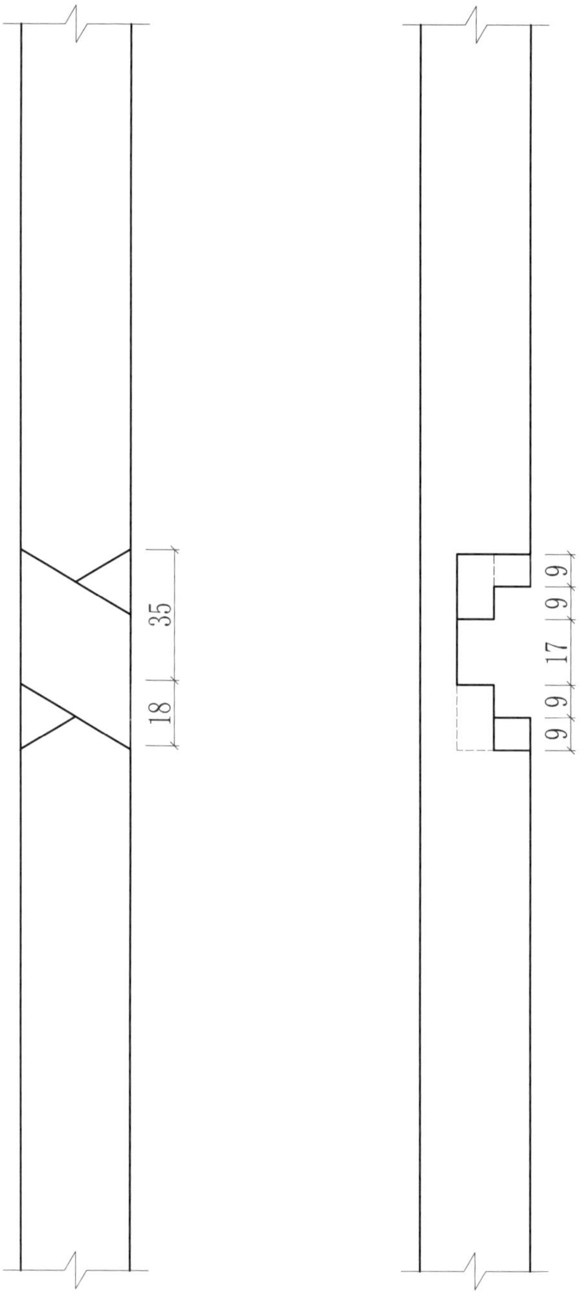

正视图 左视图
俯视图

比例：1：2

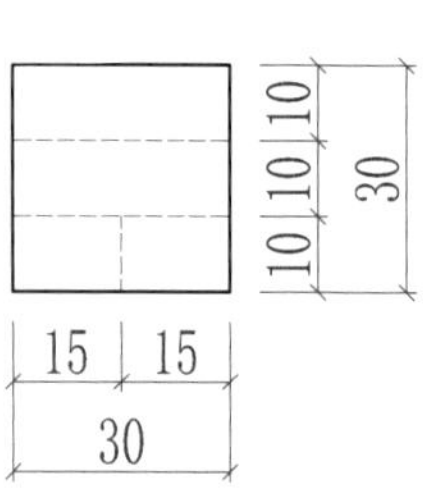

直料三视图

3）家具实例：清式黄花梨面盆架

清式黄花梨面盆架—整体图

清式黄花梨面盆架—细节图

图版清单（直材米字交叉接合）：
整体结构示意图
拆分结构示意图
整体透视图
直料透视图
直料透视图
直料透视图
直料三视图
直料三视图
直料三视图
清式黄花梨面盆架—整体图
清式黄花梨面盆架—细节图

（三）面板与框架接合

1. 圆材丁字形交叉接合之一

1）基本概念

此结构为裹腿枨和腿子的接合，又叫圆包圆结构。圆包圆结构在中国古典家具中具有鲜明的特点，在明式家具中应用尤其广泛，它的出现是受竹器的启发，并经多年的提炼而成型。

2）应用部位

家具的裹腿枨与腿足相交处。

整体结构示意图

拆分结构示意图

【榫卯口诀】

结构鲜明圆包圆，
源自竹器应用广。
腿较粗时用双榫，
榫头做厚易断裂。

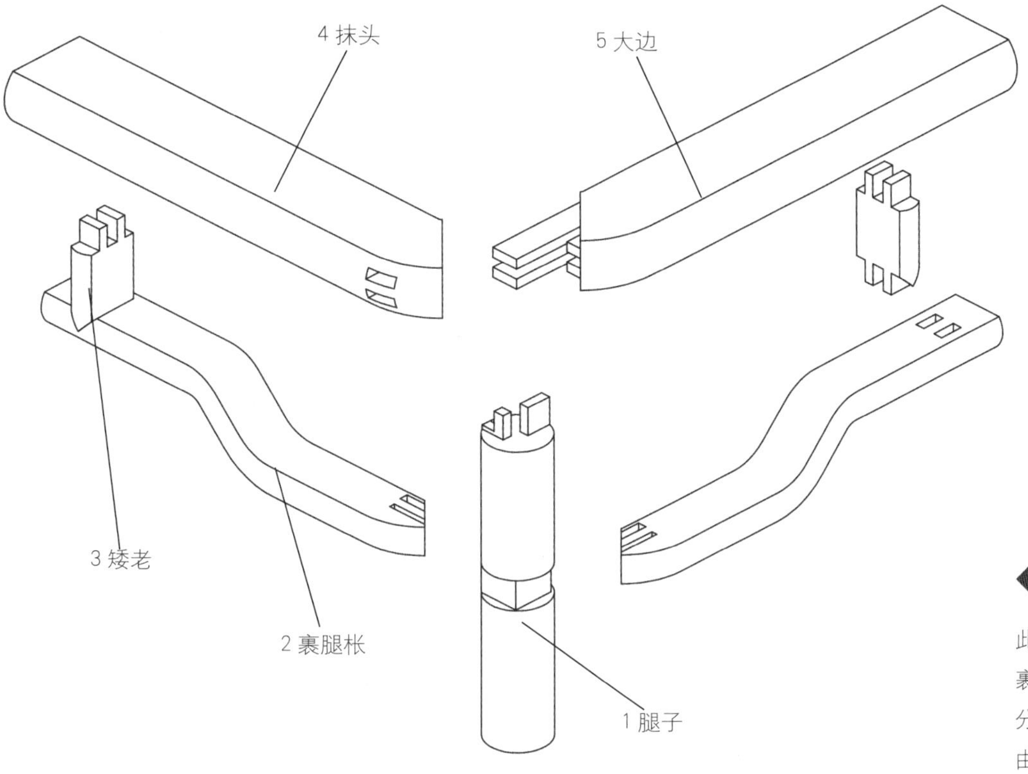

整体透视图

◆ 制作要点：

此结构中，腿子较粗时，裹腿枨才出双榫，大部分裹腿枨都只出单榫。由于腿子的外侧做了刻口，已经伤到了腿的一部分。裹腿枨做双榫时，榫头不宜做厚，榫头厚榫眼必然也大，腿子容易在刻口处断掉。

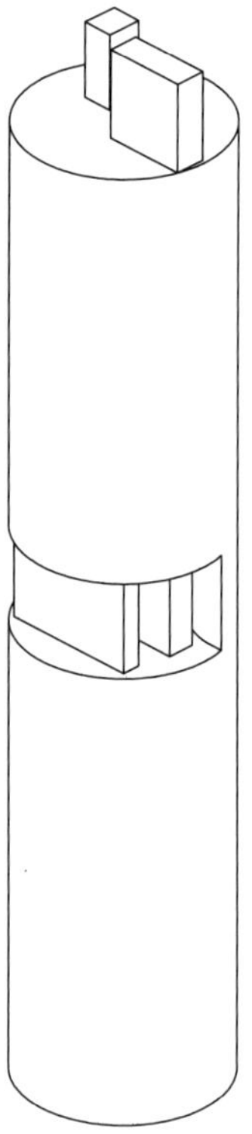

腿子透视图

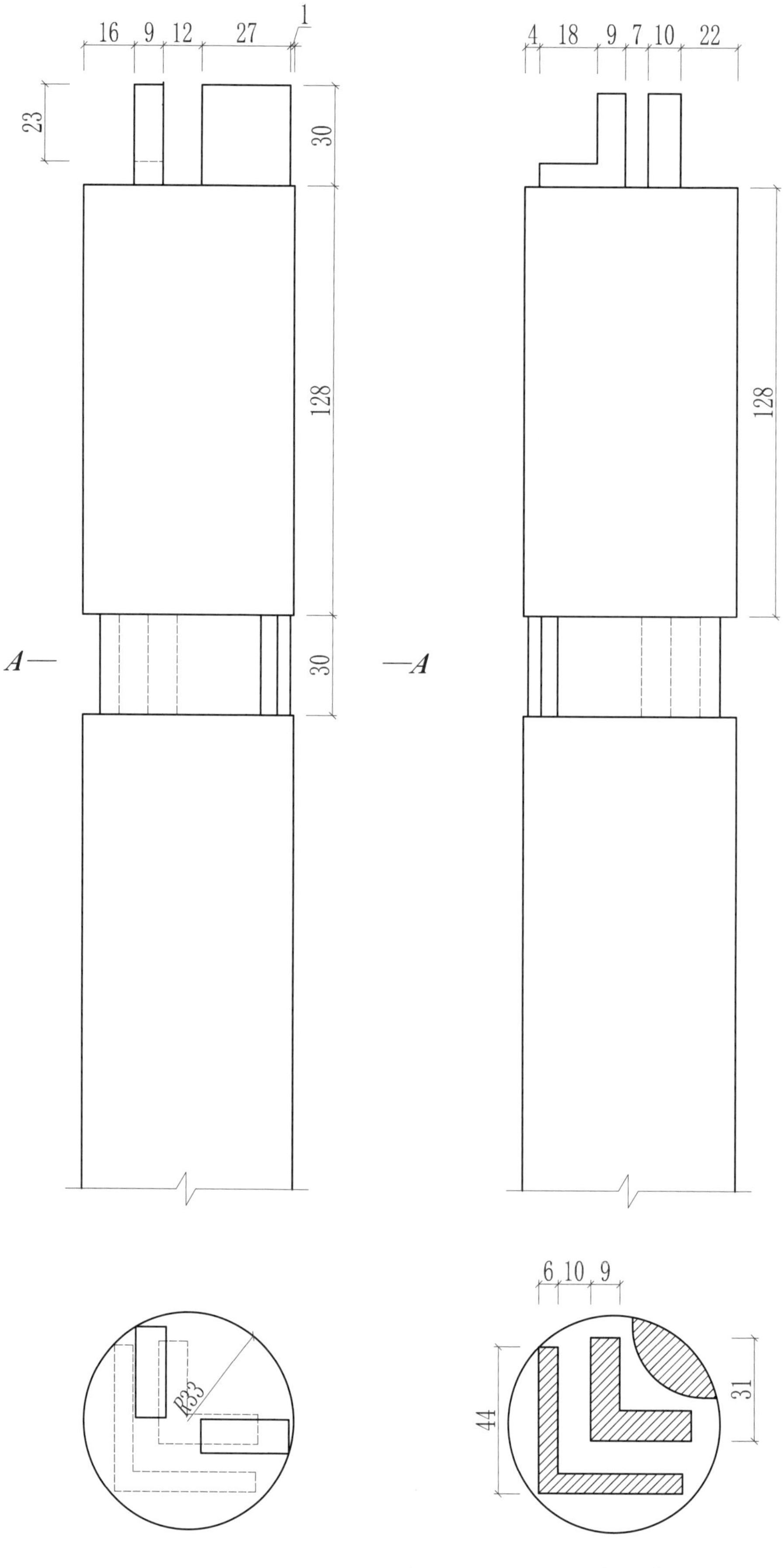

正视图 左视图

俯视图

比例：1 ：2

腿子三视图

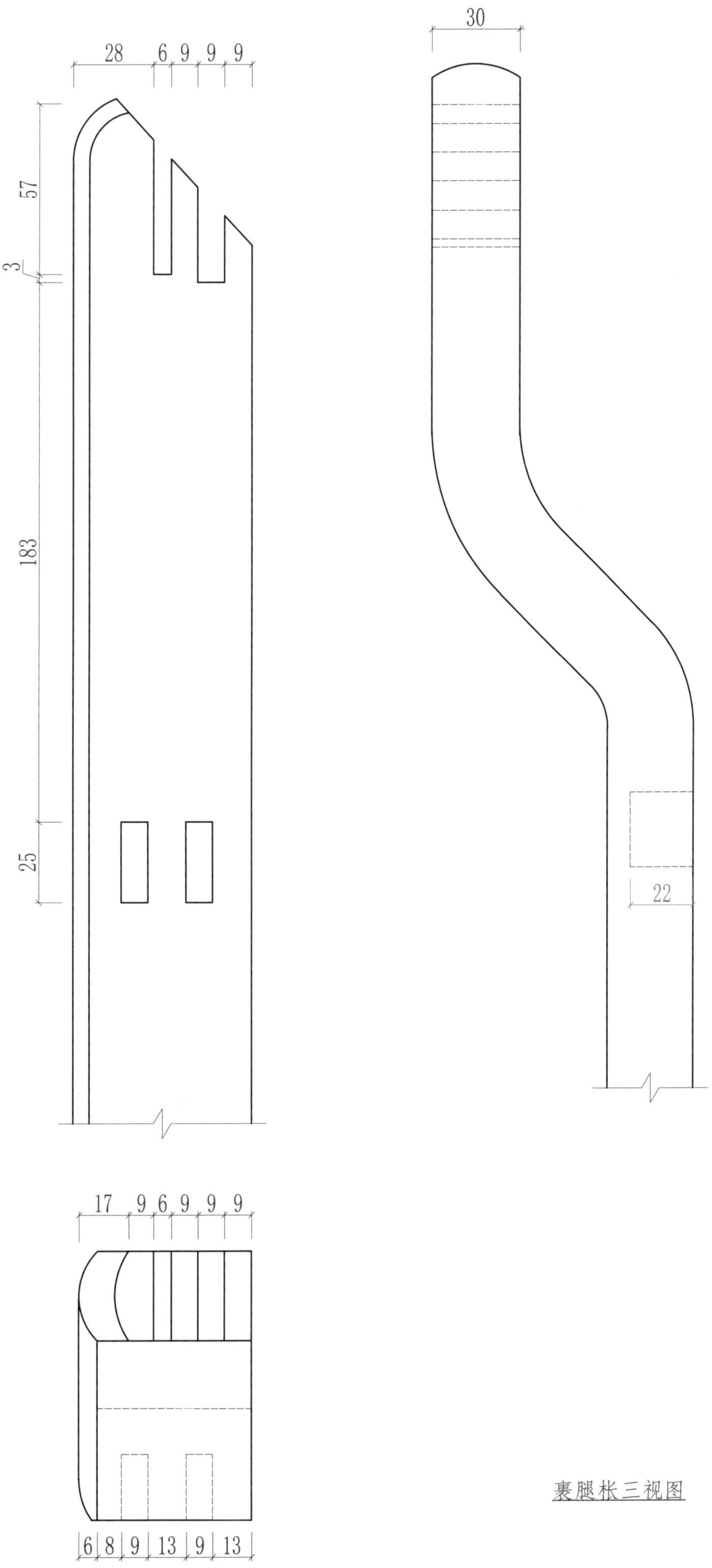

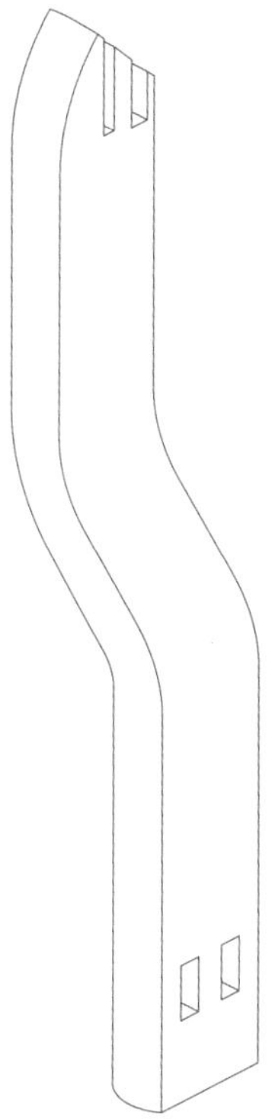

裹腿枨透视图

正视图	左视图
俯视图	

裹腿枨三视图

比例：1 ：2

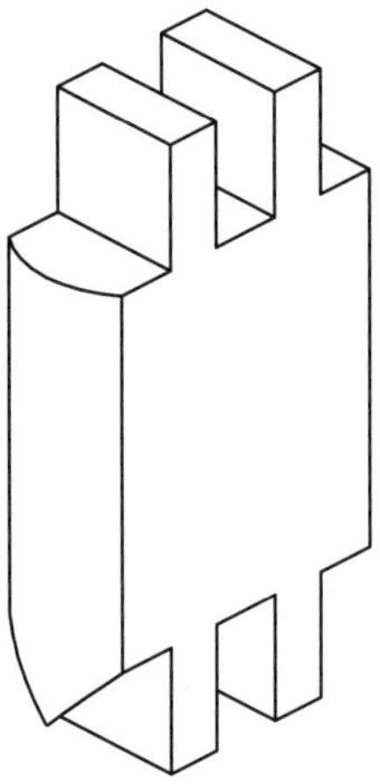

矮老透视图

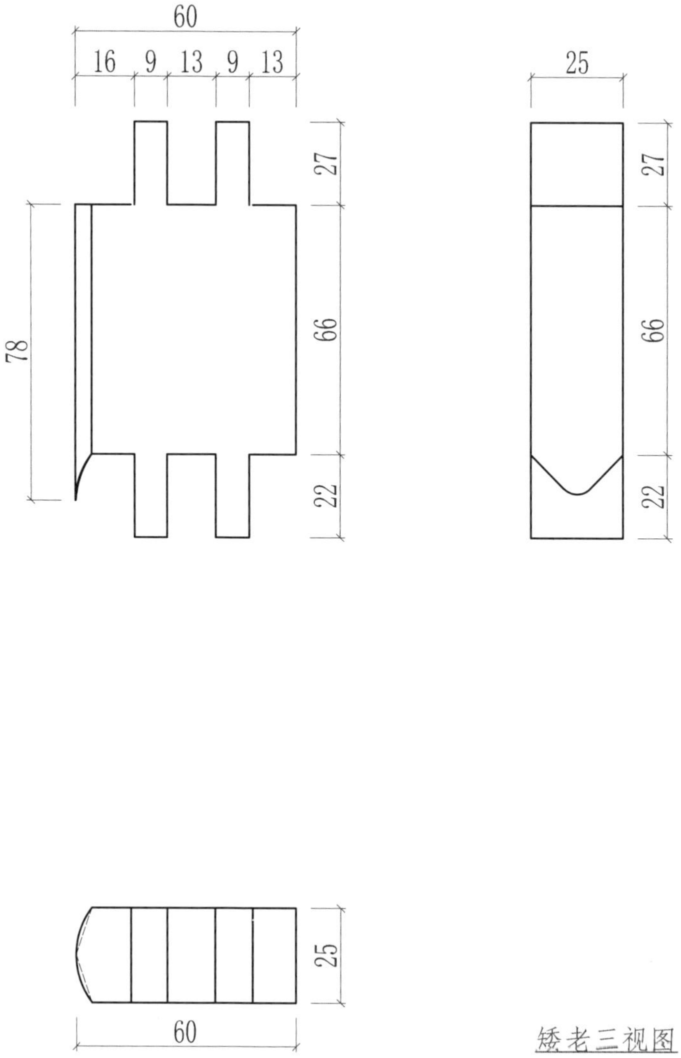

矮老三视图

正视图 左视图

俯视图

比例：1：2

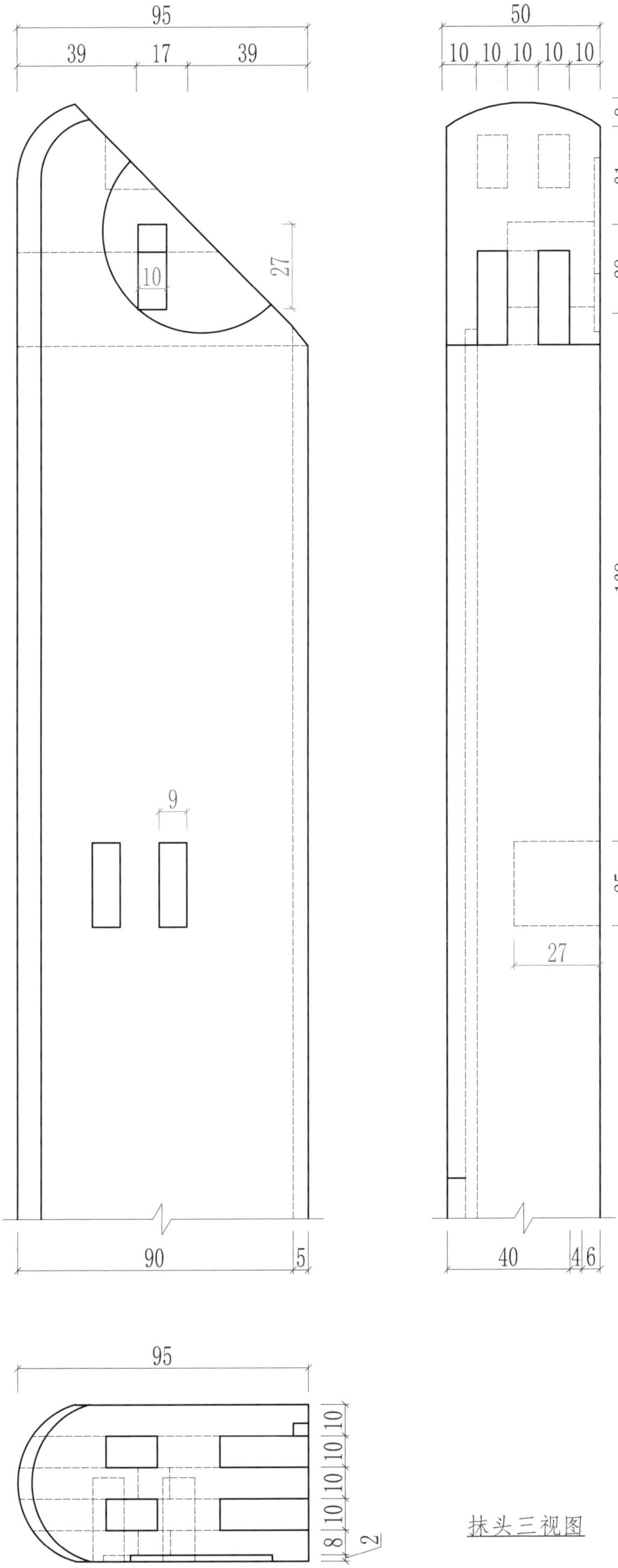

抹头三视图

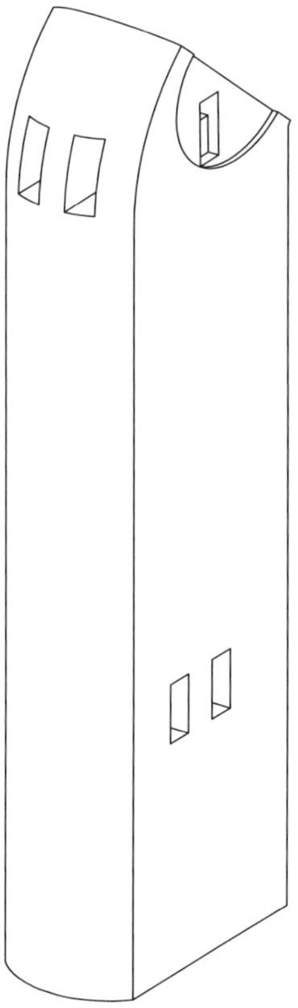

抹头透视图

正视图	左视图
俯视图	

比例：1 ∶ 2

大边透视图

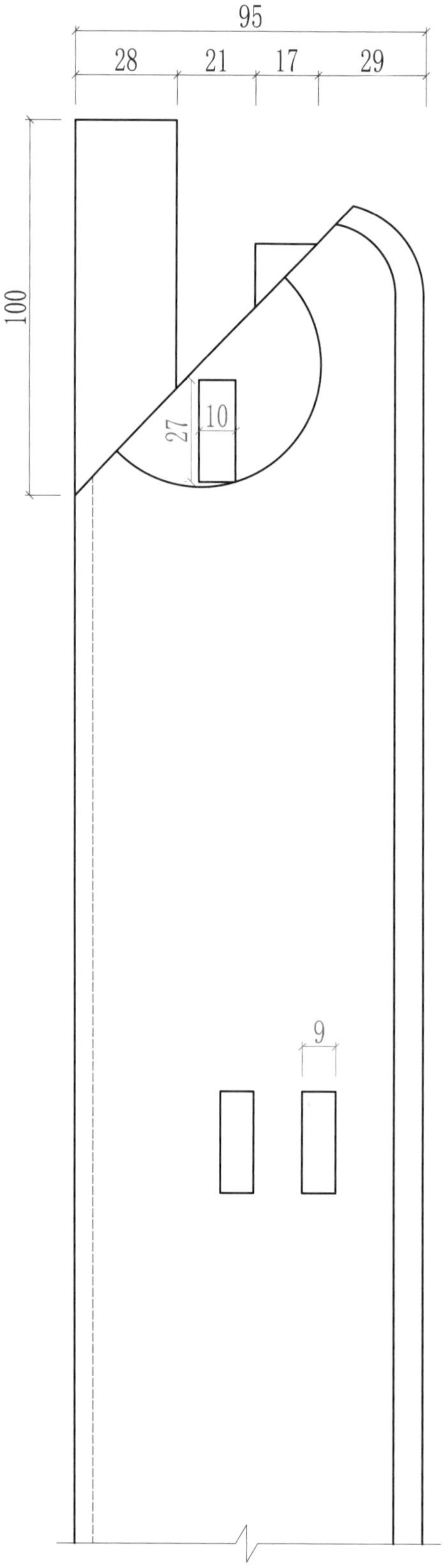

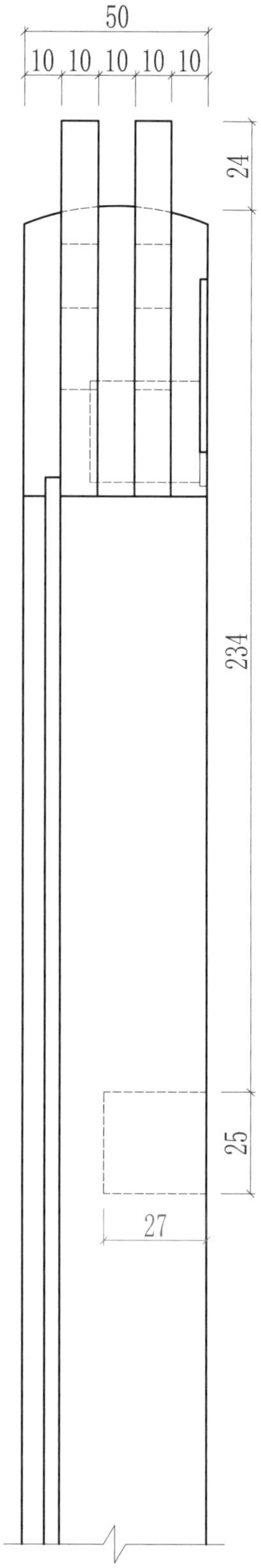

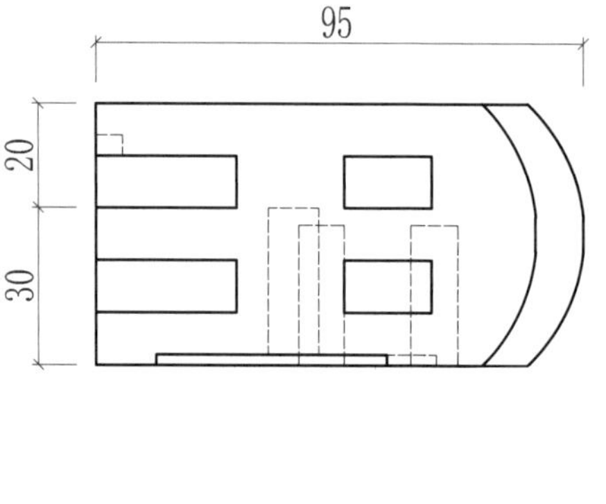

正视图	左视图
俯视图	

比例：1 ： 2

大边三视图

3）家具实例：明式黄花梨靠背椅

圆材丁字形交叉接合之一
（裹腿做，双榫）

明式黄花梨靠背椅—整体图

圆材丁字形交叉接合之一
（裹腿做，双榫）

明式黄花梨靠背椅—细节图

图版清单（圆材丁字形交叉接合之一）：
整体结构示意图
拆分结构示意图
整体透视图
腿子透视图
裹腿枨透视图
矮老透视图
抹头透视图
大边透视图
腿子三视图
裹腿枨三视图
矮老三视图
抹头三视图
大边三视图
明式黄花梨靠背椅—整体图
明式黄花梨靠背椅—细节图

2. 圆材丁字形交叉接合之二

1）基本概念

此结构也是裹腿枨结构，又叫圆包圆结构。这种丁字形交叉接合方法是明式家具结构中最规范的结构，常用于圆腿桌子和圆腿杌凳结构中。

2）应用部位

枨子与腿足相交处。

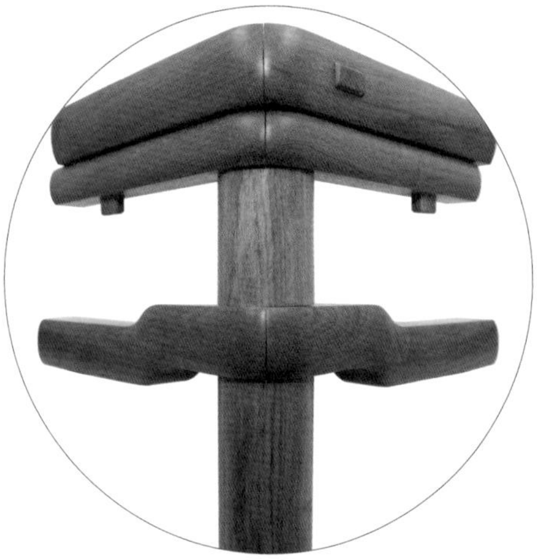

整体结构示意图

拆分结构示意图

【榫卯口诀】

丁字接合最规范，
圆腿桌子最常用。
榫头榫眼易制作，
方形截面需做大。

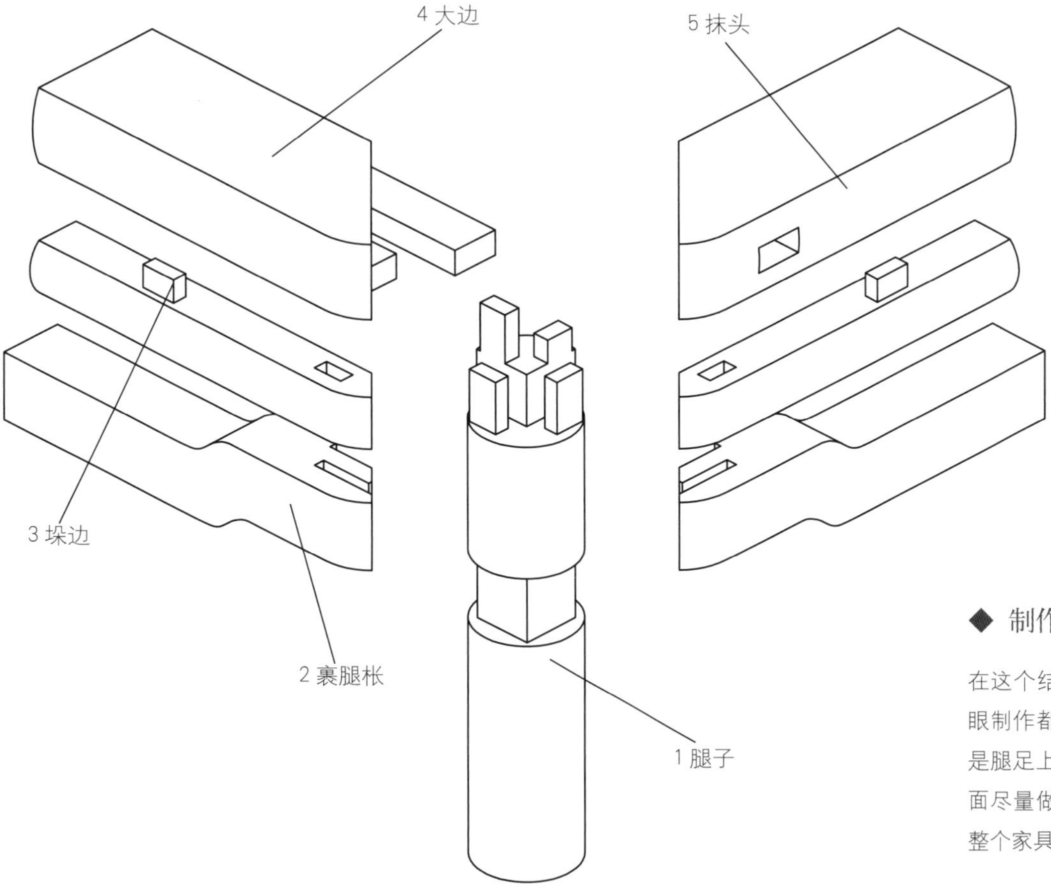

整体透视图

◆ 制作要点：

在这个结构中，榫头榫眼制作都比较容易，就是腿足上的刻口应把截面尽量做大，此部位是整个家具的受力点。

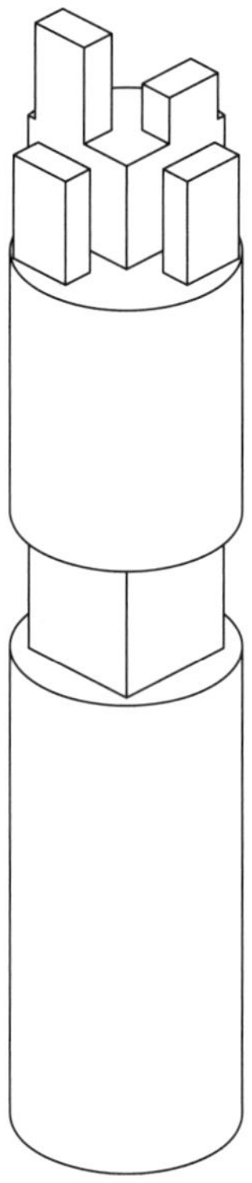

腿子透视图

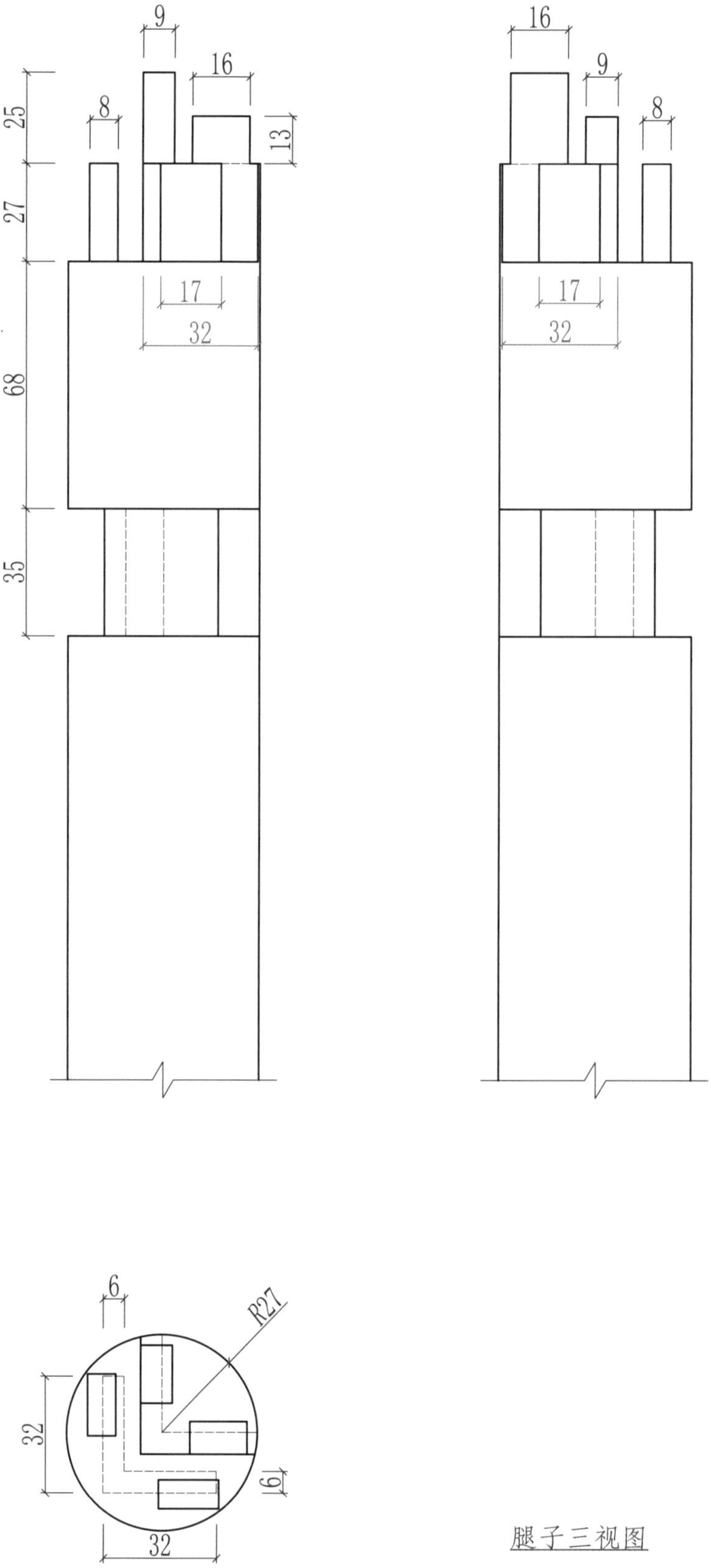

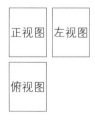

正视图 左视图

俯视图

比例：1 : 2

腿子三视图

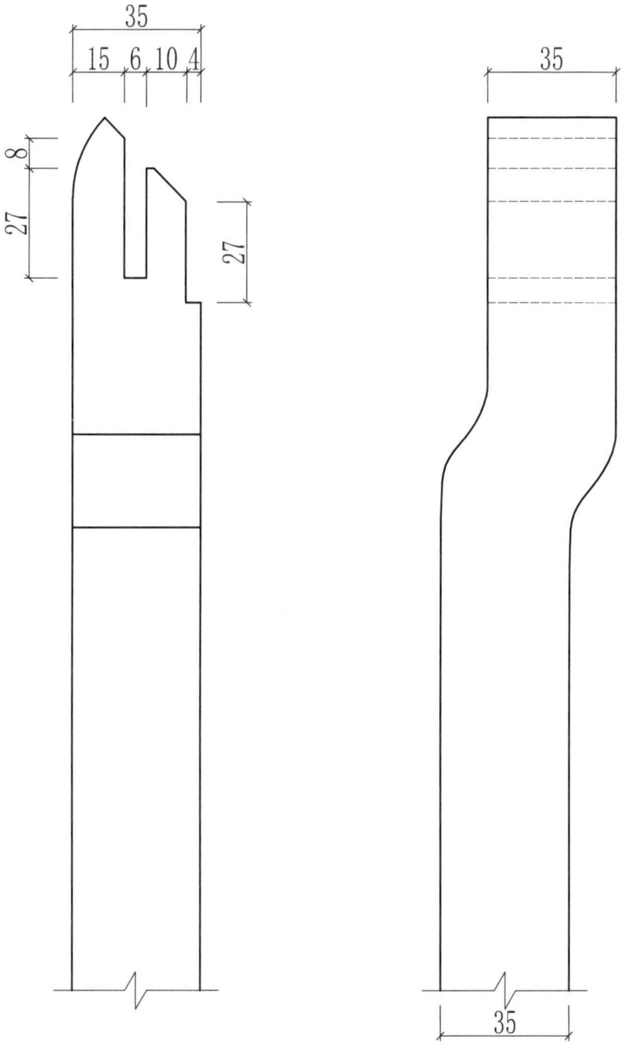

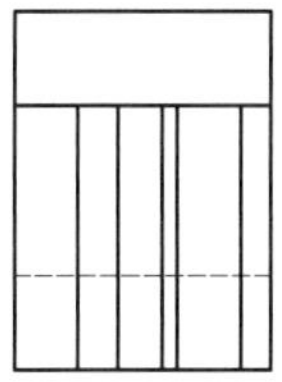

裹腿枨三视图

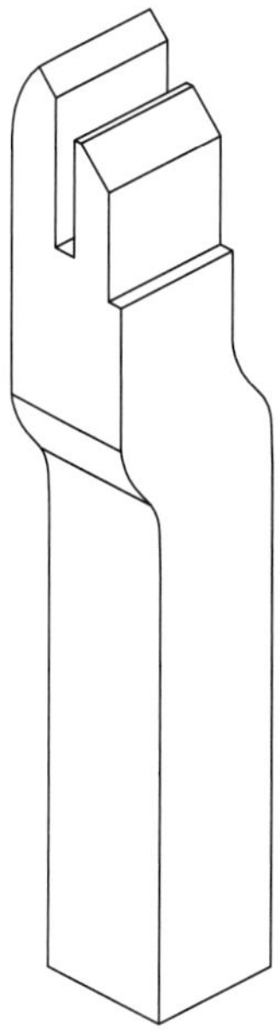

裹腿枨透视图

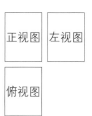

正视图	左视图
俯视图	

比例: 1 : 2

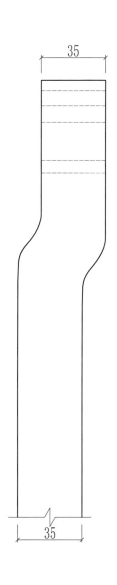

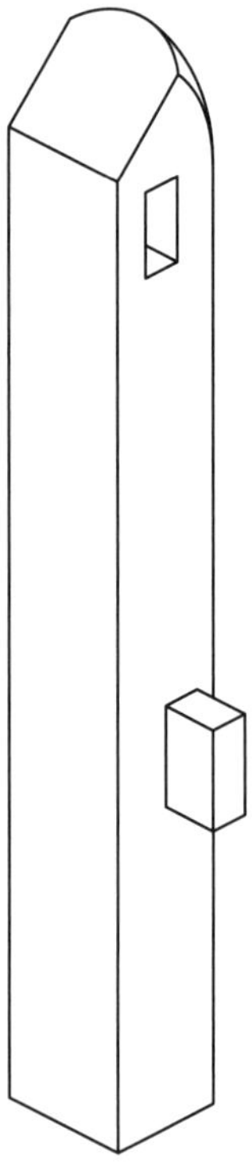

垛边透视图

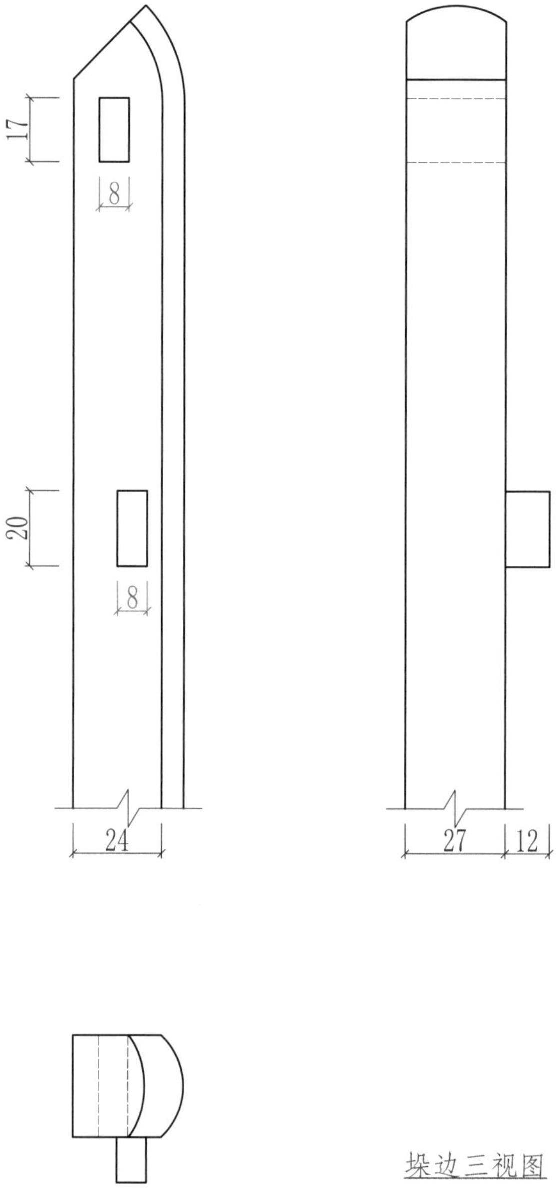

正视图 左视图

俯视图

比例：1 ：2

垛边三视图

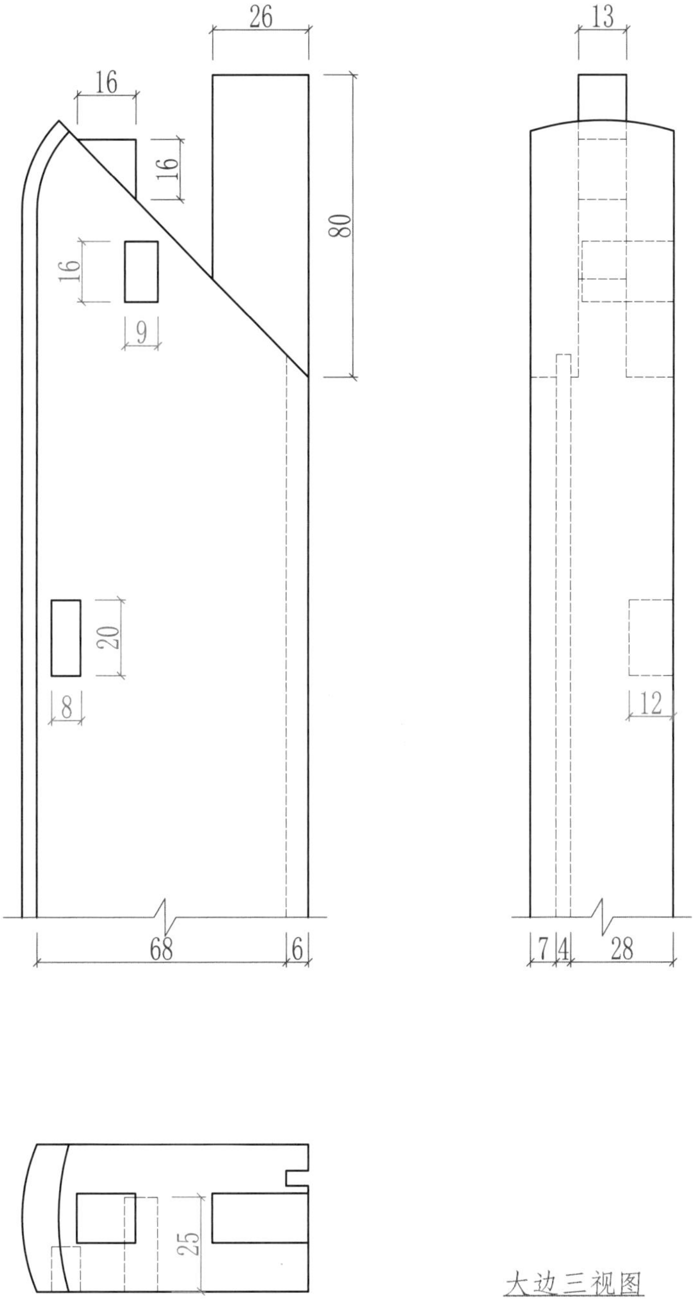

大边三视图

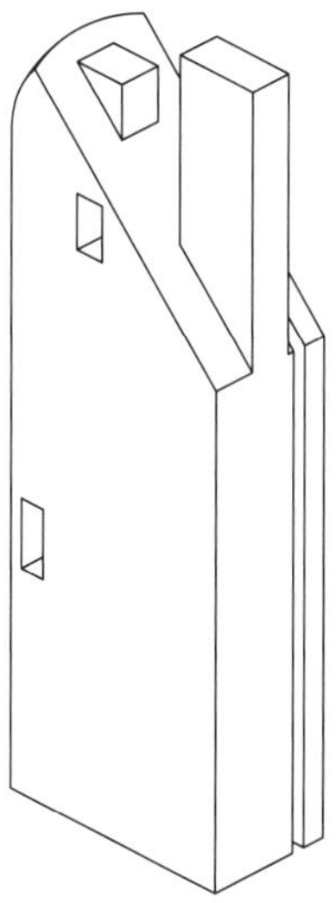

大边透视图

正视图 左视图

俯视图

比例：1：2

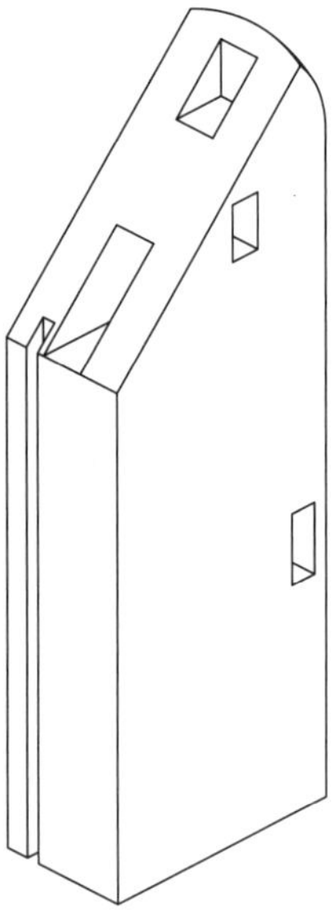

抹头透视图

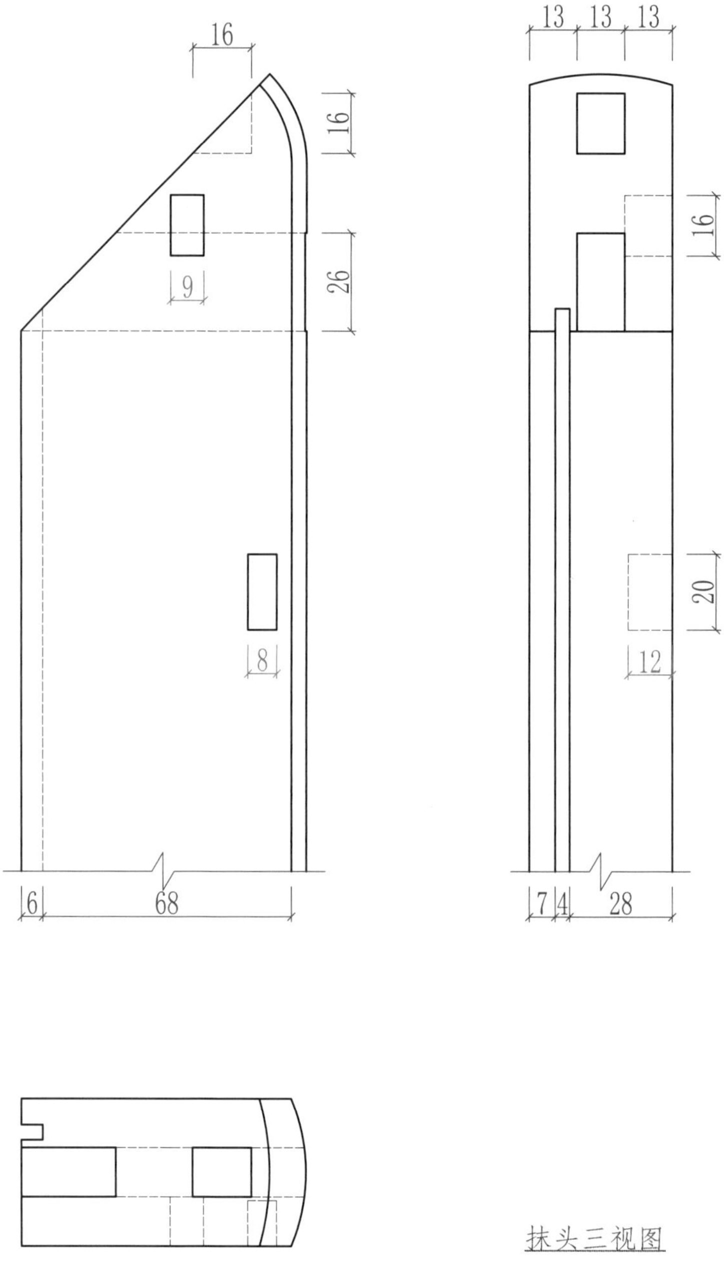

正视图 左视图

俯视图

比例：1：2

抹头三视图

3）家具实例：明式花梨木八仙桌

圆材丁字形交叉接合之二
（裹腿做，单榫）

明式花梨木八仙桌—整体图

圆材丁字形交叉接合之二
（裹腿做，单榫）

明式花梨木八仙桌—细节图

图版清单（圆材丁字形交叉接合之二）：
整体结构示意图
拆分结构示意图
整体透视图
腿子透视图
裹腿枨透视图
垛边透视图
大边透视图
抹头透视图
腿子三视图
裹腿枨三视图
垛边三视图
大边三视图
抹头三视图
明式花梨木八仙桌—整体图
明式花梨木八仙桌—细节图

3. 圆材丁字形交叉接合之三

1）基本概念

此结构是大进小出榫。三根圆材相交的大进小出榫和三根方材相交的大进小出榫基本结构是一样的，不同的是格肩变成了飘肩。

2）应用部位

常用于圆腿椅凳类的拉枨或是圆材相交装板结构。

整体结构示意图

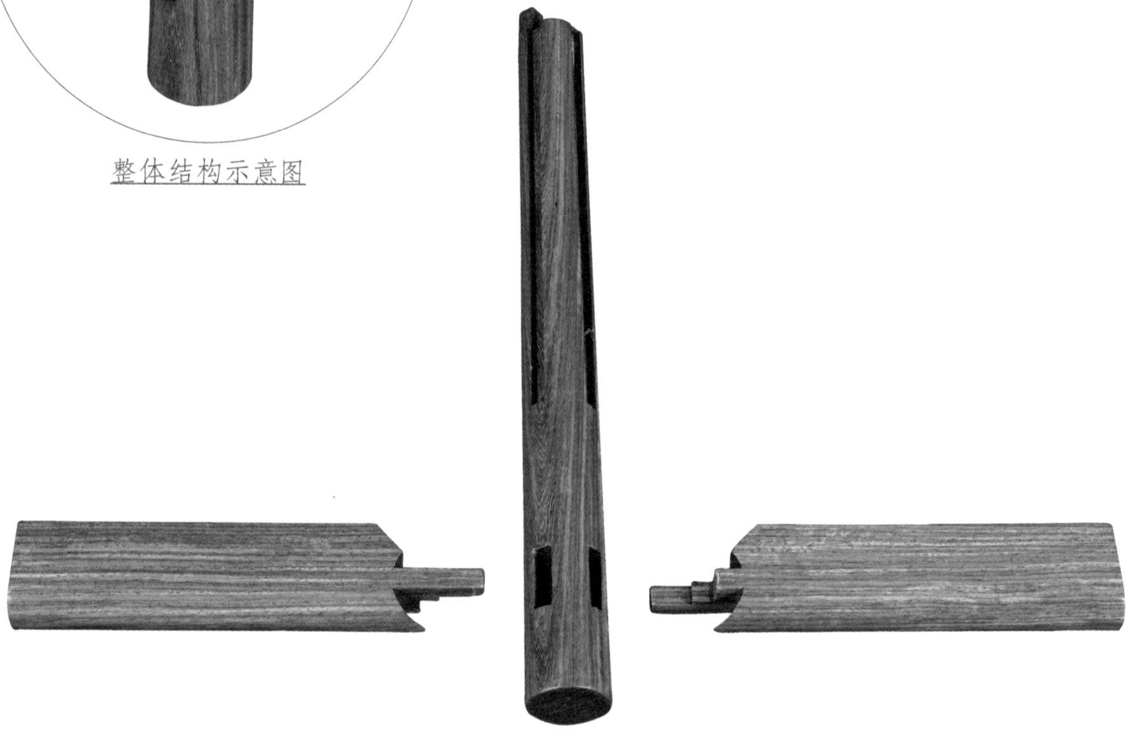

拆分结构示意图

【榫卯口诀】

大进小出结构同，
不同之处是榫肩。
飘肩和腿吻合严，
榫头不碰外飘肩。

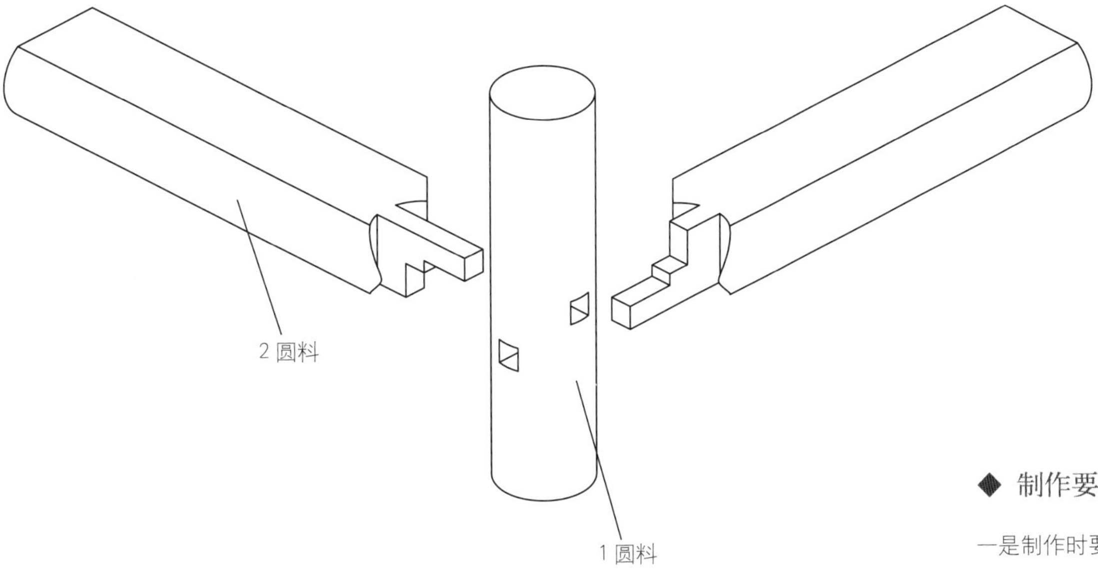

整体透视图

◆ 制作要点：

一是制作时要把飘肩和腿的接缝做严，这是做此榫卯结构的关键；二是外露榫头的大小以碰不到另一根料的外侧飘肩为合适。

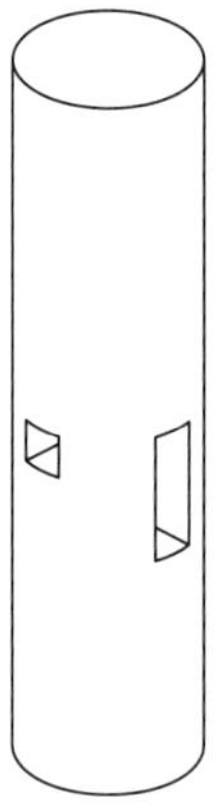

圆料透视图

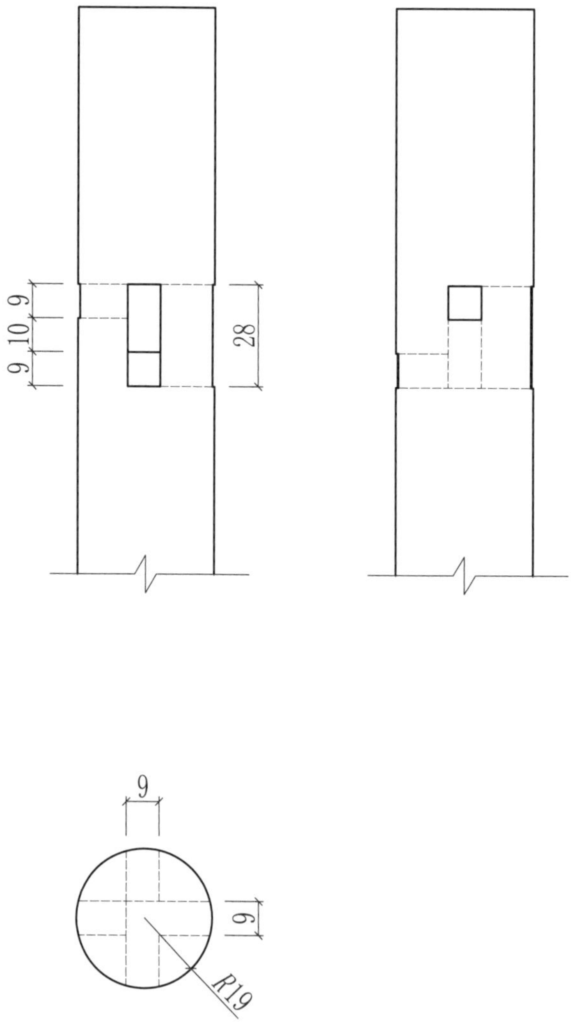

正视图 左视图

俯视图

比例：1 ：2

圆料三视图

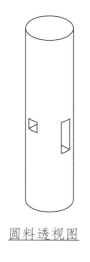

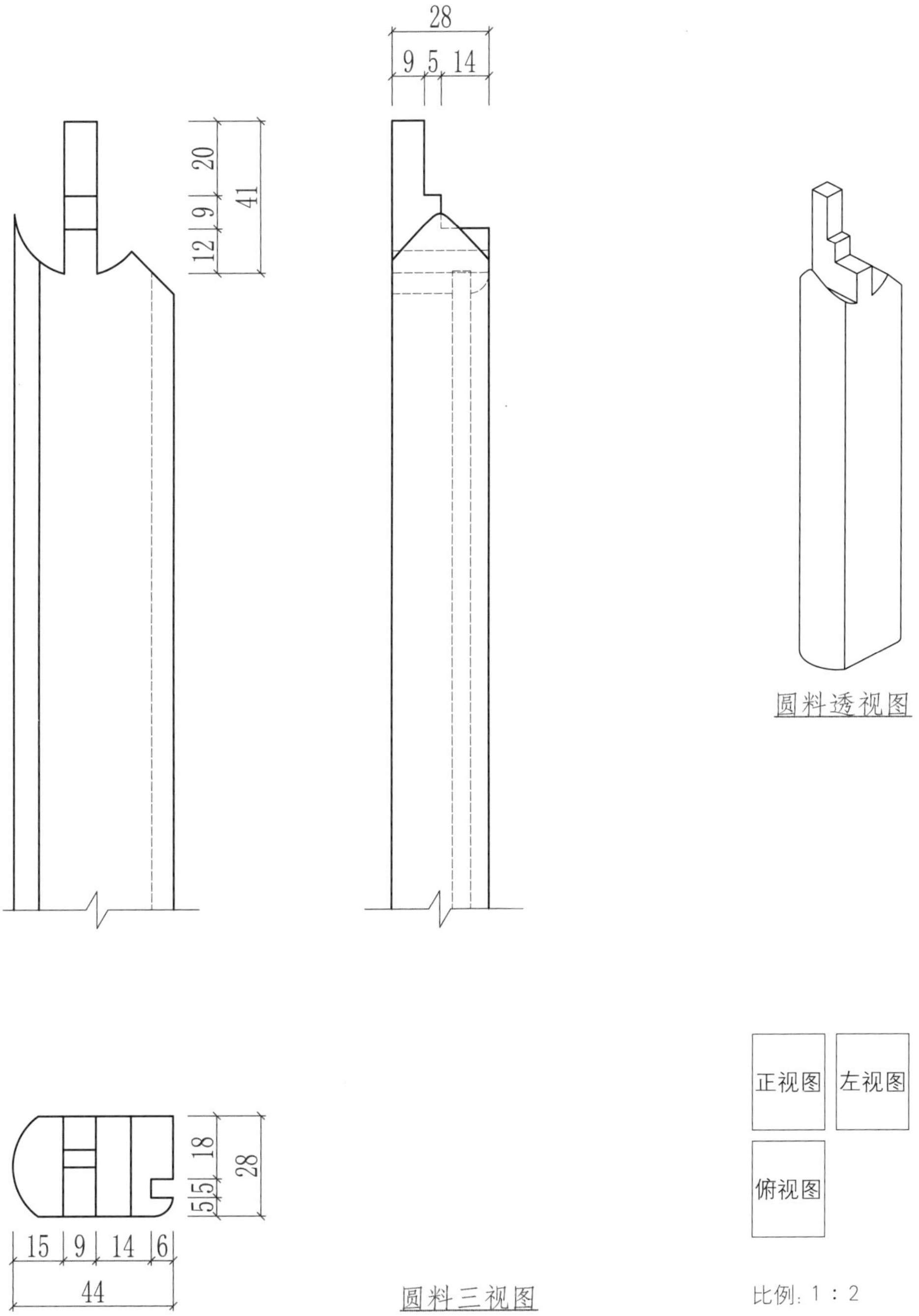

圆料透视图

圆料三视图

正视图	左视图
俯视图	

比例：1 ：2

3）家具实例：明式花梨木靠背箱椅

明式花梨木靠背箱椅—整体图

图版清单（圆材丁字形交叉接合之三）：
整体结构示意图
拆分结构示意图
整体透视图
圆料透视图
圆料透视图
圆料三视图
圆料三视图
明式花梨木靠背箱椅—整体图
明式花梨木靠背箱椅—细节图

明式花梨木靠背箱椅—细节图

4. 方材丁字形交叉接合之一

1）基本概念

此结构又叫大格肩虚肩暗交叉榫，在家具制作中很常见。此结构最大程度地扩大了榫头的接触面，还不会使榫头外露，让榫头在榫眼内交叉。

2）应用部位

在家具制作中应用广泛。

整体结构示意图

拆分结构示意图

【榫卯口诀】

家具制作很常用，
榫头交叉藏榫眼。
榫肩榫舌尽量薄，
榫头长些更牢固。

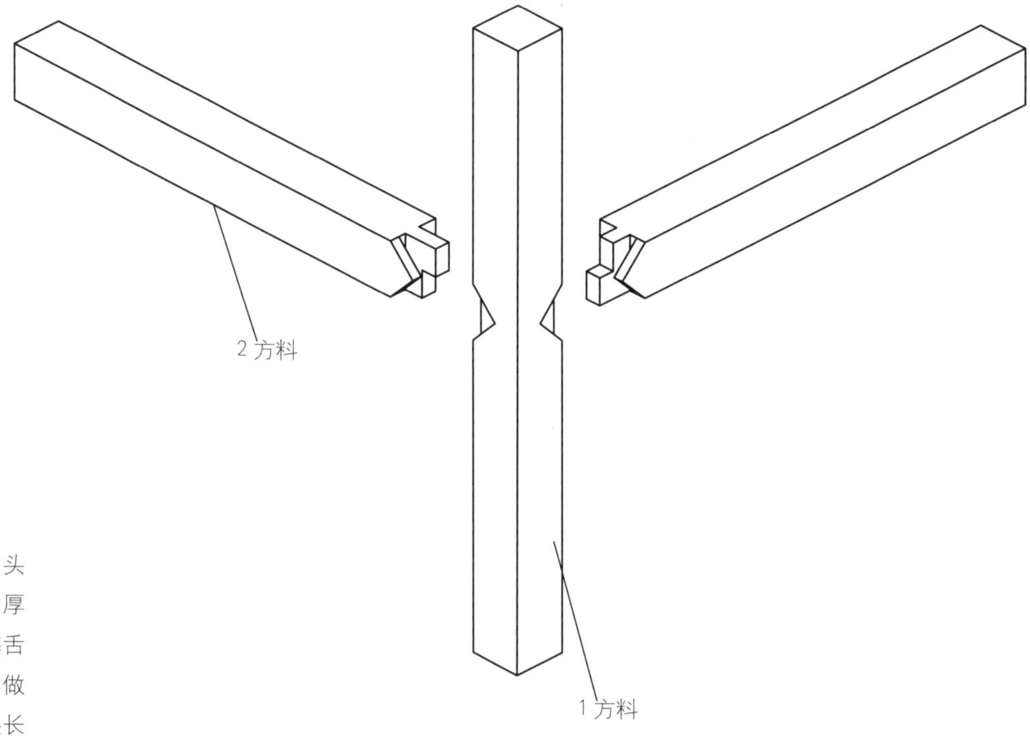

整体透视图

◆ 制作要点：

在实际制作中，出榫头的两根料的八字肩的厚度和八字肩下面的榫舌要尽量薄一点，这样做能够使两根料的榫头长一些，榫卯接合自然会更牢固。

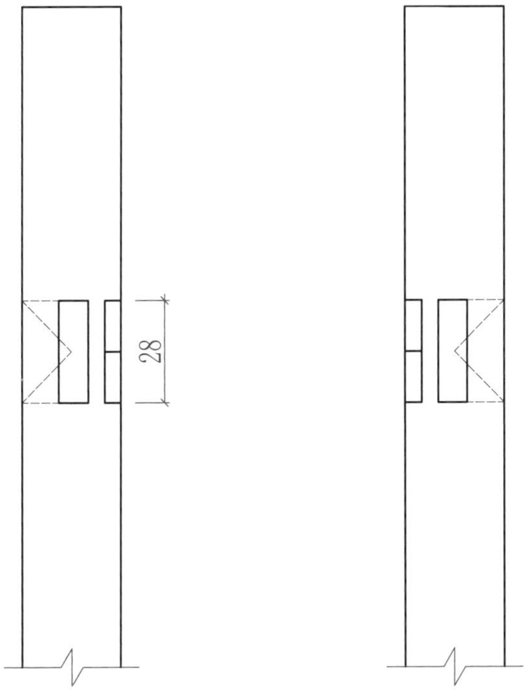

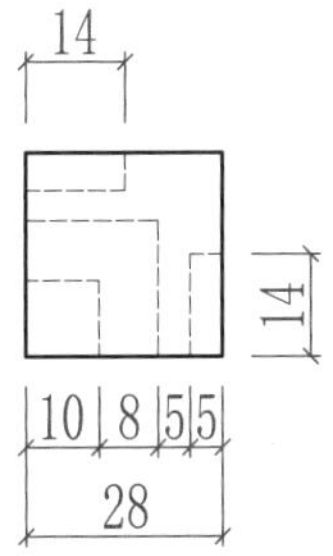

方料三视图

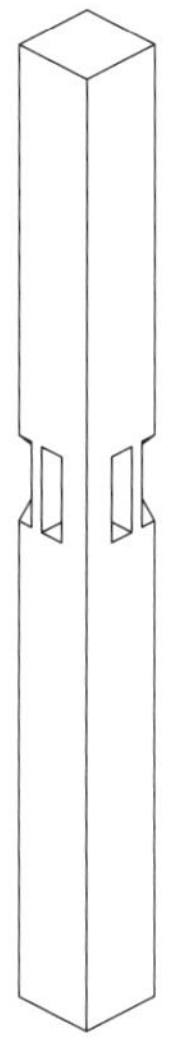

方料透视图

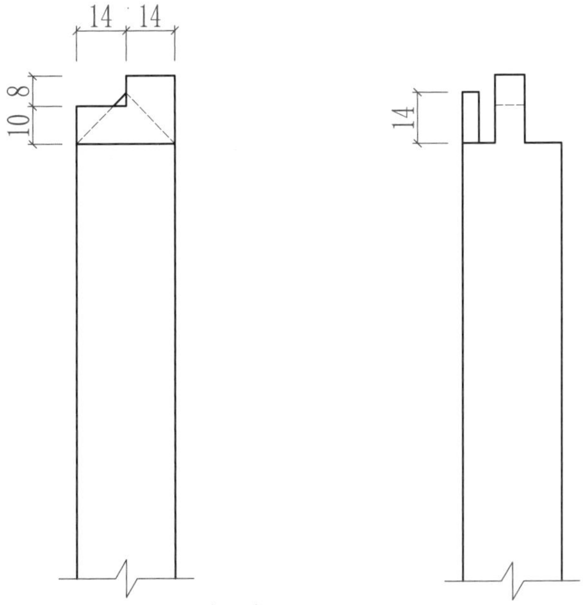

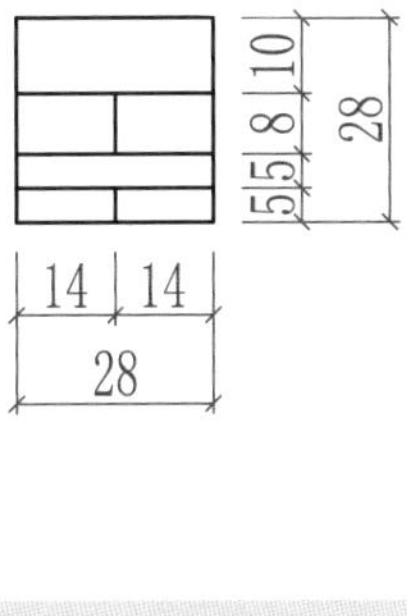

方料三视图

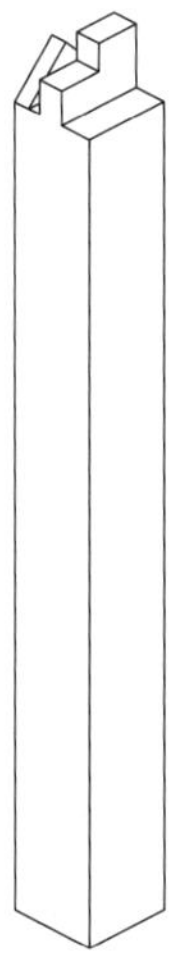

方料透视图

正视图	左视图
俯视图	

比例：1：2

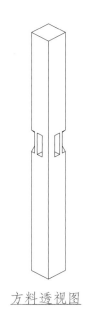

3）家具实例：明式花梨木架格

方材丁字形交叉接合之一
（大格肩虚肩暗交叉榫）

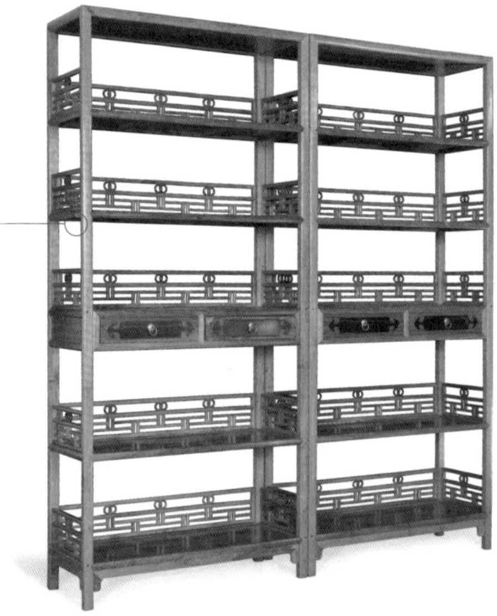

明式花梨木架格—整体图

图版清单（方材丁字形交叉接合之一）：
整体结构示意图
拆分结构示意图
整体透视图
方料透视图
方料透视图
方料三视图
方料三视图
明式花梨木架格—整体图
明式花梨木架格—细节图

方材丁字形交叉接合之一
（大格肩虚肩暗交叉榫）

明式花梨木架格—细节图

5. 方材丁字形交叉接合之二

1）基本概念

这种结构为大格肩虚肩，一面出榫一面不出榫。当采用这种结构时，一般料的截面都比较大，而且是出榫的一面是侧面，不出榫的一面是正面。

2）应用部位

在柜类的腿上应用较多。

整体结构示意图

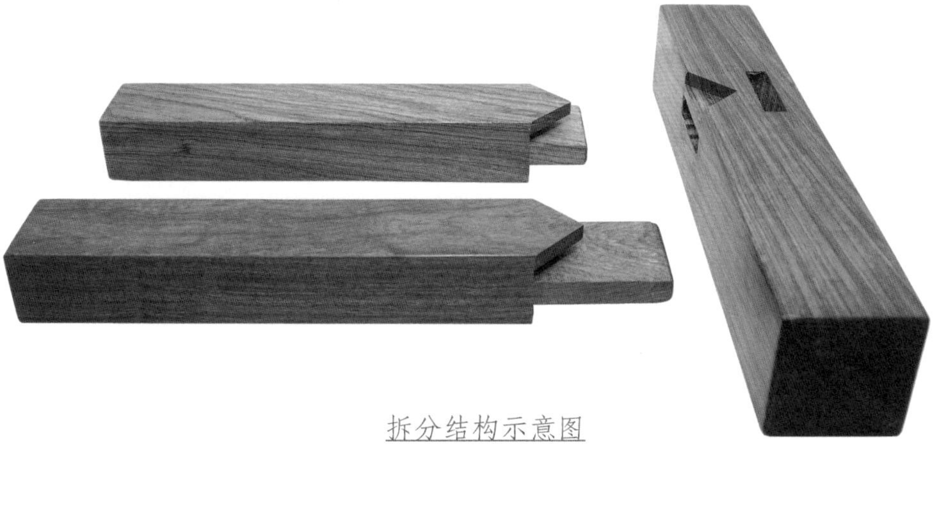

拆分结构示意图

【榫卯口诀】

有出榫的是侧面，
不出榫的是正面。
柜类腿上多应用，
短榫长榫宜相交。

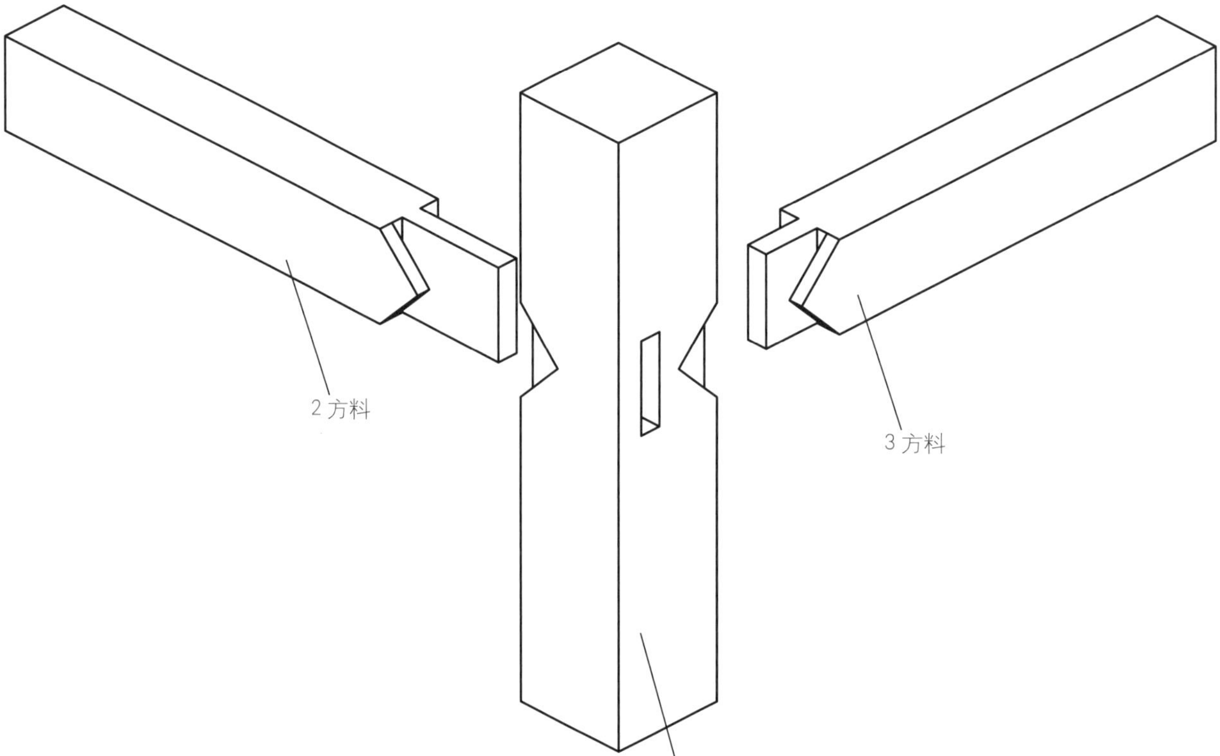

整体透视图

◆ 制作要点：

在这个结构中，应尽量把短榫做长，组装后，短榫的长度几乎与长榫相交为宜。

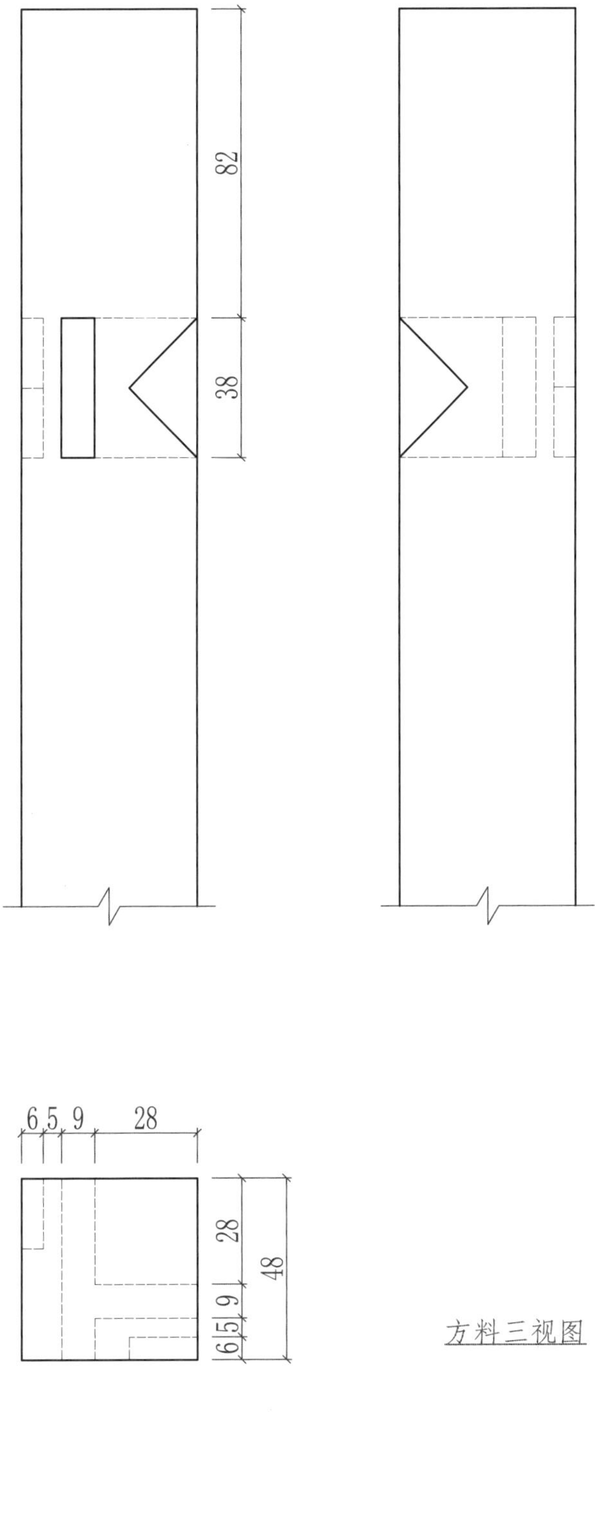

方料三视图

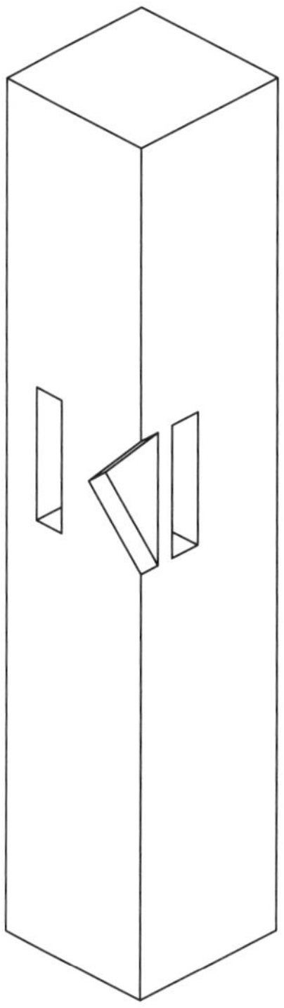

方料透视图

正视图 左视图

俯视图

比例: 1 : 2

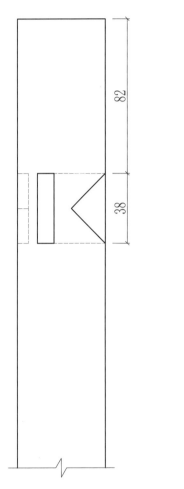

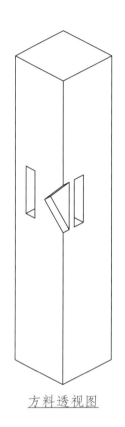

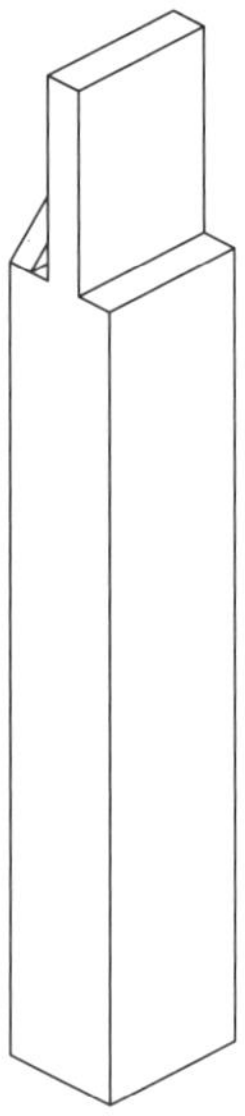

方料透视图

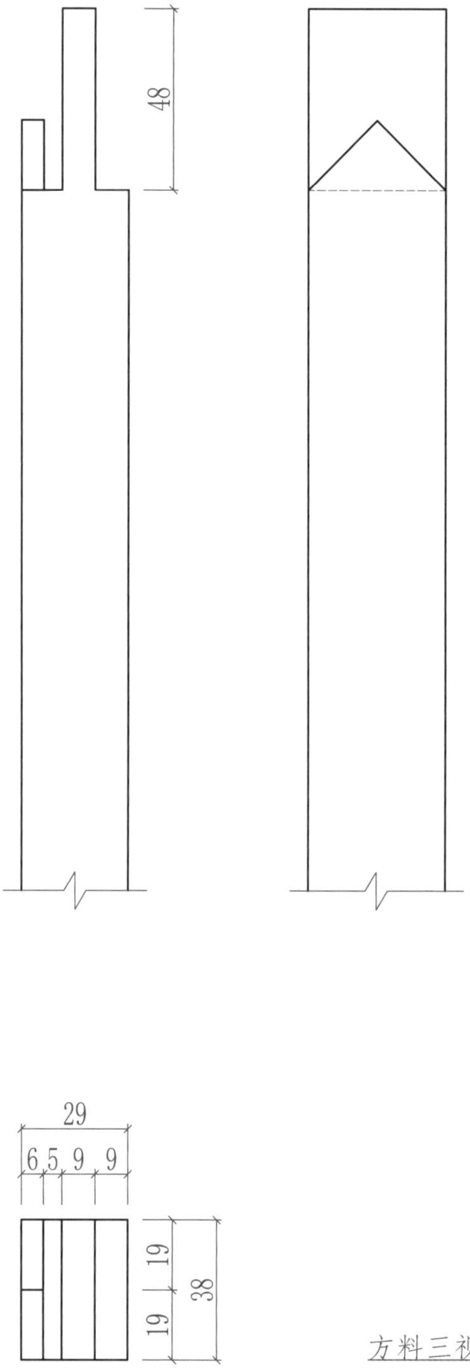

方料三视图

正视图 左视图

俯视图

比例：1 ：2

方料透视图

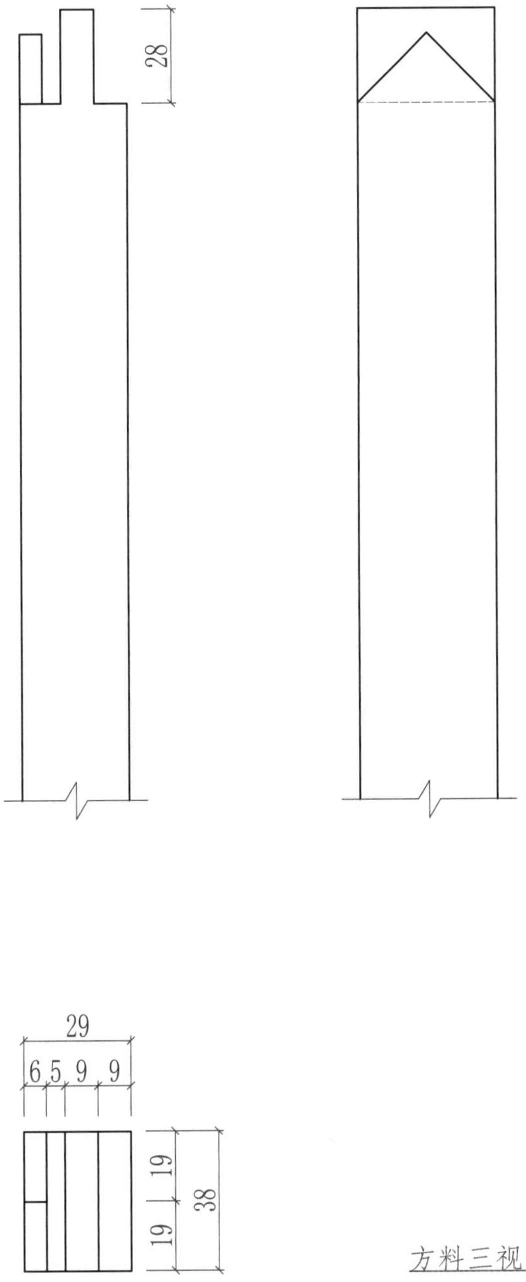

方料三视图

正视图	左视图
俯视图	

比例：1：2

3）家具实例：明式花梨木佛龛

方材丁字形交叉接合之二
（一面闷榫，一面透榫）

明式花梨木佛龛—整体图

方材丁字形交叉接合之二
（一面闷榫，一面透榫）

明式花梨木佛龛—细节图

图版清单（方材丁字形交叉接合之二）：
整体结构示意图
拆分结构示意图
整体透视图
方料透视图
方料透视图
方料透视图
方料三视图
方料三视图
方料三视图
明式花梨木佛龛—整体图
明式花梨木佛龛—细节图

6. 方材丁字形交叉接合之三

1）基本概念

此结构的两根料都出半榫，榫头内格角相交。采用这种结构的料，一般截面比较大。此结构让两根料受力比较均匀，把榫头做到最长，而且避免榫头外露。因榫眼内榫头需要格肩，因此加工精度高。

2）应用部位

在柜类的腿上应用较多。

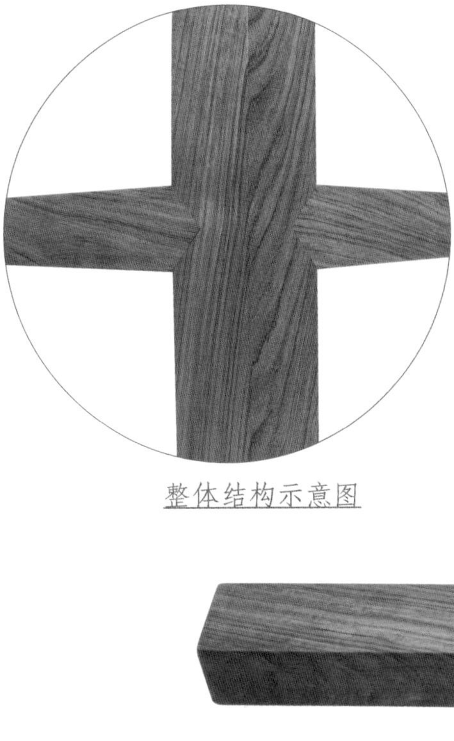

整体结构示意图

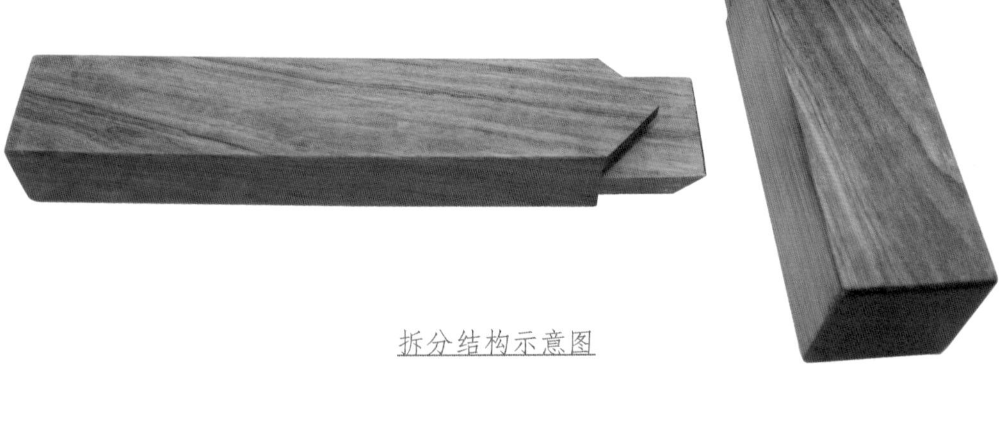

拆分结构示意图

【榫卯口诀】

榫头格肩做最长，
榫眼格肩精度高。
榫头相交要留缝，
夹舌板槽同厚度。

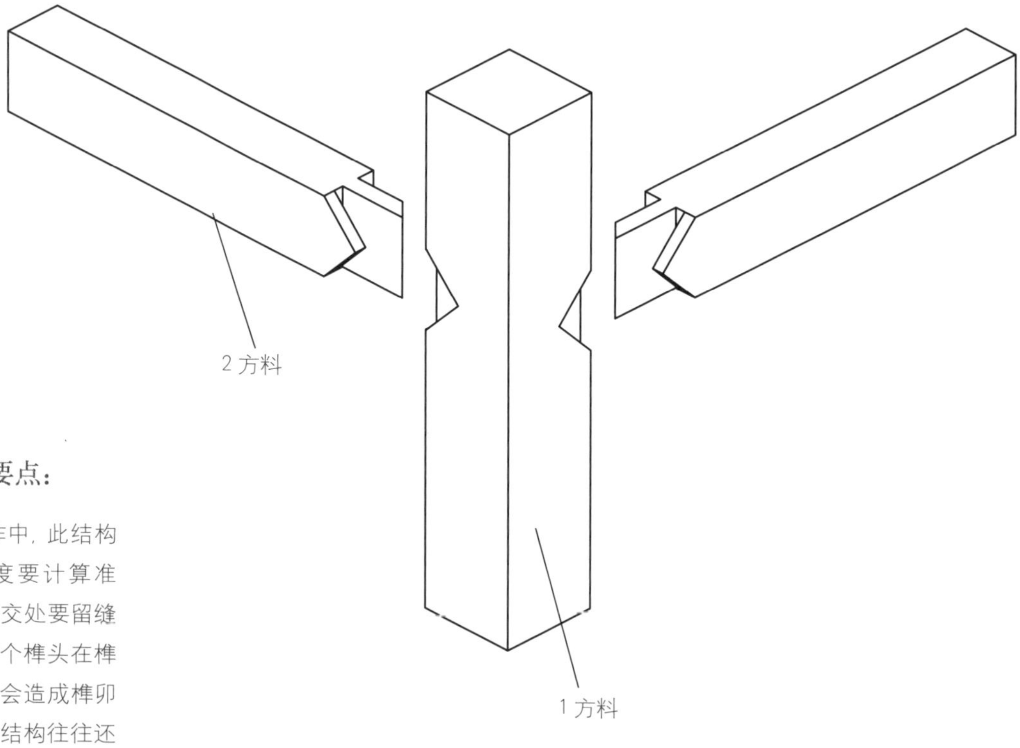

整体透视图

◆ 制作要点：

在实际制作中，此结构榫头的长度要计算准确，榫头相交处要留缝隙。如果两个榫头在榫眼内相撞，会造成榫卯不严。这种结构往往还涉及打槽装板，最好使夹舌的厚度与装板槽的厚度相等。

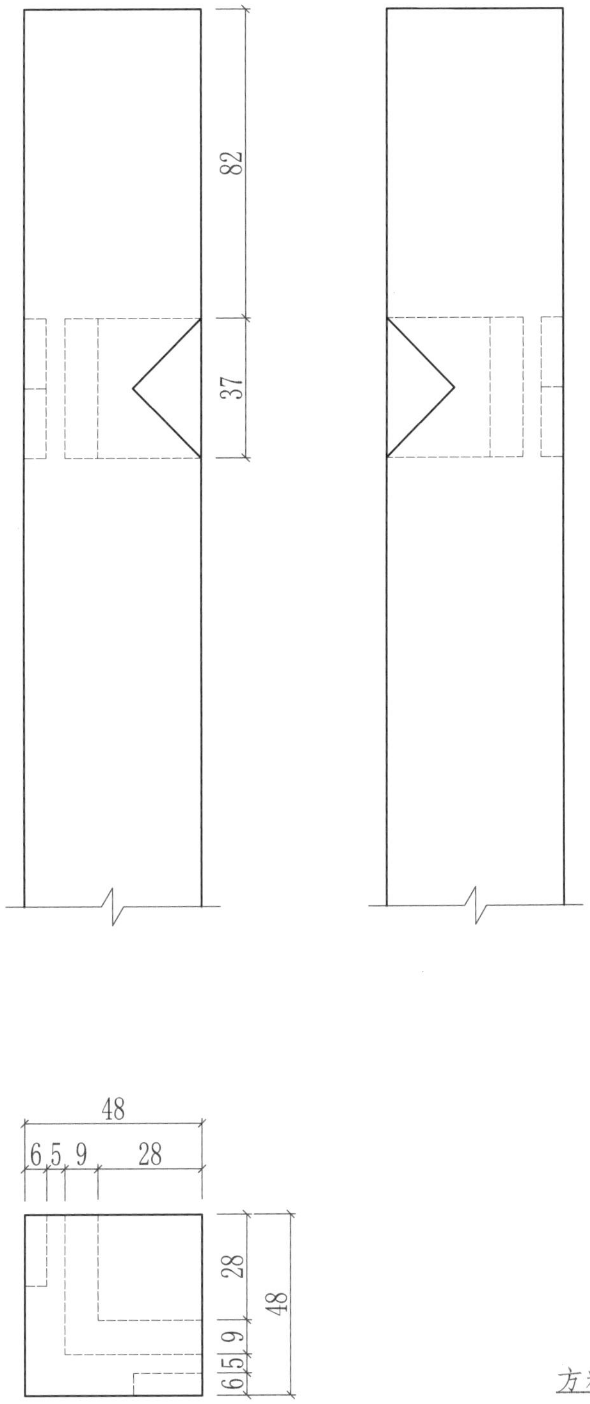

方料三视图

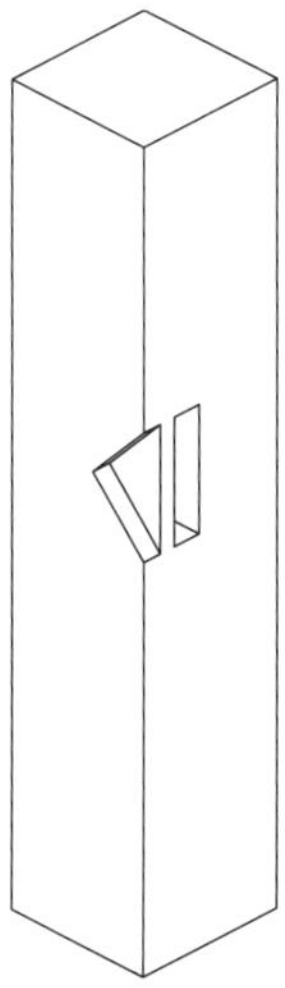

方料透视图

正视图 左视图
俯视图

比例：1：2

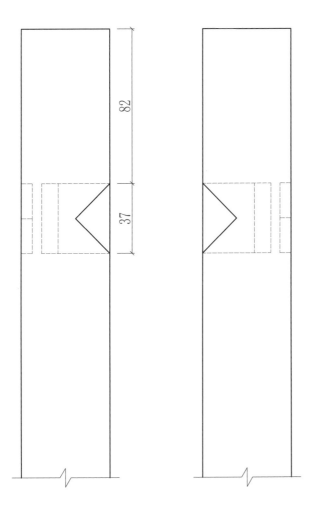

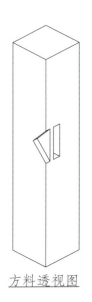

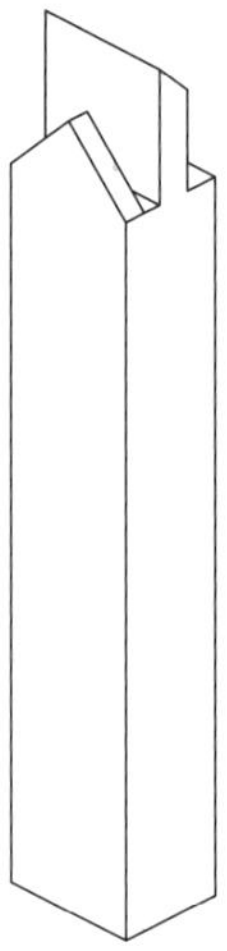

方料透视图

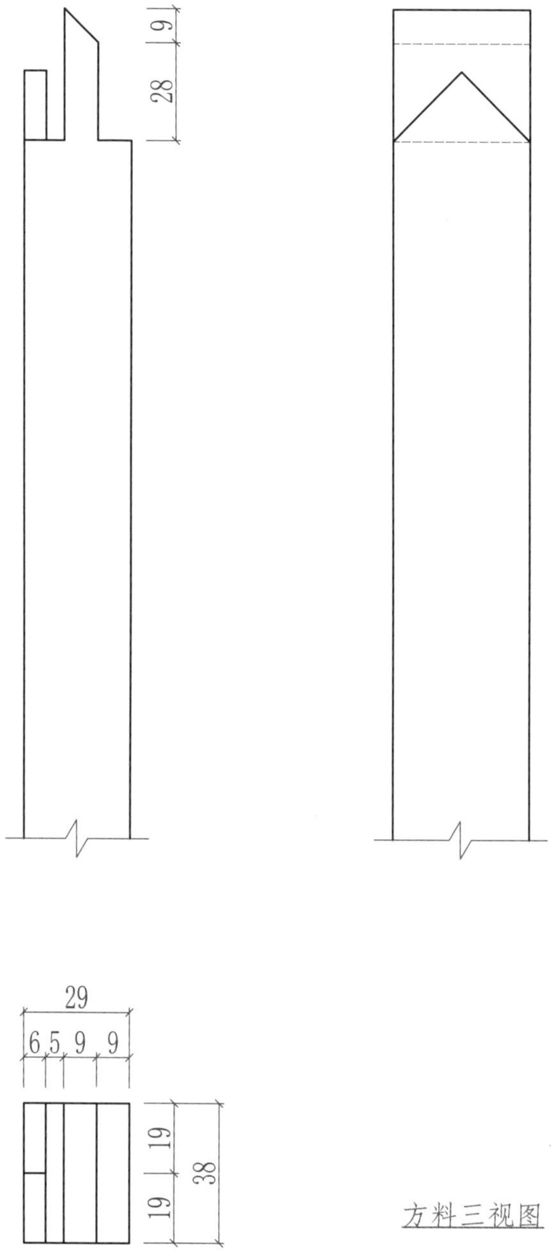

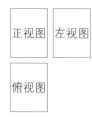

正视图 左视图

俯视图

比例：1：2

方料三视图

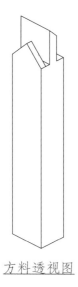

3）家具实例：清式酸枝木如意纹亮格柜

方材丁字形交叉接合之三
（两面半榫）

清式酸枝木如意纹亮格柜—整体图

方材丁字形交叉接合之三
（两面半榫）

清式酸枝木如意纹亮格柜—细节图

图版清单（方材丁字形交叉接合之三）：
整体结构示意图
拆分结构示意图
整体透视图
方料透视图
方料透视图
方料三视图
方料三视图
清式酸枝木如意纹亮格柜—整体图
清式酸枝木如意纹亮格柜—细节图

7. 方材丁字形交叉接合之四

1）基本概念

此结构是大格肩虚肩，大进小出榫。为使两根相交的料受力均匀，而且受力最大化，需要将榫头做成大进小出榫。如果做不上胶水的家具，此结构是最佳选择，要比暗榫牢固很多。

2）应用部位

在柜类的腿上应用较多。

整体结构示意图

拆分结构示意图

【榫卯口诀】

活拆结构是首选，
先打小眼后大眼。
侧面横枨做长榫，
正面横枨做短榫。

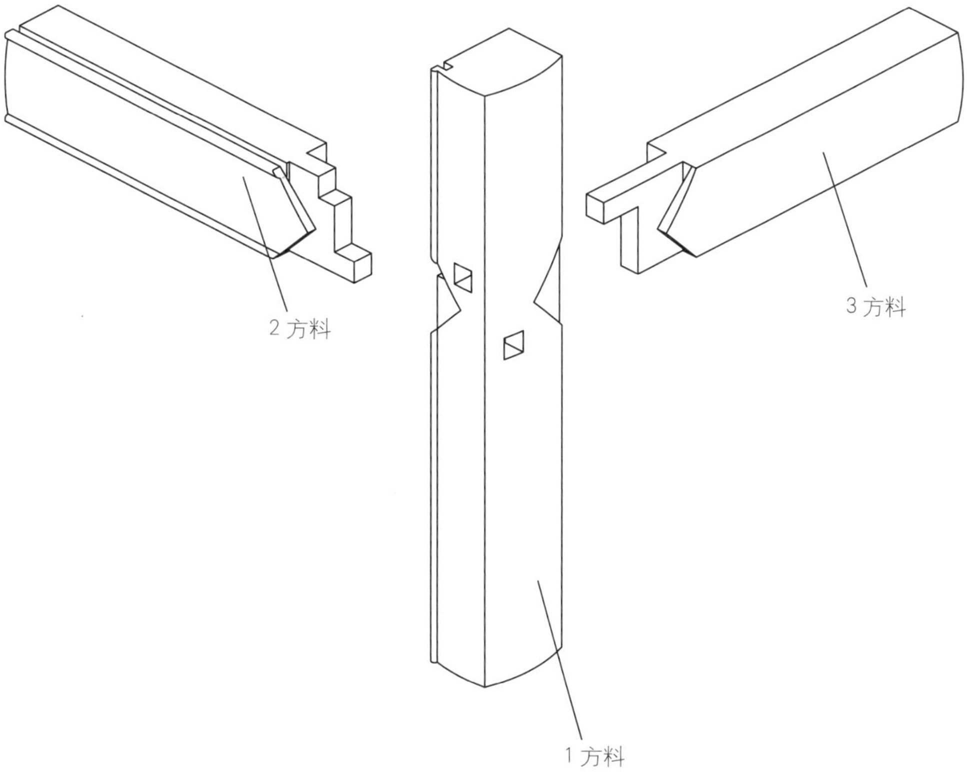

整体透视图

◆ 制作要点：

三根料相交大格肩虚肩大进小出榫是一个比较复杂的结构，在柜类制作中经常用到，尤其是“活拆”家具，此结构是首选的结构。

在制作中应该注意两点：一是打榫眼时先打小眼后再打大眼，这样做可避免榫眼内壁“掉肉”；二是柜腿的截面很少做成正方形，大部分柜腿侧面窄、正面宽，一定要在柜腿侧面横枨做长榫，柜腿正面横枨做短榫，这样两根枨受力才会更均匀。

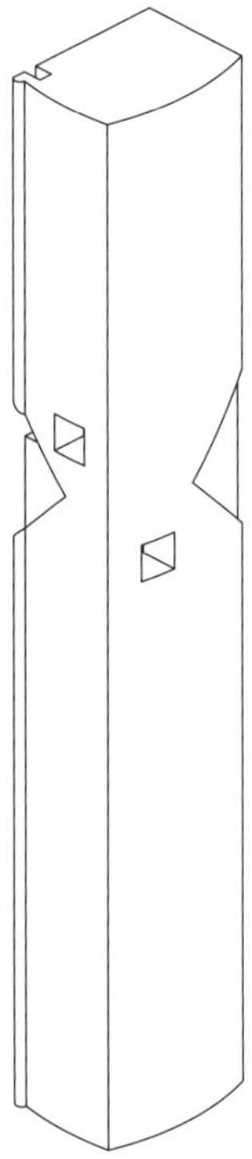

方料透视图

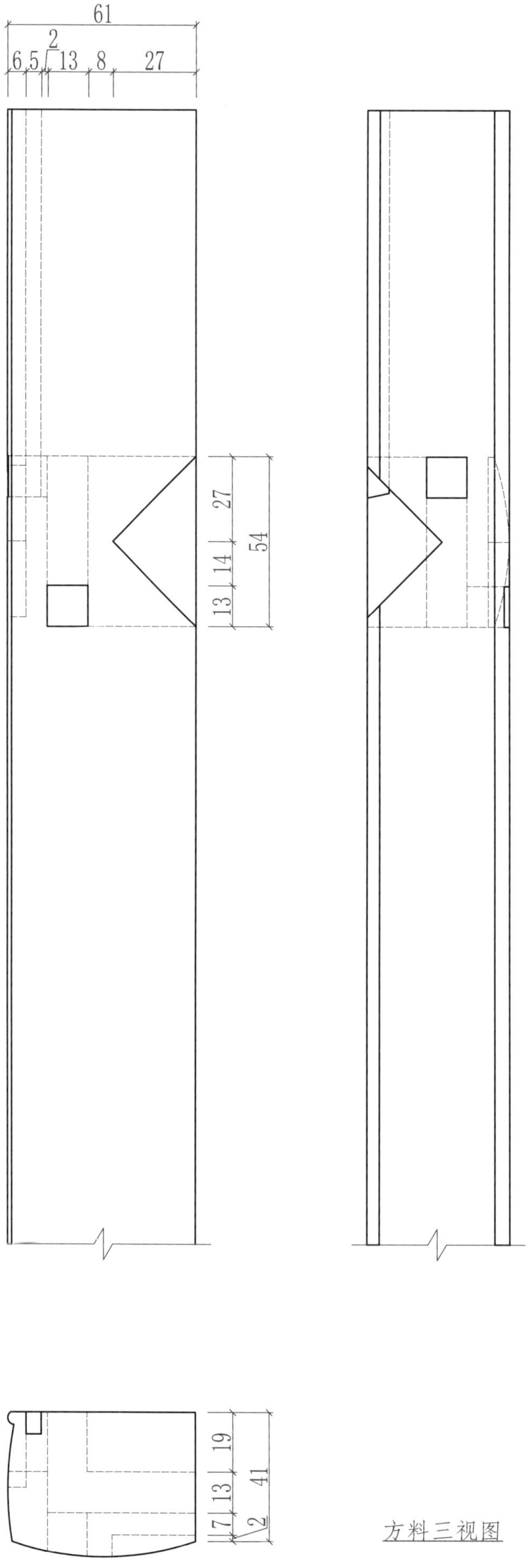

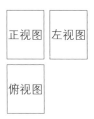

正视图	左视图
俯视图	

比例：1：2

方料三视图

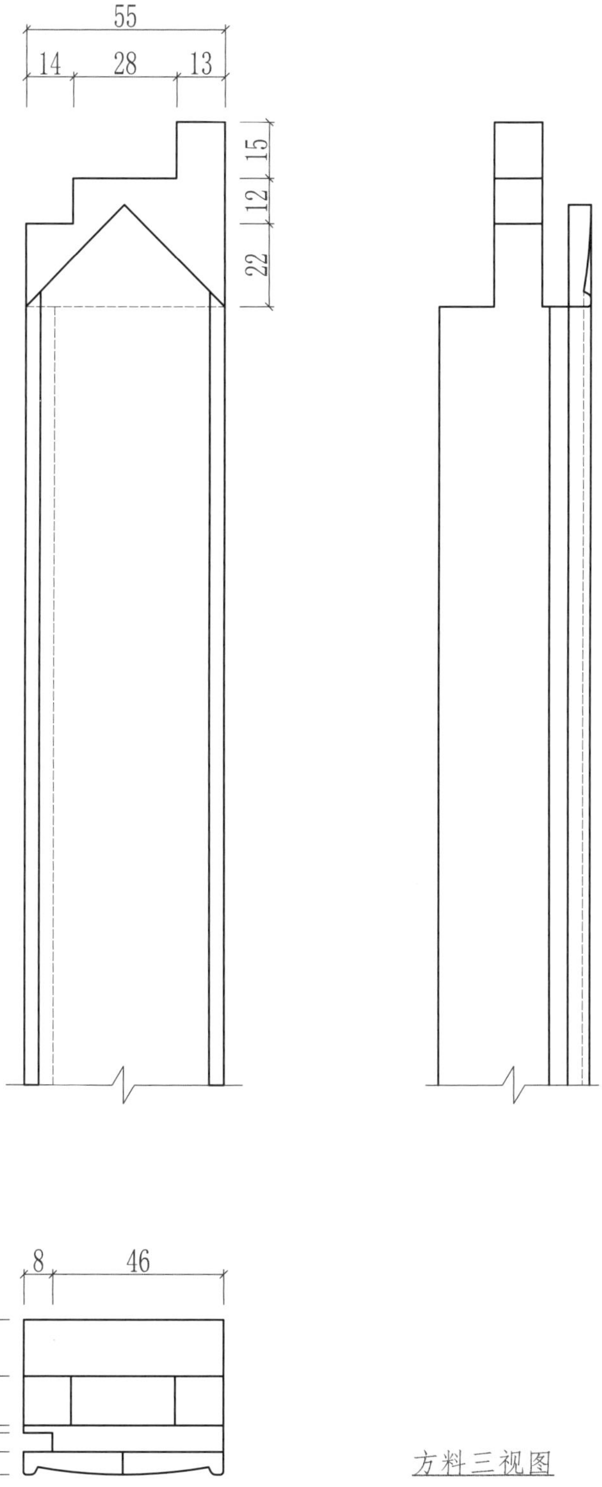

方料三视图

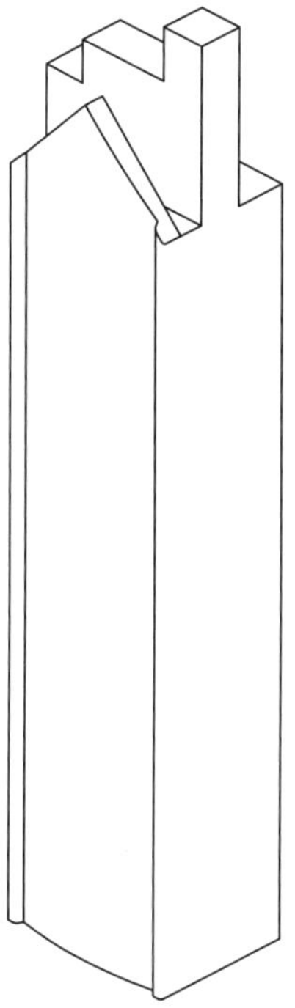

方料透视图

正视图	左视图
俯视图	

比例：1：2

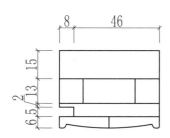

方料透视图

正视图 左视图

俯视图

比例：1：2

方料三视图

3）家具实例：清式酸枝木如意纹翘头柜橱

清式酸枝木如意纹翘头柜橱—整体图

清式酸枝木如意纹翘头柜橱—细节图

图版清单（方材丁字形交叉接合之四）：
整体结构示意图
拆分结构示意图
整体透视图
方料透视图
方料透视图
方料透视图
方料三视图
方料三视图
方料三视图
清式酸枝木如意纹翘头柜橱—整体图
清式酸枝木如意纹翘头柜橱—细节图

8. 抱肩榫之一

1）基本概念

抱肩榫的制作自古以来就没有标准可寻，不同年代不同地区制作的抱肩榫有差异，但它的基本外形是一样的。抱肩榫是传统家具的脊梁，凝聚了榫卯结构的两大基本结构：一是直榫，二是燕尾榫。无论什么形式的榫卯都是由这两大基本结构演变而来的。此结构为一木连做抱肩榫，所谓一木连做，就是束腰和牙板用一块木料做出来，在明代，讲究的家具都是这么做的。

2）应用部位

广泛应用于有束腰的床类、桌类和凳类等家具上。

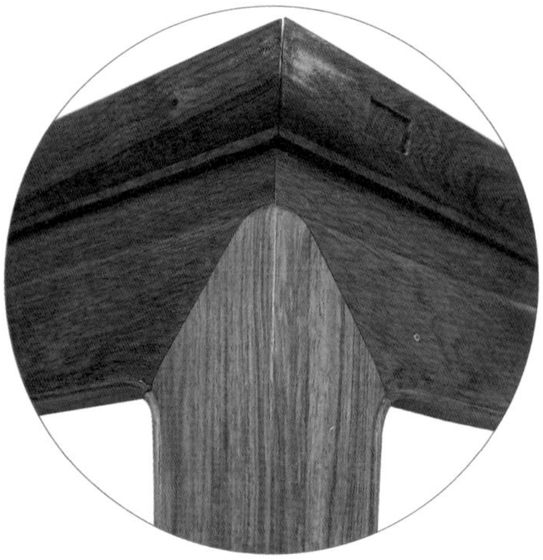

整体结构示意图

拆分结构示意图

【榫卯口诀】

制作各异抱肩榫，
基本形状很相似。
传统家具顶梁柱，
床桌凳中广应用。

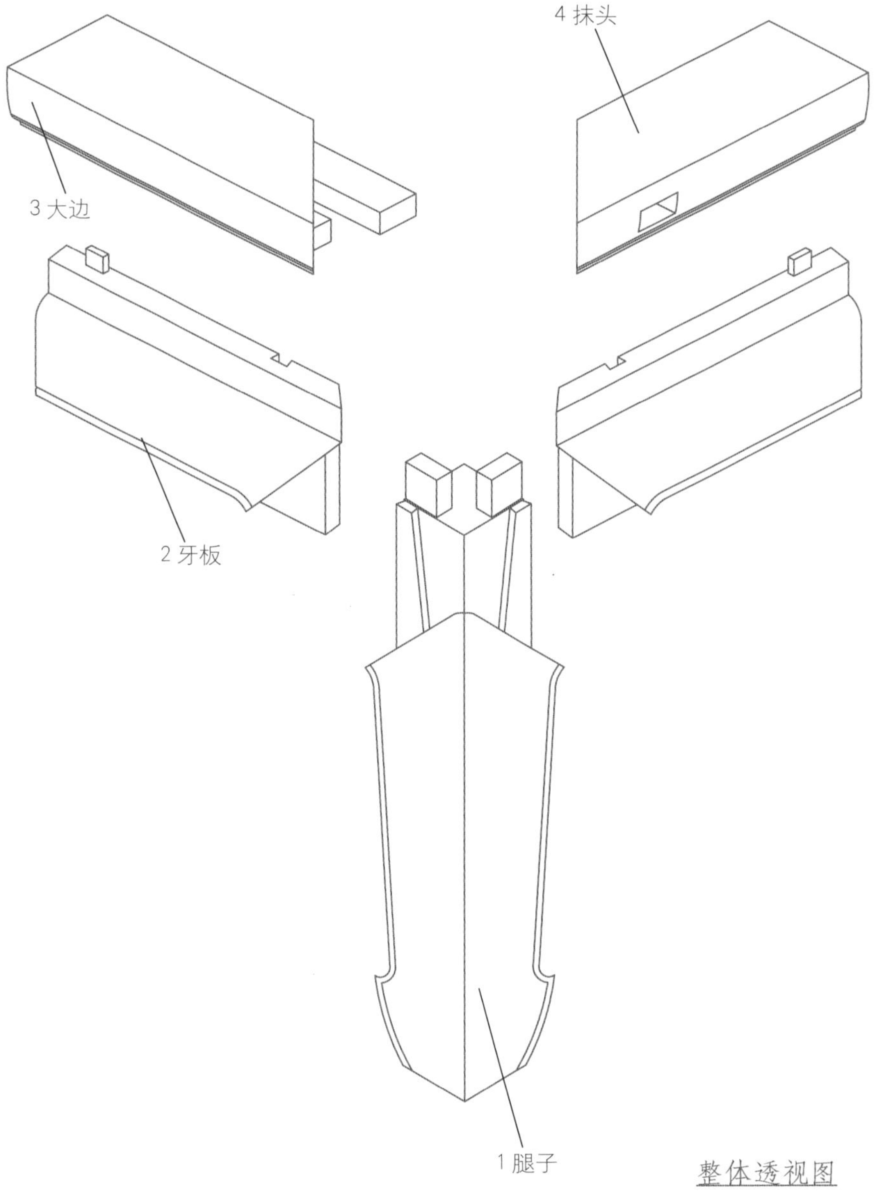

整体透视图

◆ 制作要点：

在制作此结构时，需要注意以下几点：牙板的三角榫榫舌尽量做厚，三角榫舌的长度以两块牙板组装后，两个三角榫舌相差几毫米而不相交为宜。牙板下边和腿相交处倒圆，槽口和三角榫舌下端都要有微小格肩处理，这样可大大减轻组装时的"掉肉"现象。

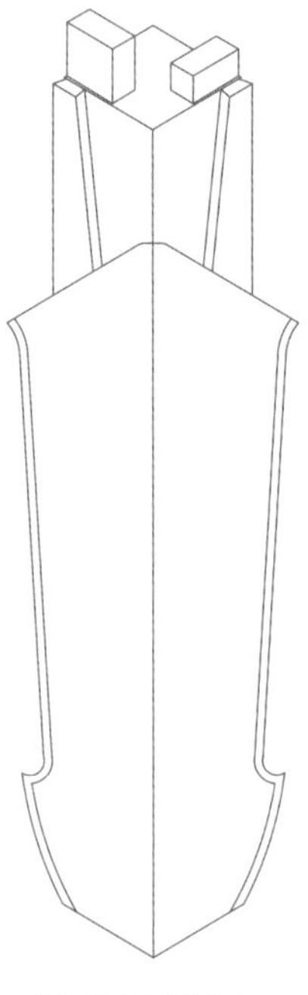

腿子透视图

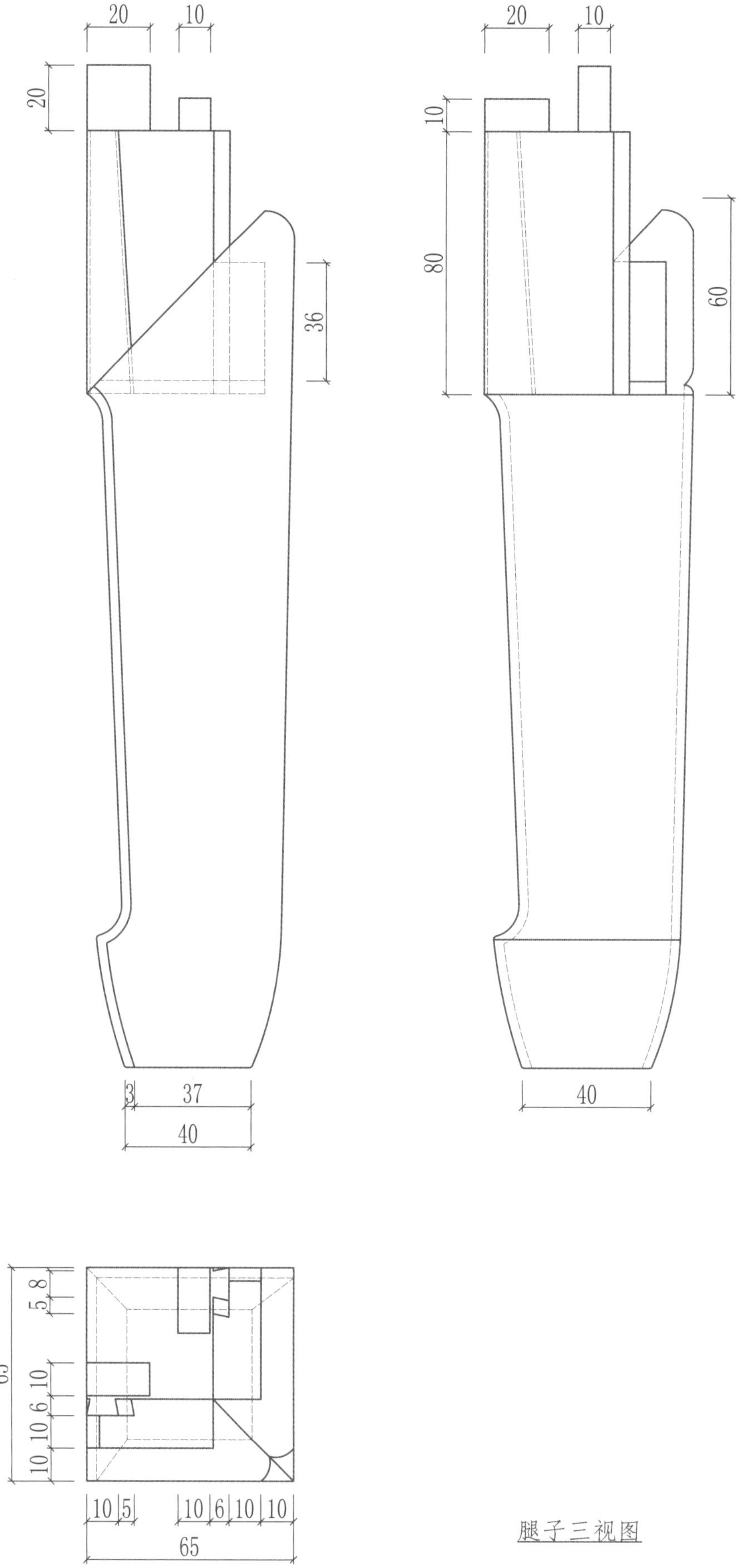

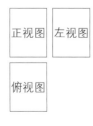

正视图 左视图

俯视图

比例：1：2

腿子三视图

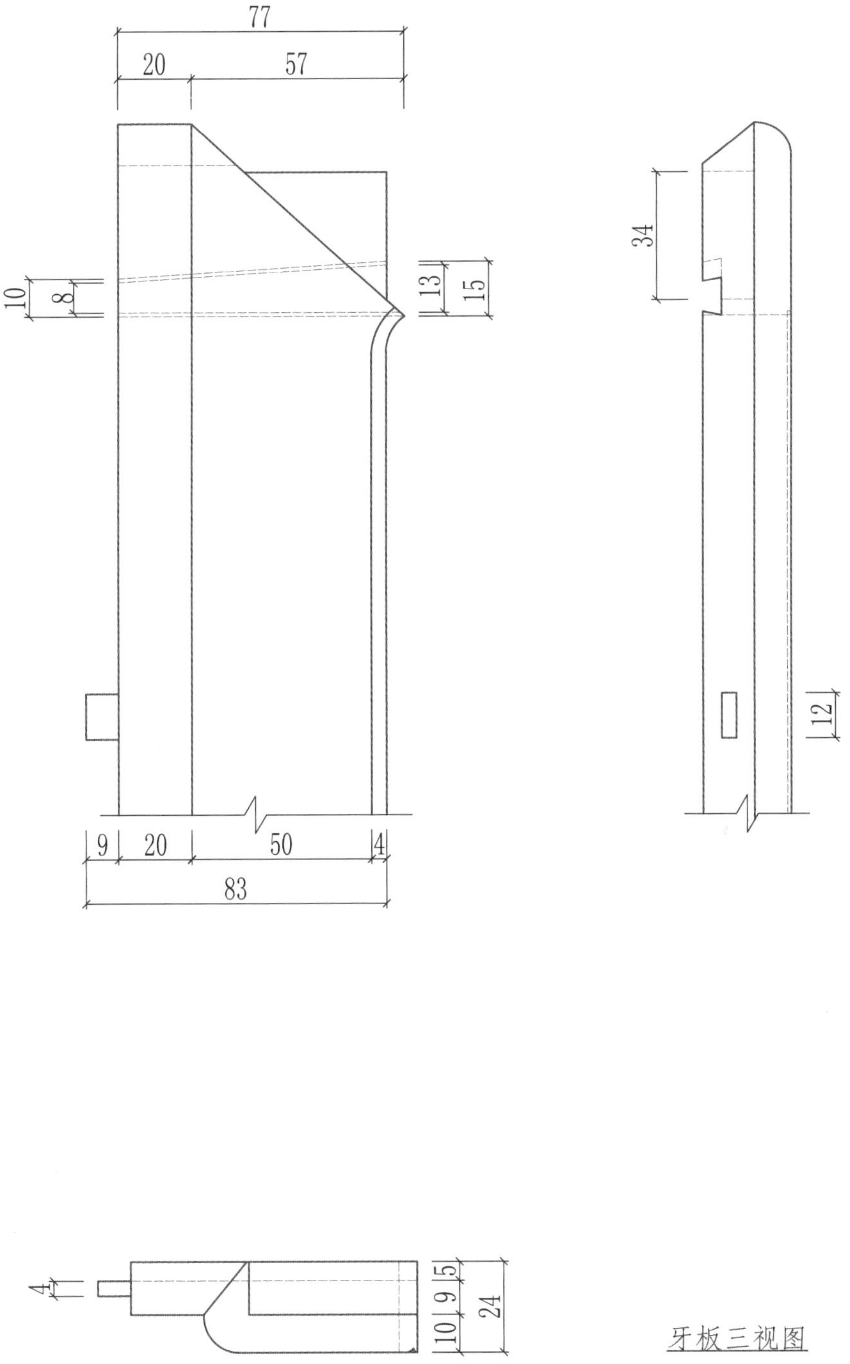

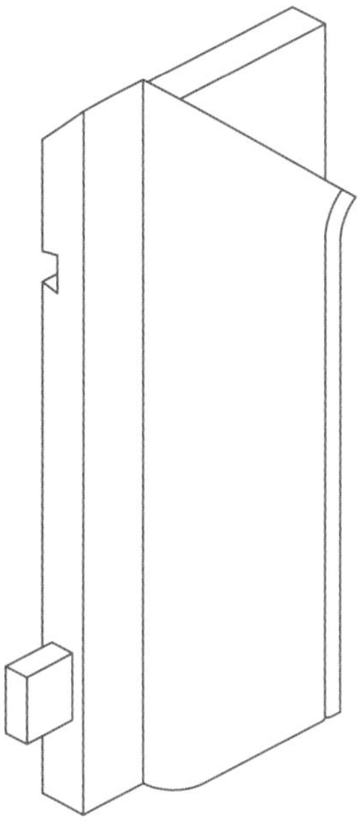

牙板透视图

正视图 左视图

俯视图

牙板三视图

比例：1：2

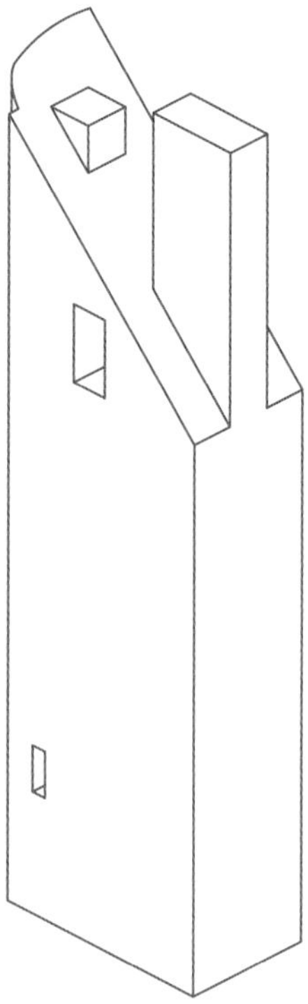

大边透视图

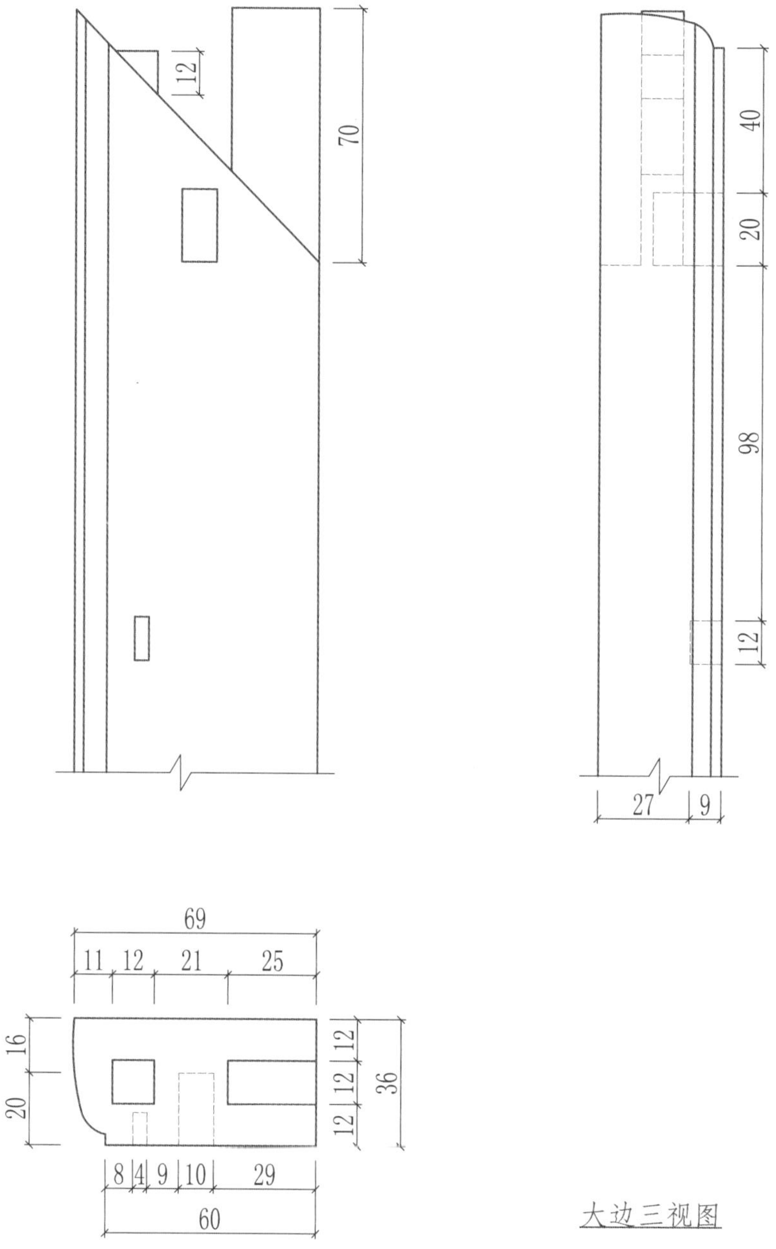

正视图 左视图

俯视图

比例：1 ：2

大边三视图

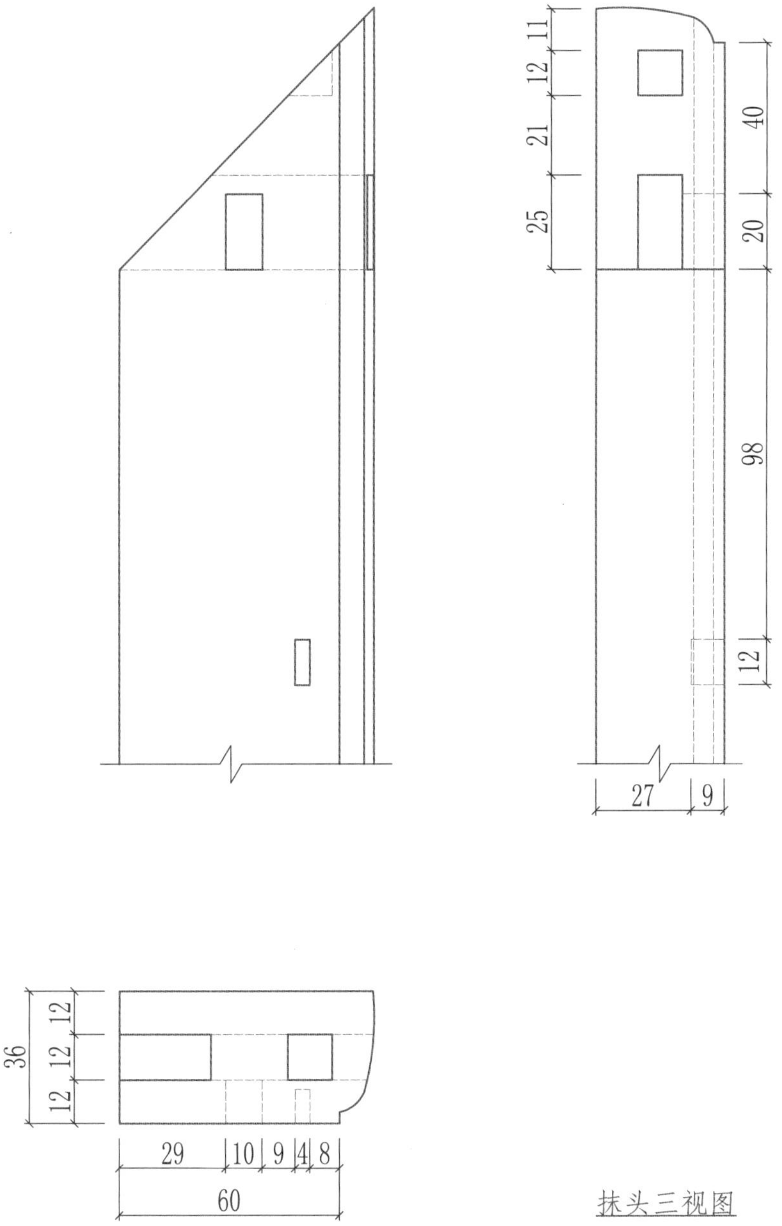

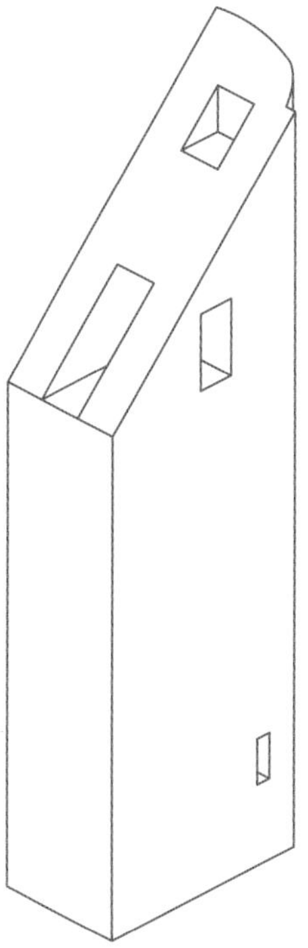

抹头透视图

抹头三视图

正视图 左视图
俯视图

比例：1 ∶ 2

3）家具实例：清式酸枝木大床

清式酸枝木大床—整体图

图版清单（抱肩榫之一）：
整体结构示意图
拆分结构示意图
整体透视图
腿子透视图
牙板透视图
大边透视图
抹头透视图
腿子三视图
牙板三视图
大边三视图
抹头三视图
清式酸枝木大床—整体图
清式酸枝木大床—细节图

清式酸枝木大床—细节图

9. 抱肩榫之二

1）基本概念

此结构为高束腰抱肩榫。这种高束腰的结构形式和一般抱肩榫束腰的结构形式不同，束腰和腿的接合不用燕尾销或榫头，而是在腿上、面边上和牙板上打槽装板，这种接合方法要比燕尾销接合更严密。

2）应用部位

广泛应用于高束腰的床类、桌类等家具上。

整体结构示意图

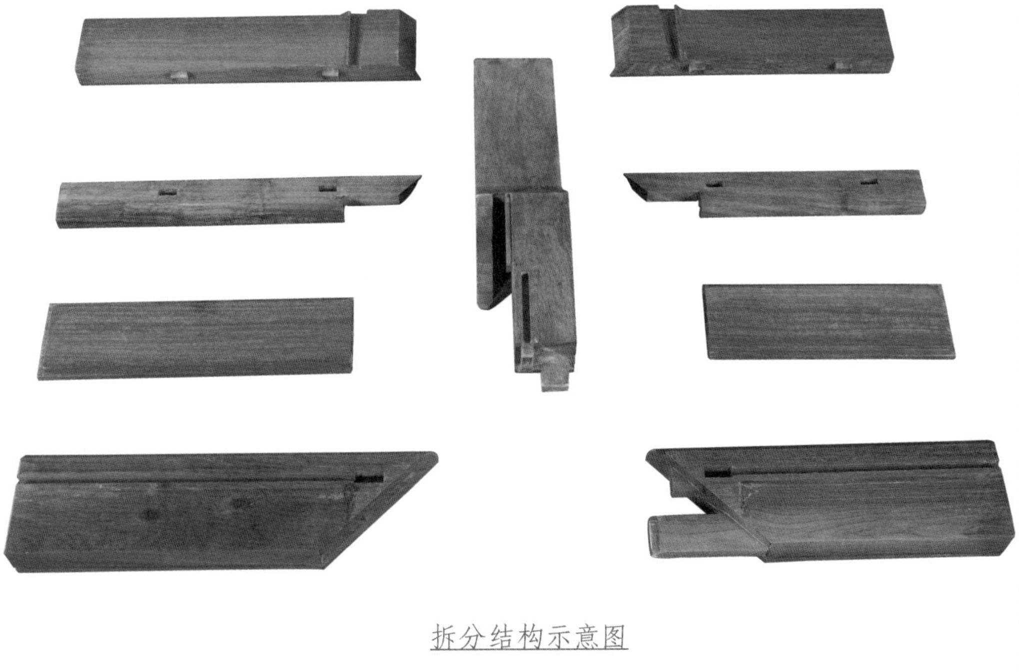

拆分结构示意图

【榫卯口诀】
形式独特高束腰，
打槽装板赛燕尾。
牙板格角相接合，
腿子格肩外皮厚。

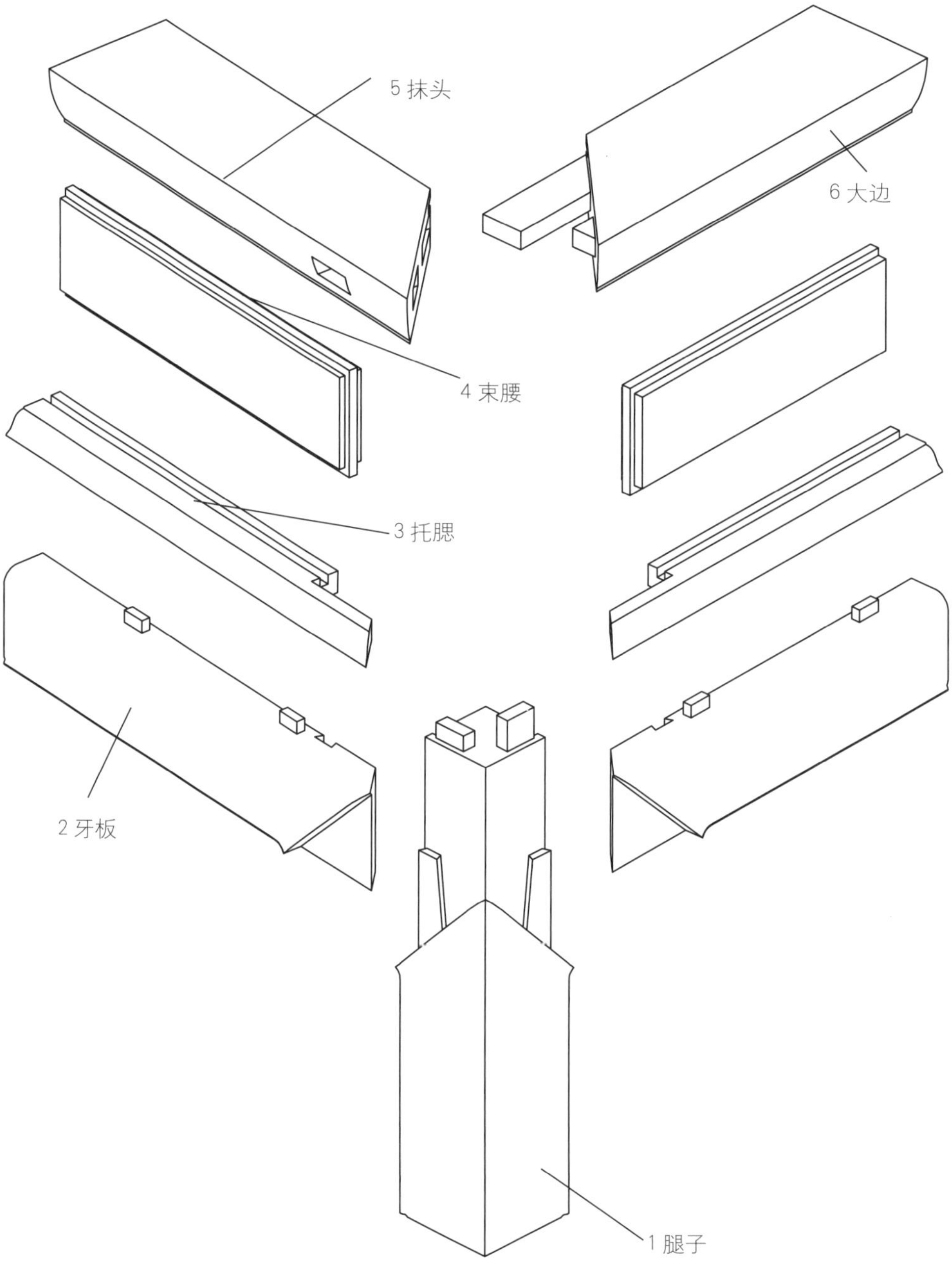

整体透视图

◆ 制作要点：

在此结构中，由于牙板加厚，腿子又比较小，为了保证牙板的三角榫舌有一定的长度，让两块牙板的榫舌在腿子的凹槽中格角相交，这样组装后牙板才平稳。但腿子格角处的外皮应有一定的厚度。另外，高束腰宜厚不宜薄，它的榫舌也要厚，这样组装起来家具才牢固。

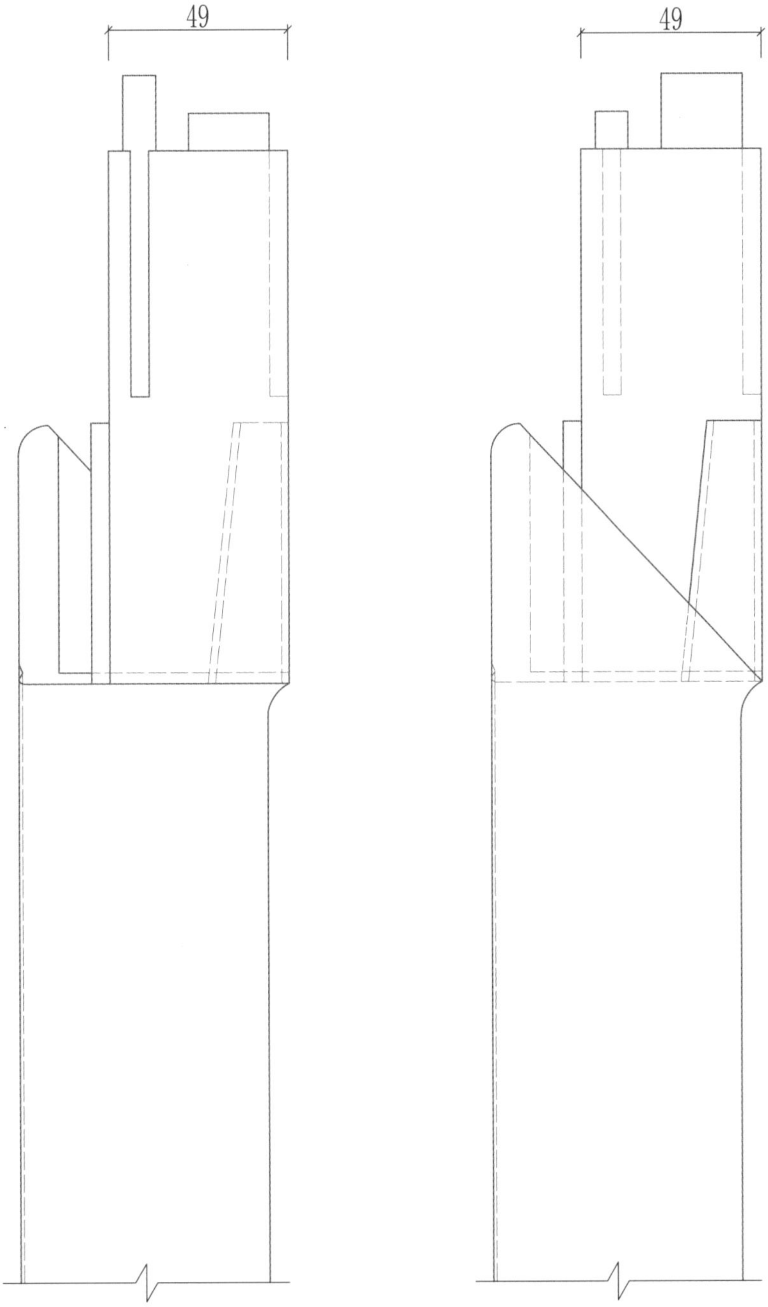

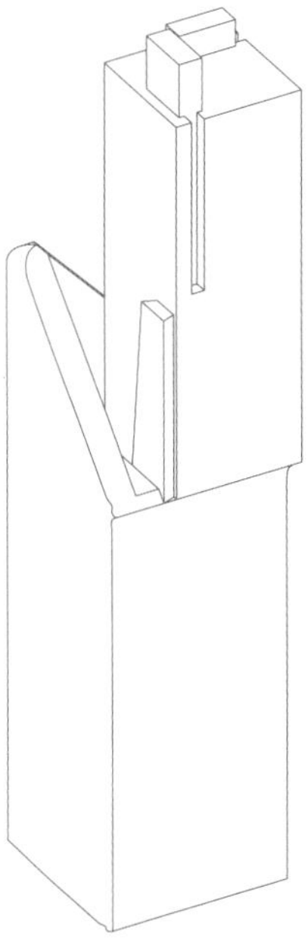

腿子透视图

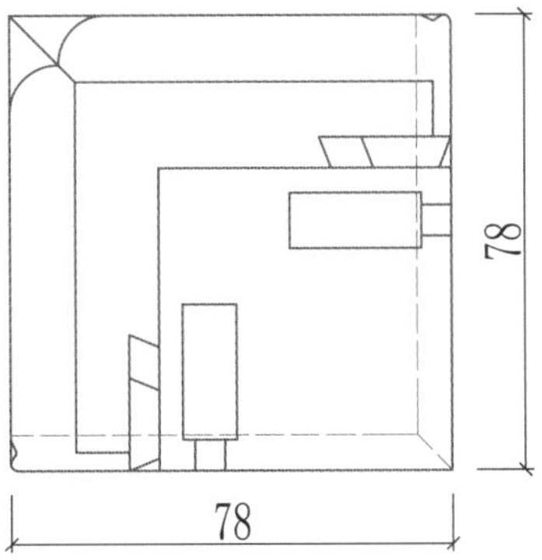

腿子三视图

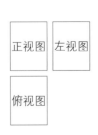

正视图　左视图

俯视图

比例：1：2

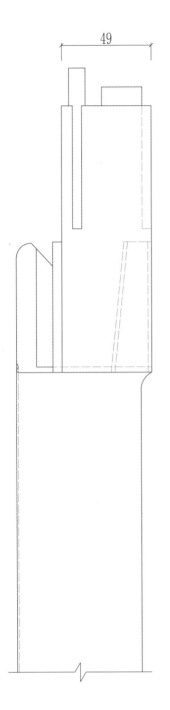

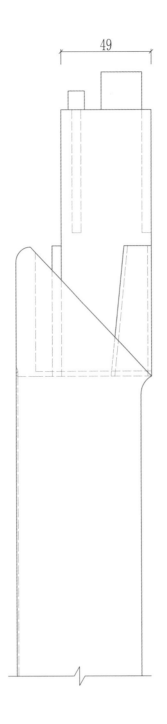

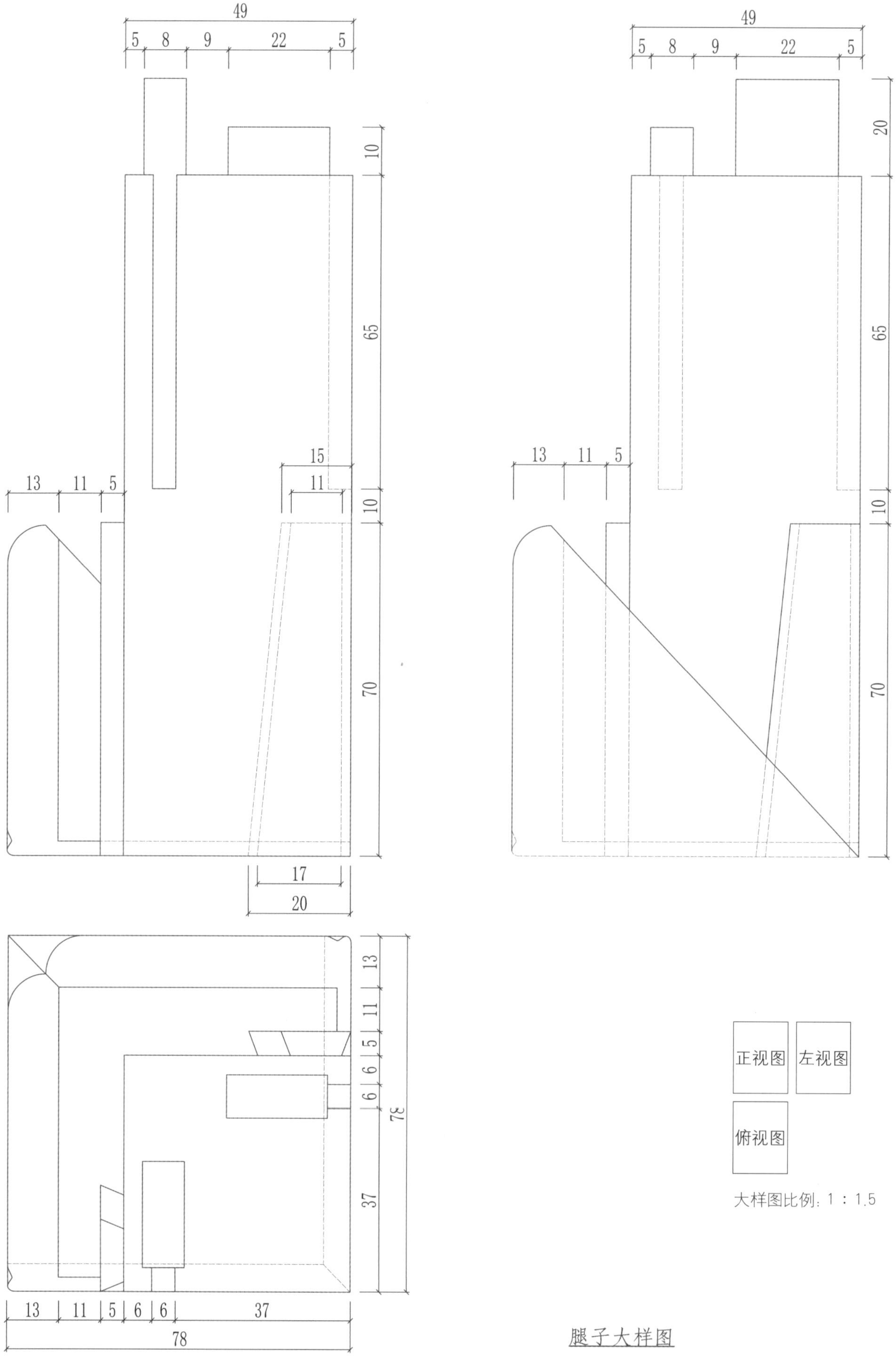

腿子大样图

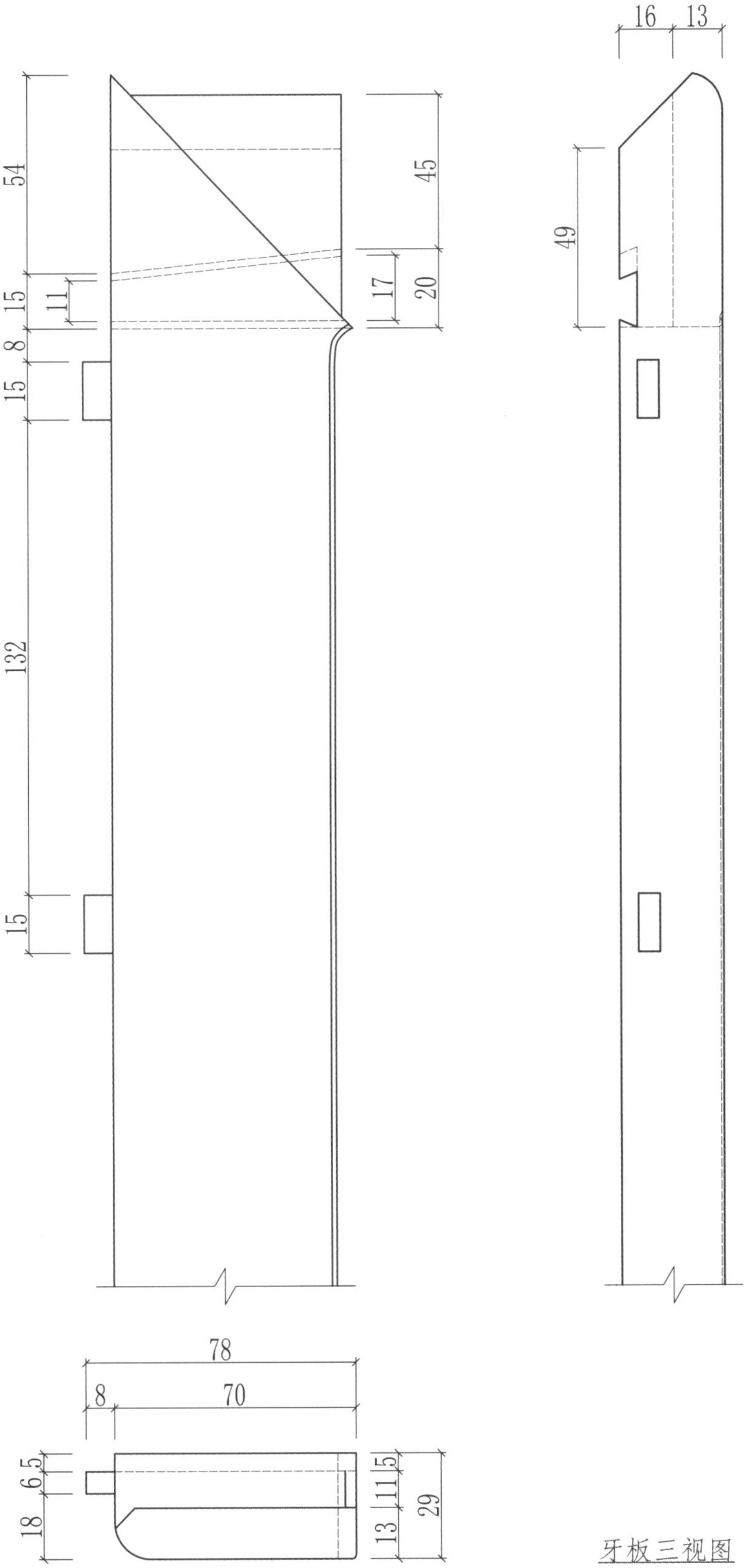

牙板三视图

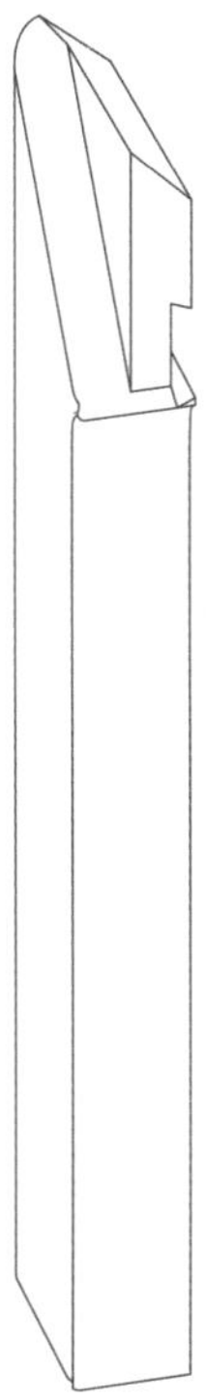

牙板透视图

正视图	左视图
俯视图	

比例：1 ：2

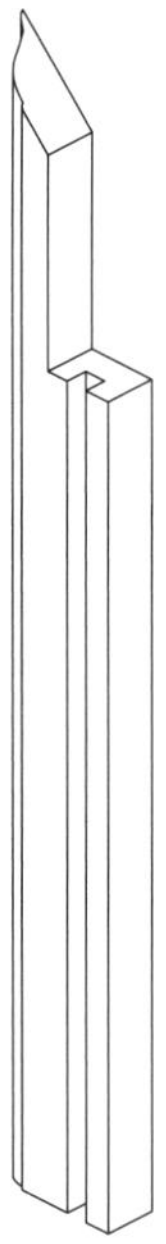

托腮透视图

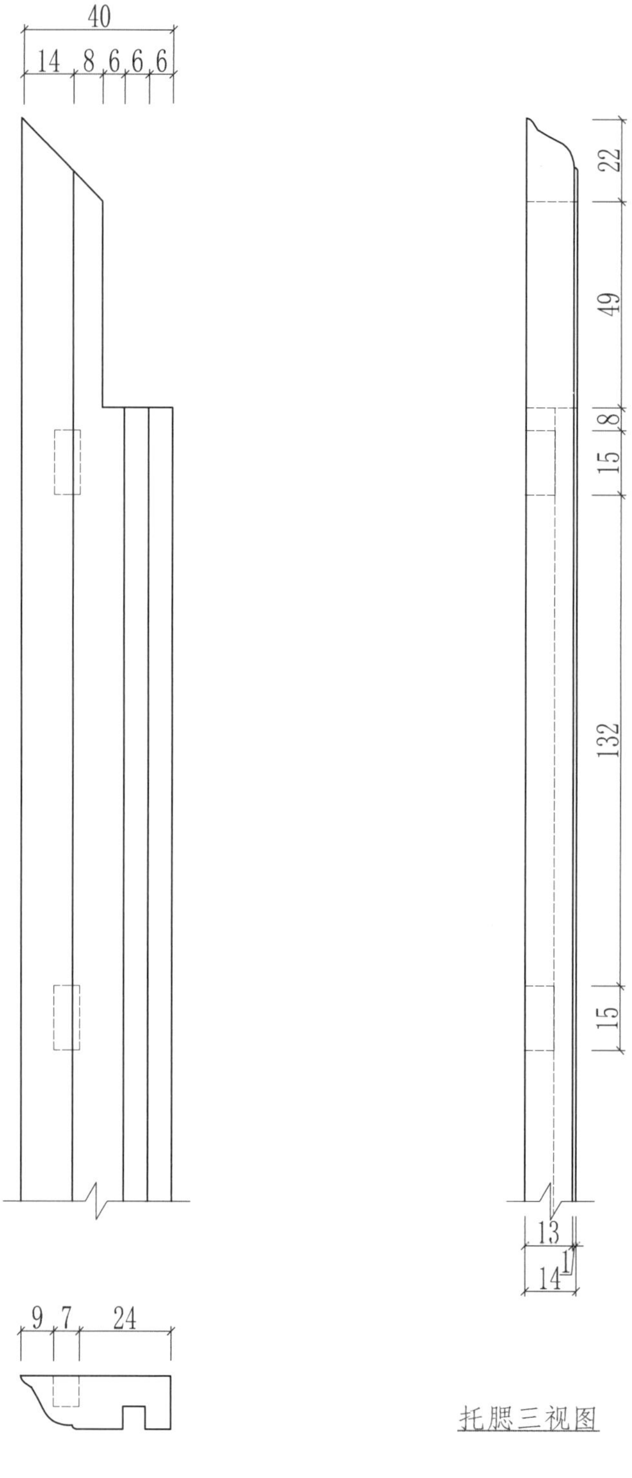

正视图 左视图

俯视图

比例：1：2

托腮三视图

束腰三视图

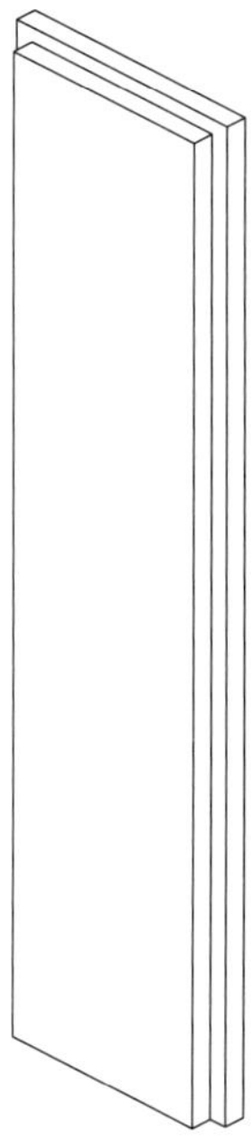

束腰透视图

正视图	左视图
俯视图	

比例：1 ：2

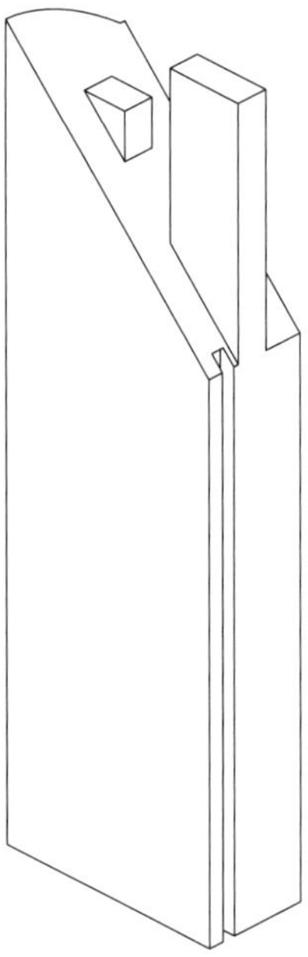

大边透视图

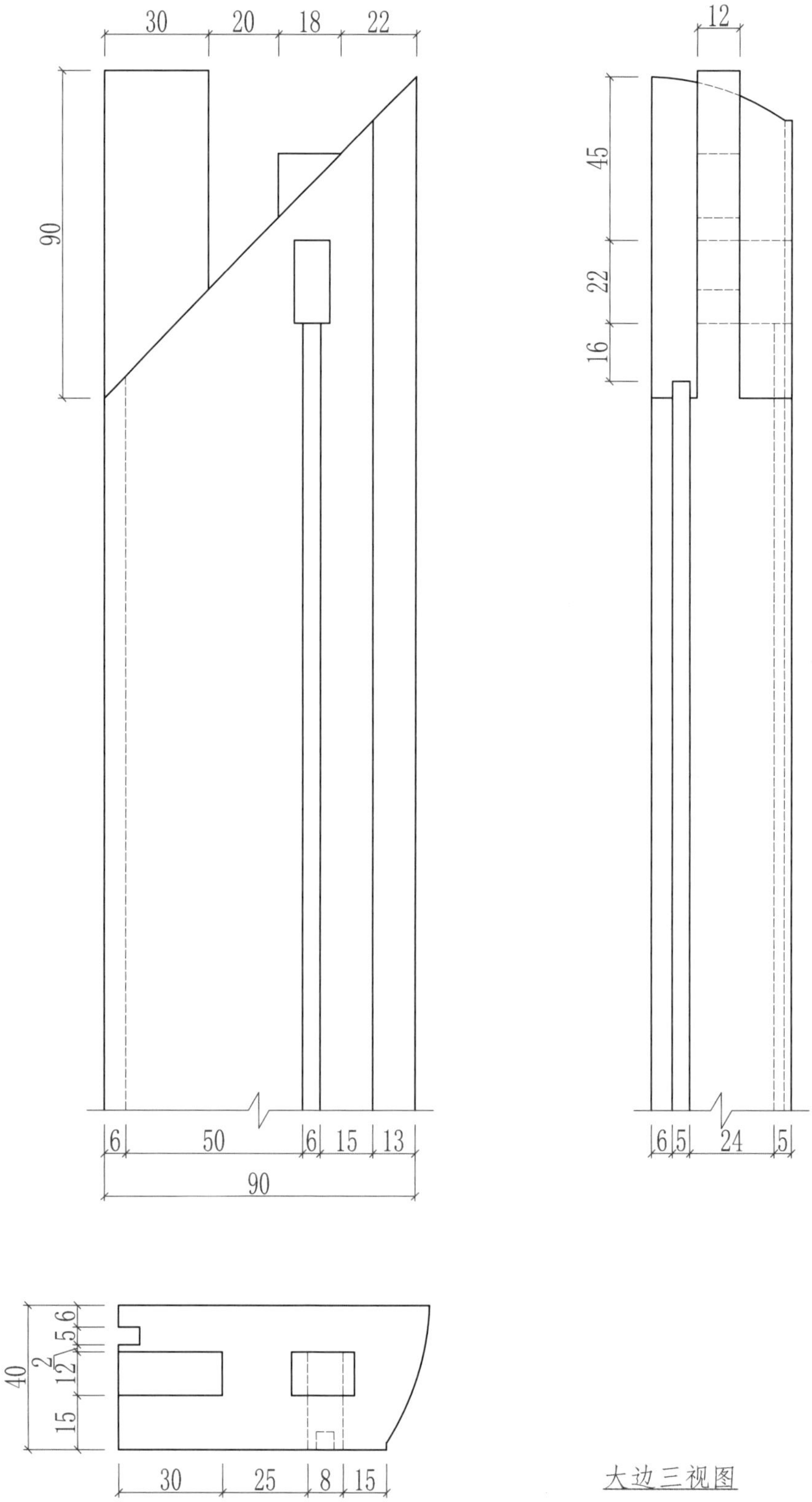

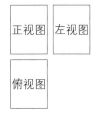

正视图 左视图

俯视图

比例：1：2

大边三视图

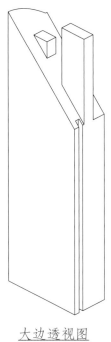

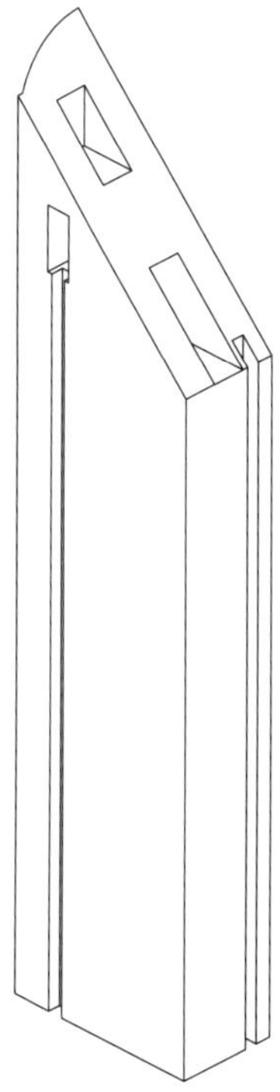

抹头透视图

正视图 左视图

俯视图

抹头三视图

比例：1：2

3）家具实例：明式花梨木宝座

明式花梨木宝座—整体图

图版清单（抱肩榫之二）：
整体结构示意图
拆分结构示意图
整体透视图
腿子透视图
牙板透视图
托腮透视图
束腰透视图
大边透视图
抹头透视图
腿子三视图
牙板三视图
托腮三视图
束腰三视图
大边三视图
抹头三视图
腿子大样图
明式花梨木宝座—整体图
明式花梨木宝座—细节图

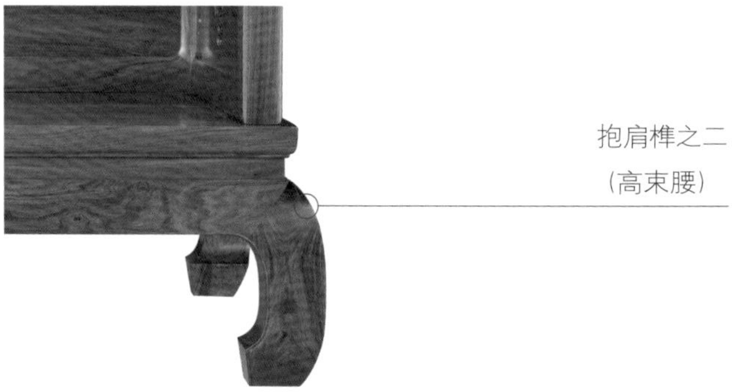

明式花梨木宝座—细节图

10. 抱肩榫之三

1）基本概念

此结构又叫无束腰抱肩榫，为四面平结构，省略了束腰，给人以方正、简洁的视觉感受，这也是明式家具的一种审美倾向。

2）应用部位

广泛应用于无束腰的床类、桌类等家具上。

整体结构示意图

拆分结构示意图

【榫卯口诀】

方正简洁四面平，
省略束腰审美精。
牙板下面无拉枨，
偏厚牙板强度高。

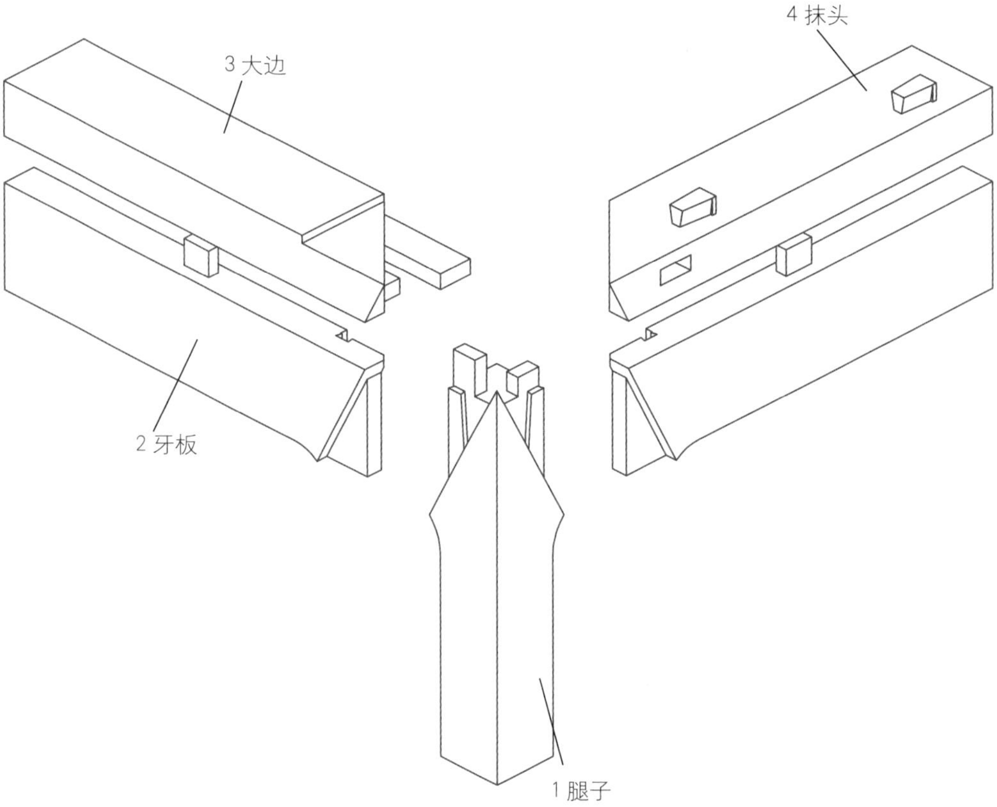

整体透视图

◆ 制作要点：

一般四面平结构家具的牙板下不再设拉枨，大部分都按传统做法装霸王枨，但霸王枨受力不大，桌面和腿之间的相对牢固主要靠牙板，所以四面平结构的牙板都偏厚，这造成牙板里面和牙板的榫舌里面不在一个平面上（大部分抱肩榫牙板里面和三角榫舌是平齐的）。

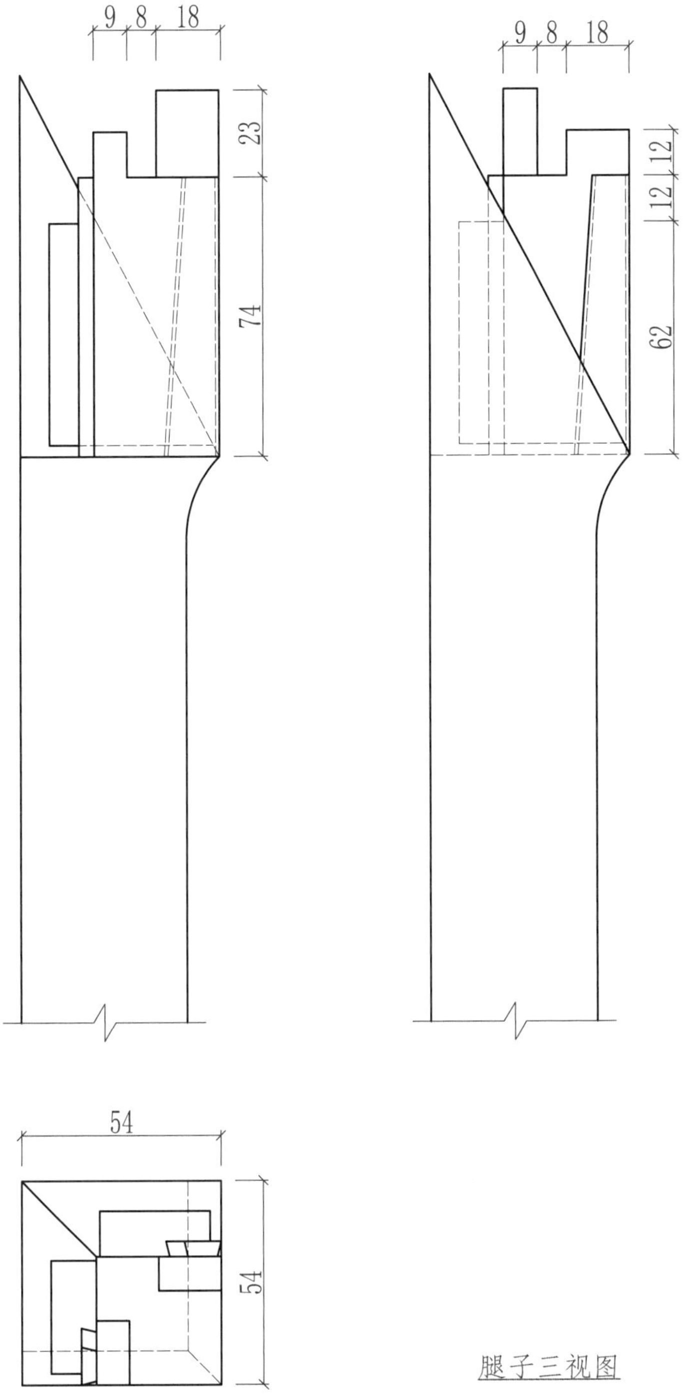

腿子三视图

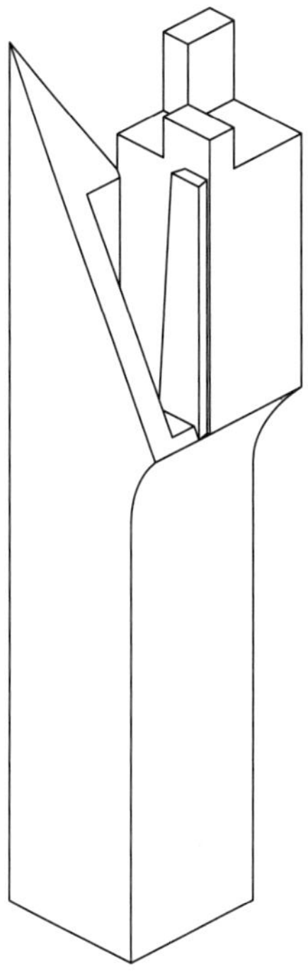
腿子透视图

正视图 左视图

俯视图

比例：1：2

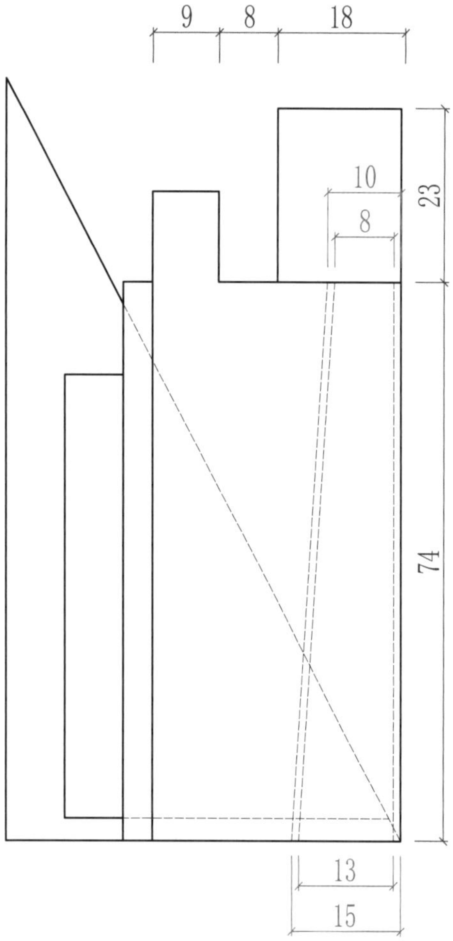

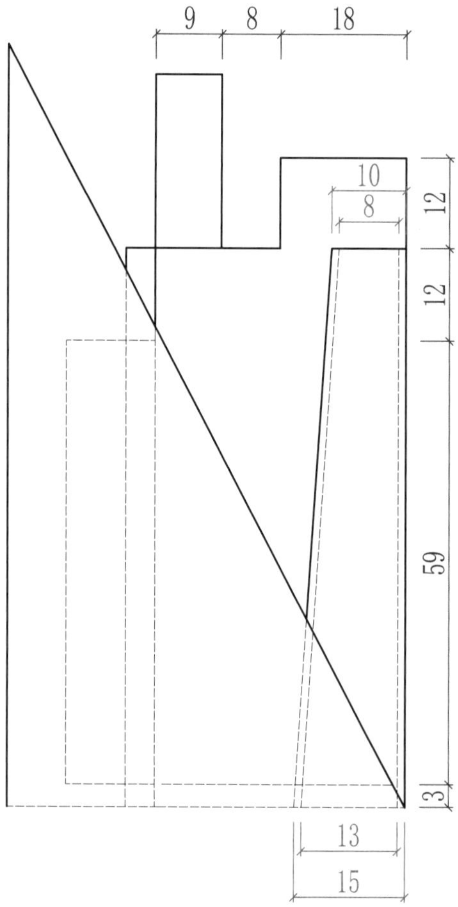

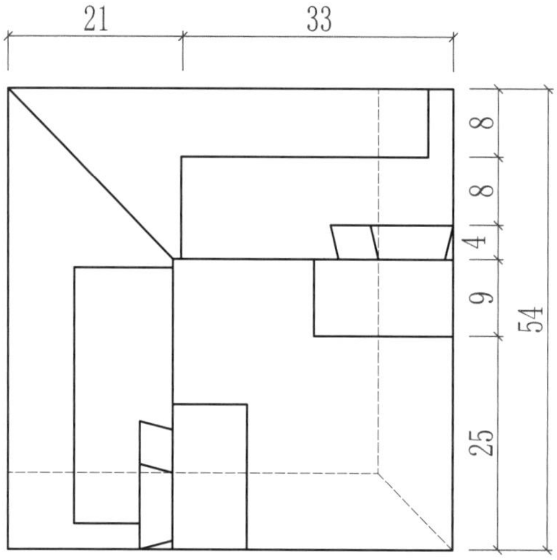

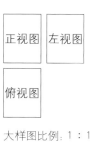

正视图 左视图

俯视图

大样图比例：1：1

腿子大样图

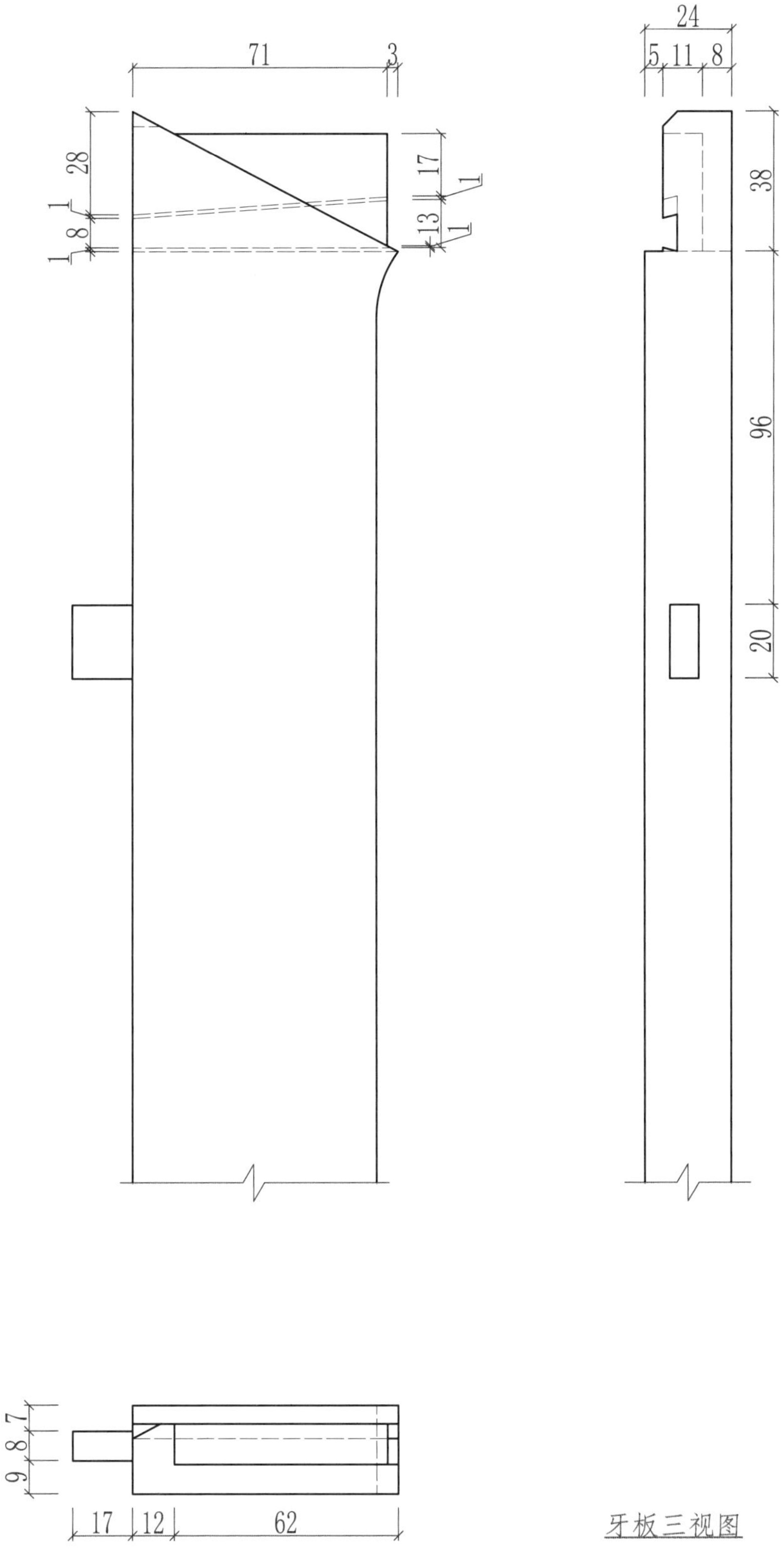

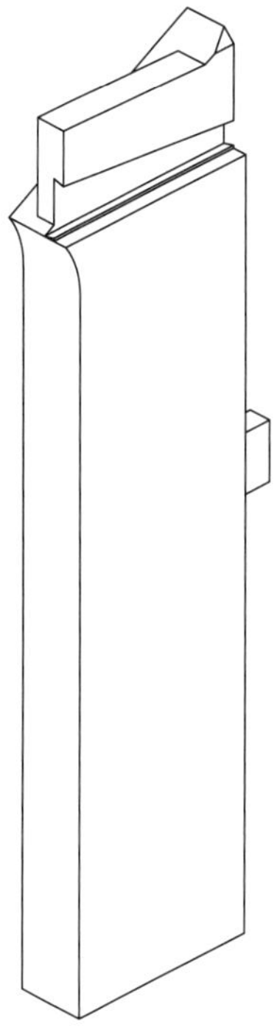

牙板透视图

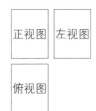

牙板三视图

| 正视图 | 左视图 |
| 俯视图 | |

比例：1：2

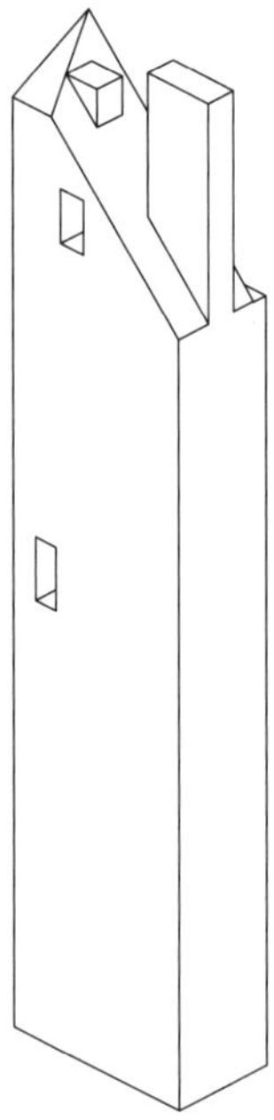

大边透视图

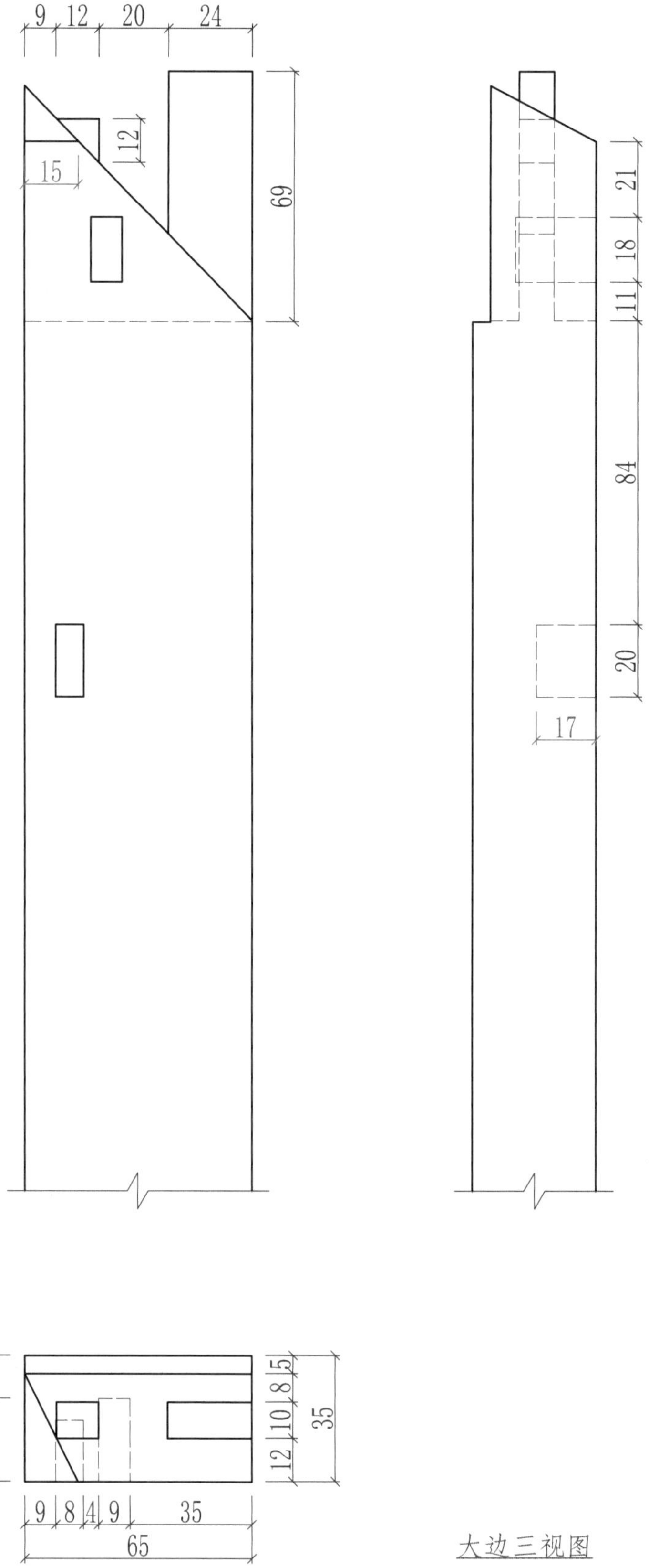

正视图 左视图

俯视图

比例：1：2

大边三视图

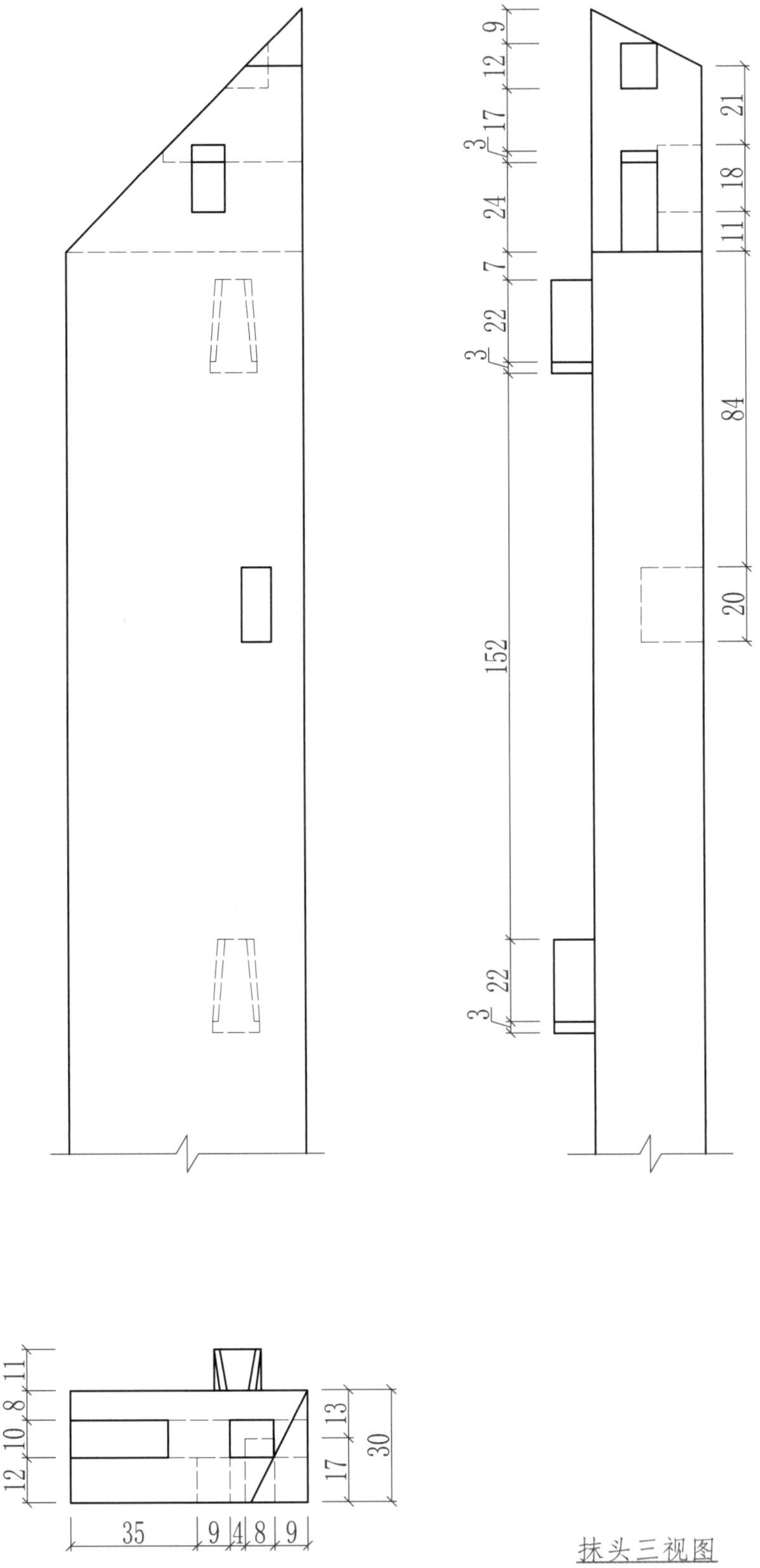

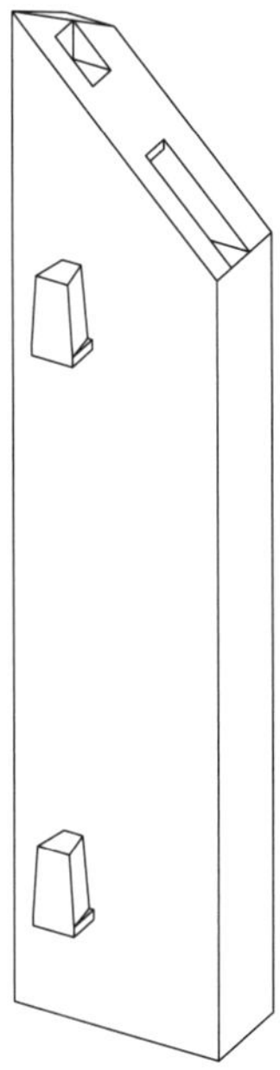

抹头透视图

正视图 左视图

俯视图

比例：1 ：2

抹头三视图

3）家具实例：明式花梨木小翘头桌

明式花梨木小翘头桌—整体图

图版清单（抱肩榫之三）：
整体结构示意图
拆分结构示意图
整体透视图
腿子透视图
牙板透视图
大边透视图
抹头透视图
腿子三视图
牙板三视图
大边三视图
抹头三视图
腿子大样图
明式花梨木小翘头桌一整体图
明式花梨木小翘头桌一细节图

明式花梨木小翘头桌—细节图

11. 抱肩榫之四

1）基本概念

此种榫卯结构专用于家具底座或摆件底座。为了增加家具线条美感，往往不让家具的腿直接落地，家具下面配底座，为满足设计要求，底座外形弧度往往很夸张。

2）应用部位

柜类、写字台类或摆件的底座。

整体结构示意图

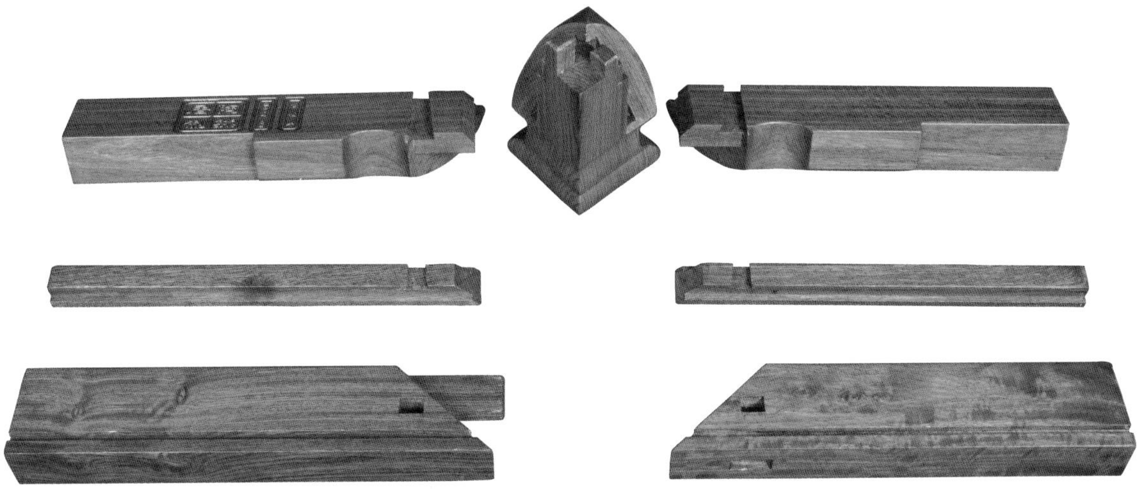

拆分结构示意图

【榫卯口诀】

底座外形弧度大，
家具美感倍增加。
榫舌做成小格肩，
减轻接触不掉肉。

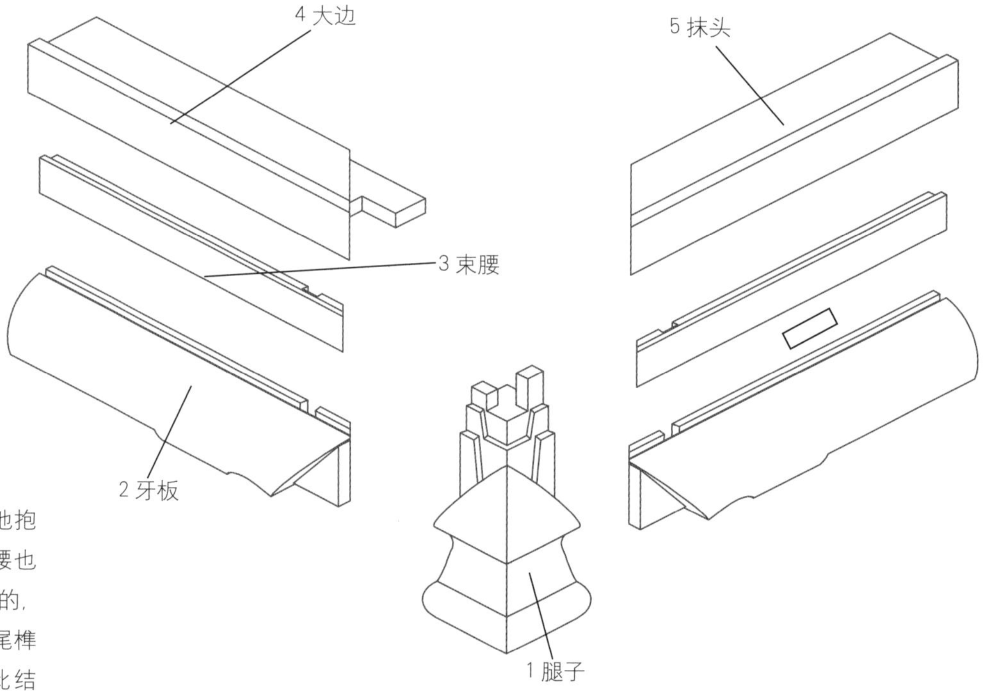

整体透视图

◆ 制作要点：

此结构的做法和其他抱肩榫大致相同。束腰也有不用燕尾榫接合的，相比之下还是做燕尾榫的更牢固、讲究。此结构外部造型可随设计者的爱好而变化，牙板的外形弧度由厚度决定。牙板的三角形榫舌下边做了微小“格肩”处理，能减轻圆角处和腿子接触面部位的“掉肉”现象。

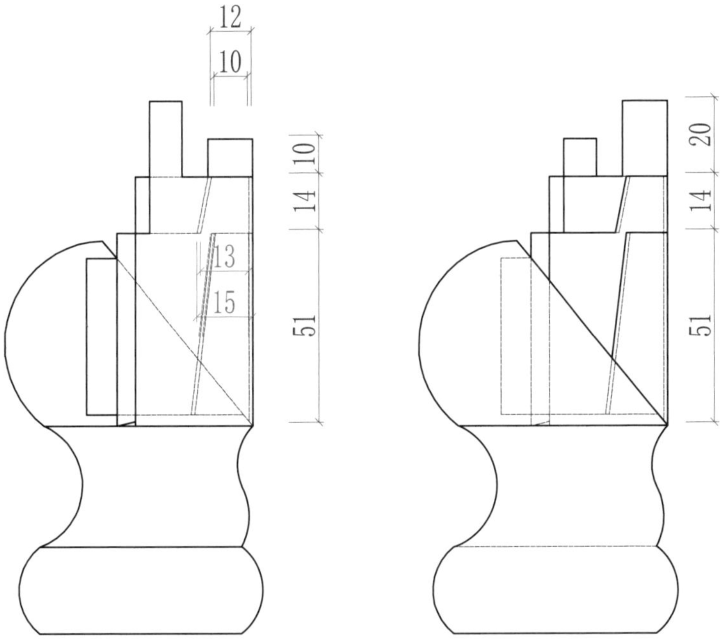

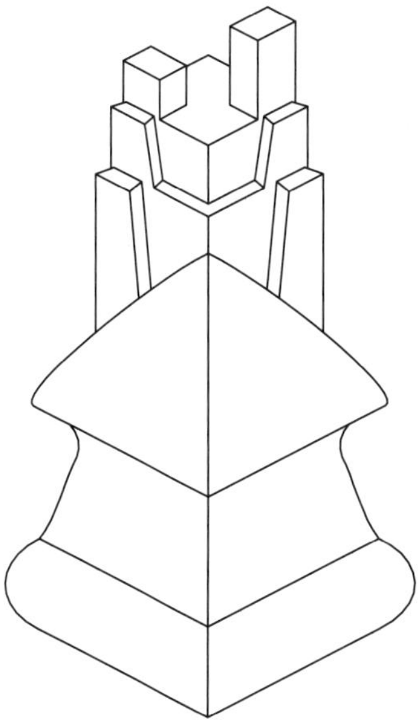

腿子透视图

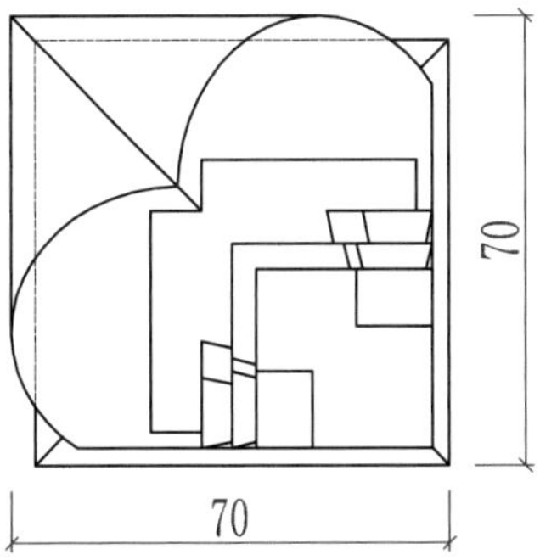

腿子三视图

比例：1：2

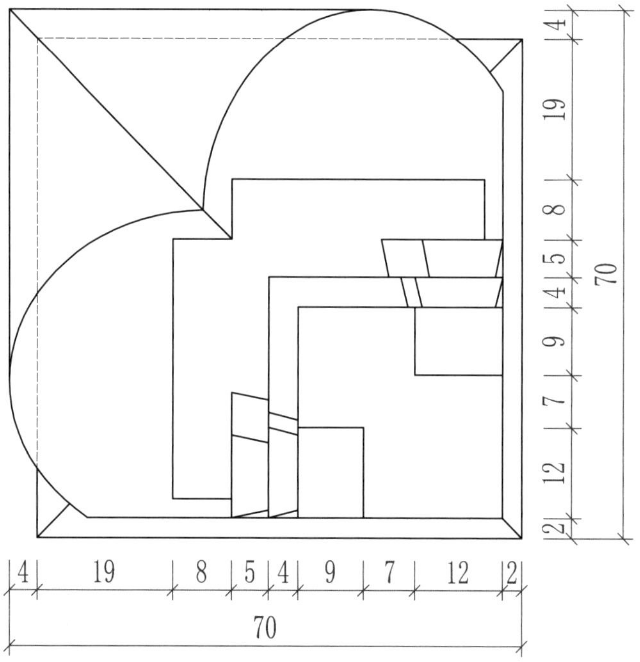

俯视图

大样图比例：1 : 1

腿子俯视图—大样图

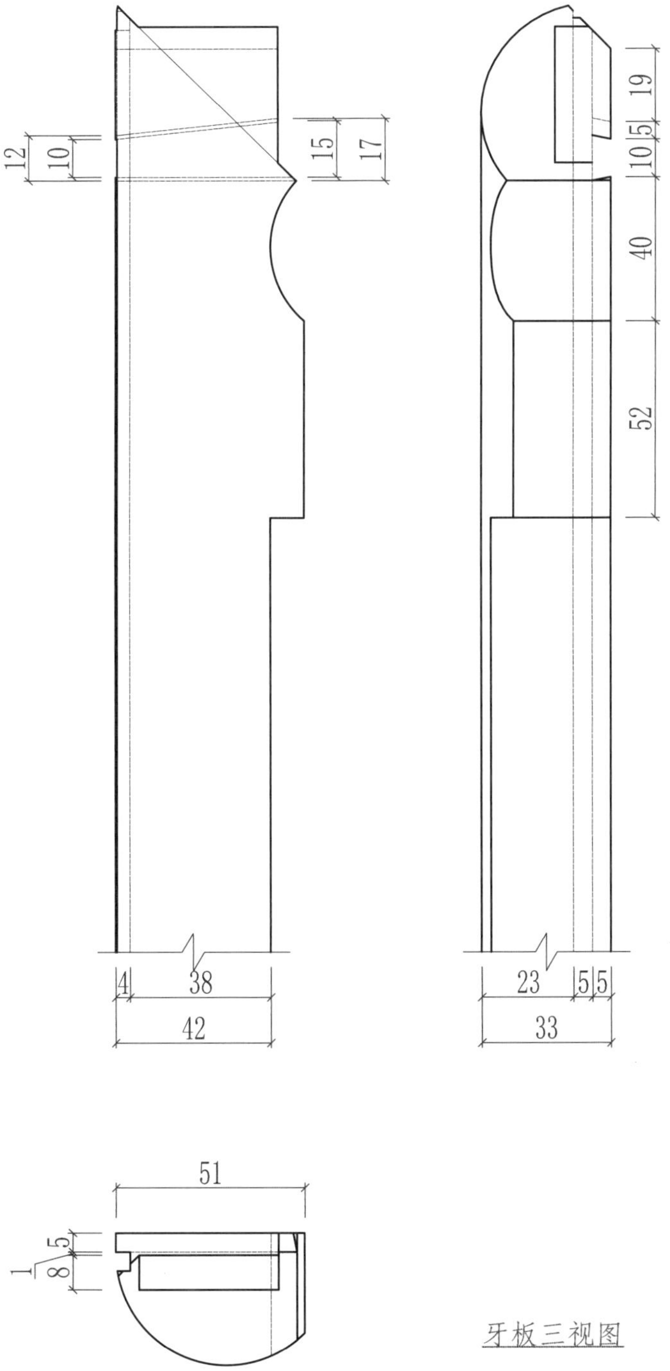

牙板三视图

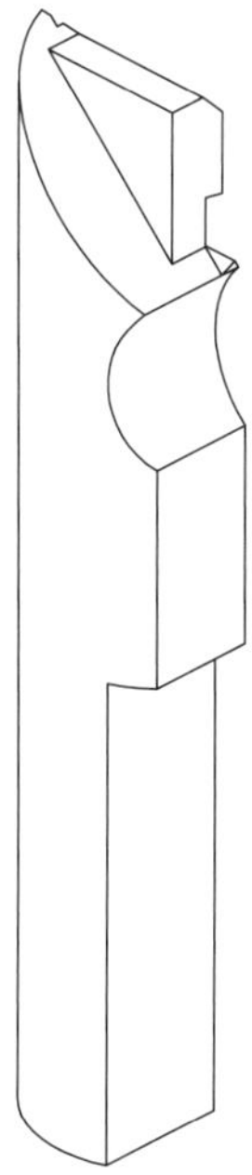

牙板透视图

正视图 左视图

俯视图

比例：1：2

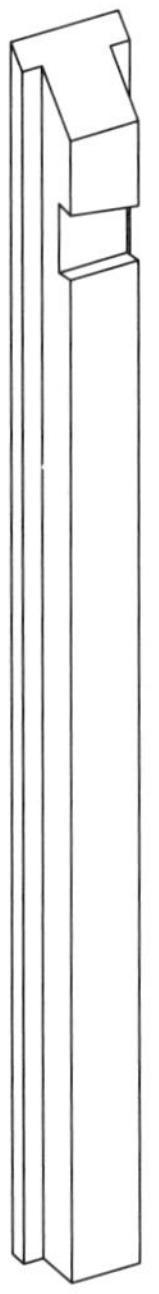

束腰透视图

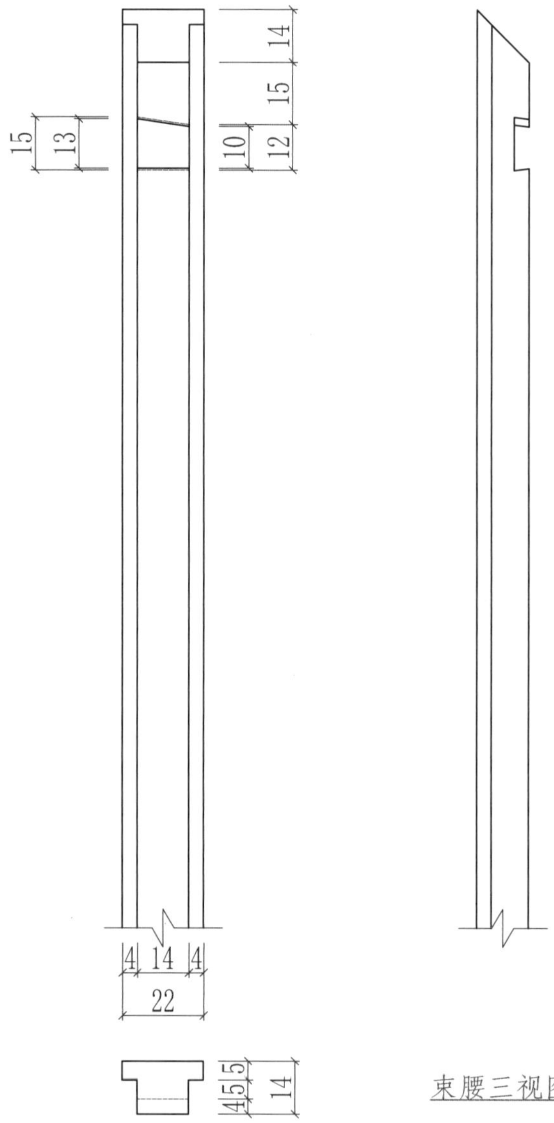

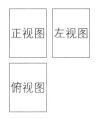

束腰三视图

正视图 左视图

俯视图

比例：1：2

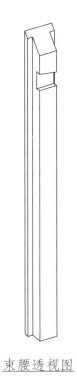

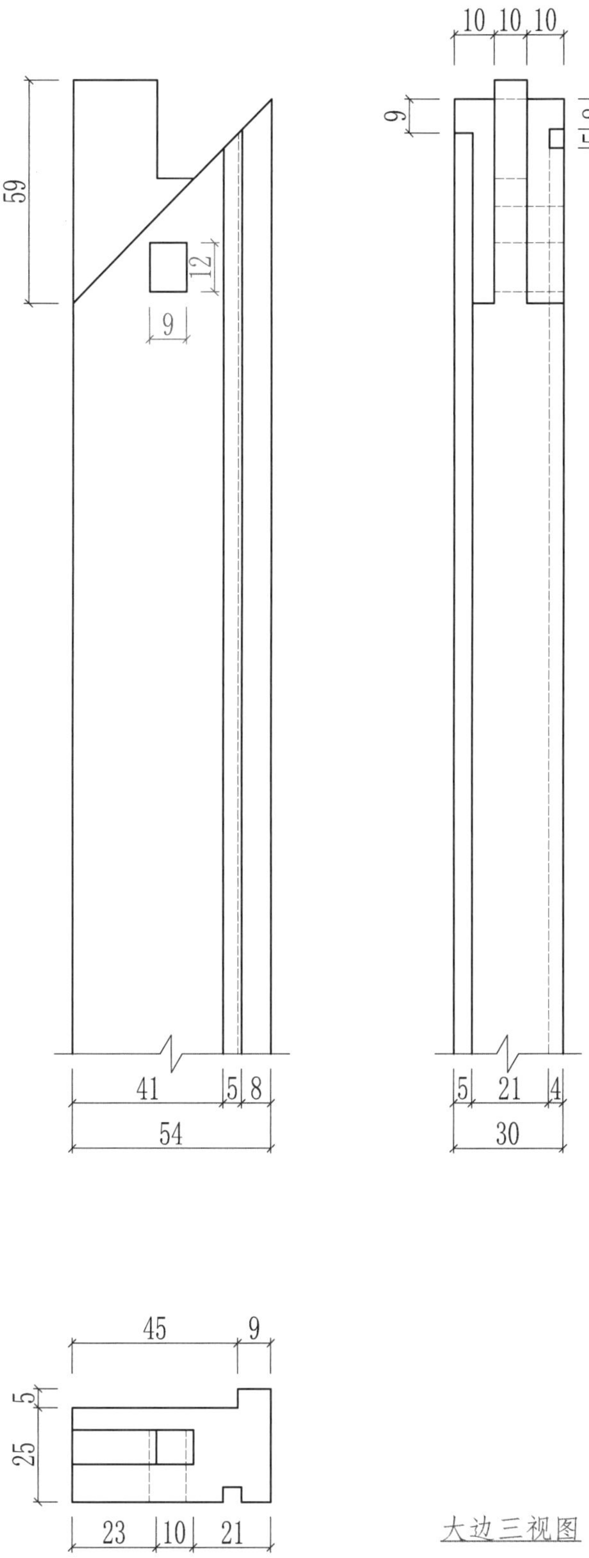

大边三视图

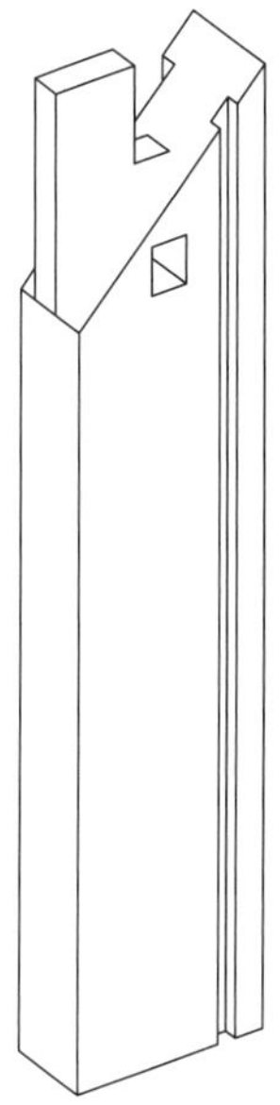

大边透视图

正视图	左视图
俯视图	

比例：1：2

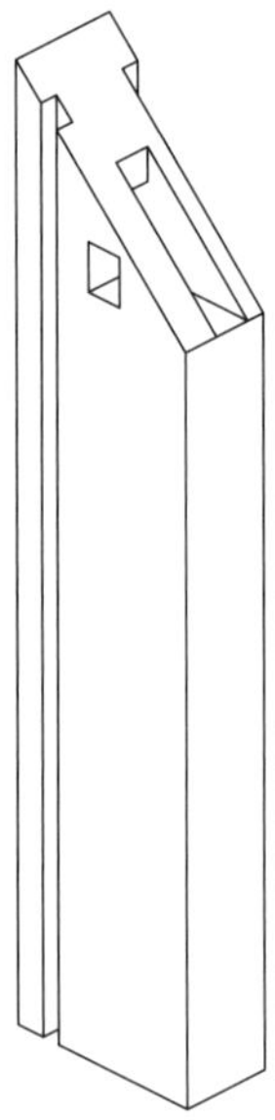

抹头透视图

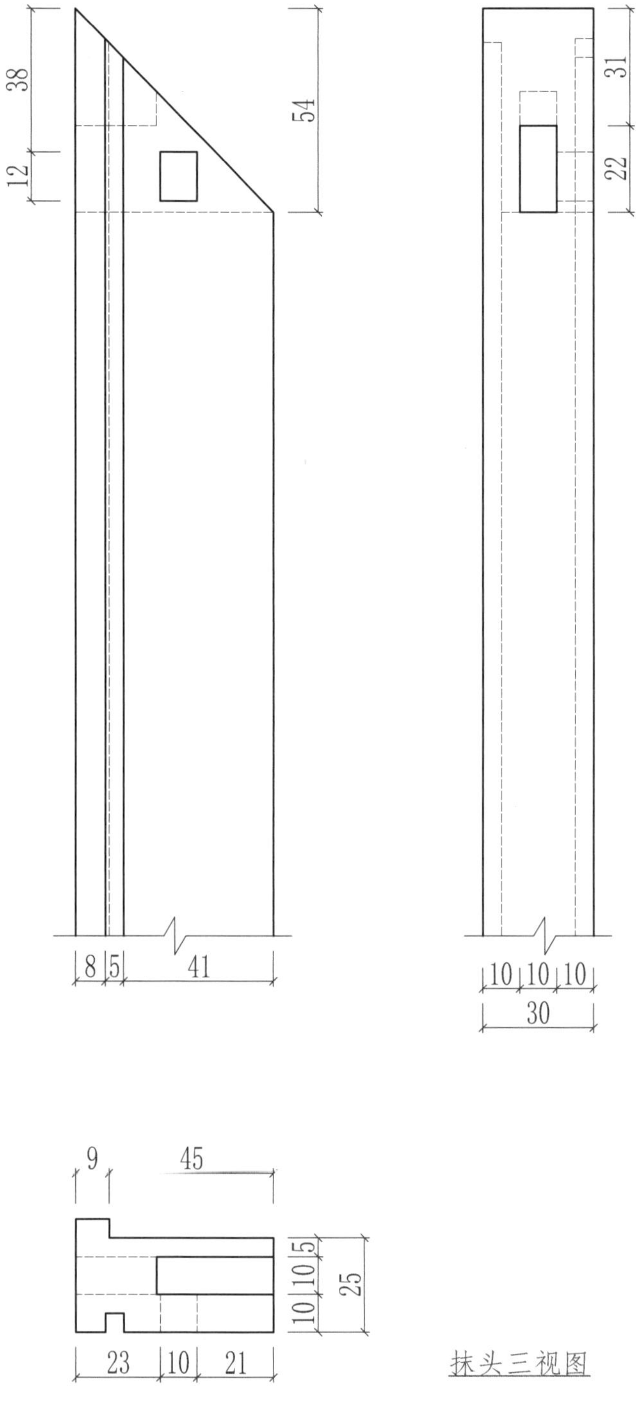

抹头三视图

比例：1：2

3）家具实例：现代中式花梨木电视柜

现代中式花梨木电视柜—整体图

现代中式花梨木电视柜—细节图

图版清单（抱肩榫之四）：
整体结构示意图
拆分结构示意图
整体透视图
腿子透视图
牙板透视图
束腰透视图
大边透视图
抹头透视图
腿子三视图
牙板三视图
束腰三视图
大边三视图
抹头三视图
腿子俯视图—大样图
现代中式花梨木电视柜—整体图
现代中式花梨木电视柜—细节图

12. 抱肩榫之五

1）基本概念

此款抱肩榫由面边、束腰、托腮、牙板和腿子组成，束腰和托腮用打槽和下销的方法接合。它和一木连做抱肩榫的区别在于：省材料；便于加工；牙板相对于腿的斜度更大，这有利于牙板做出比较大的弧度；装饰性强，托腮表面可以雕刻出各种纹饰。此结构在古典家具制作中经常用到。

2）应用部位

广泛应用于有束腰的床类、桌类等家具上。

整体结构示意图

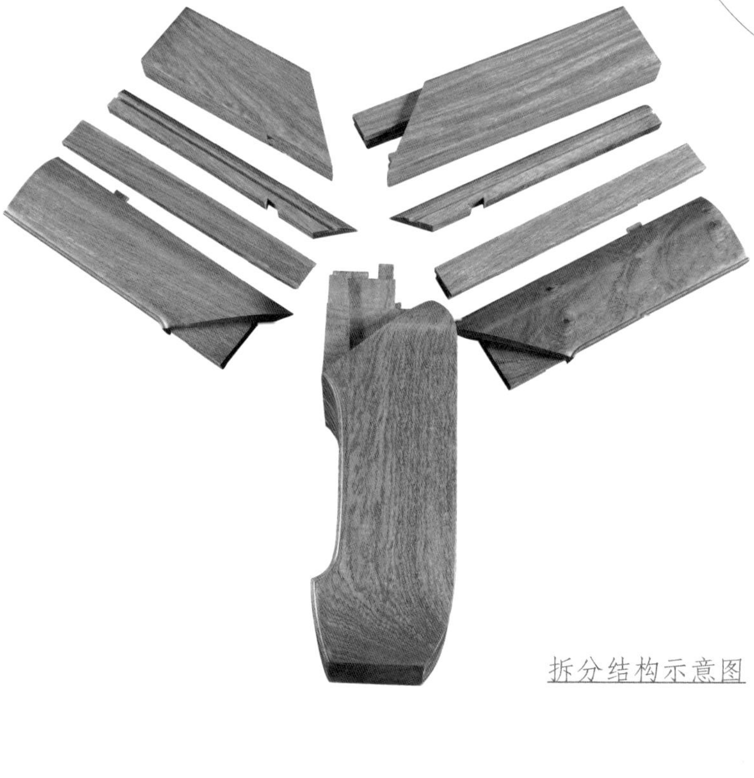

拆分结构示意图

［榫卯口诀］

腿子大小定燕尾，
槽口距离尽量长。
节省材料易加工，
斜度自由装饰强。

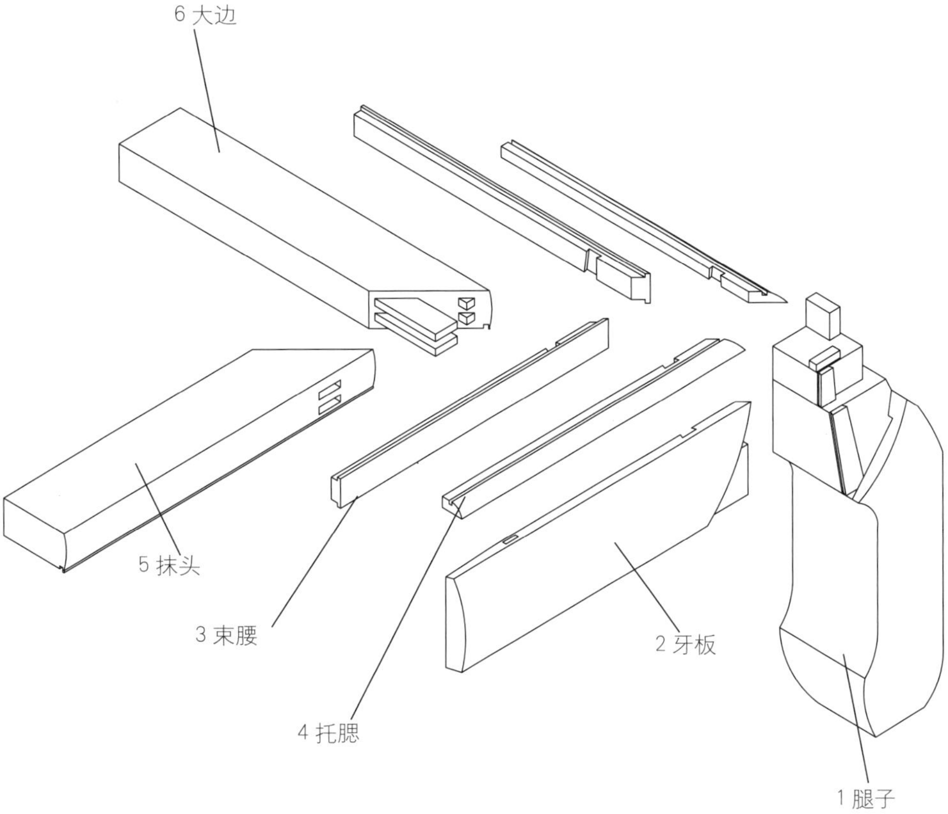

整体透视图

◆ 制作要点：

此结构中，腿上燕尾榫的厚度和宽度要根据腿的大小而定，一般燕尾榫的厚度为3～6毫米。抱肩榫的各个榫头接触面要光滑，接合要严紧，抱肩榫才牢固。

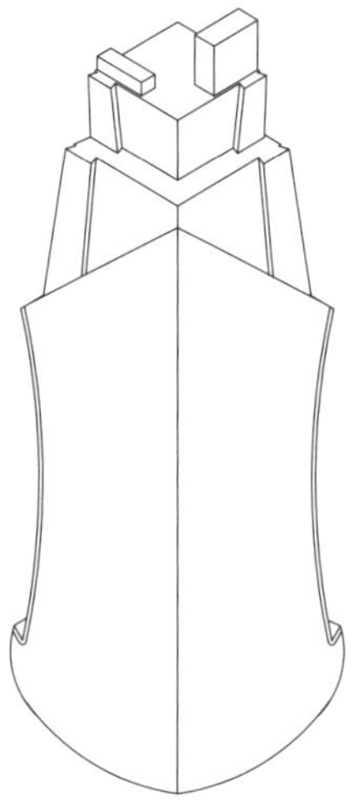

腿子透视图

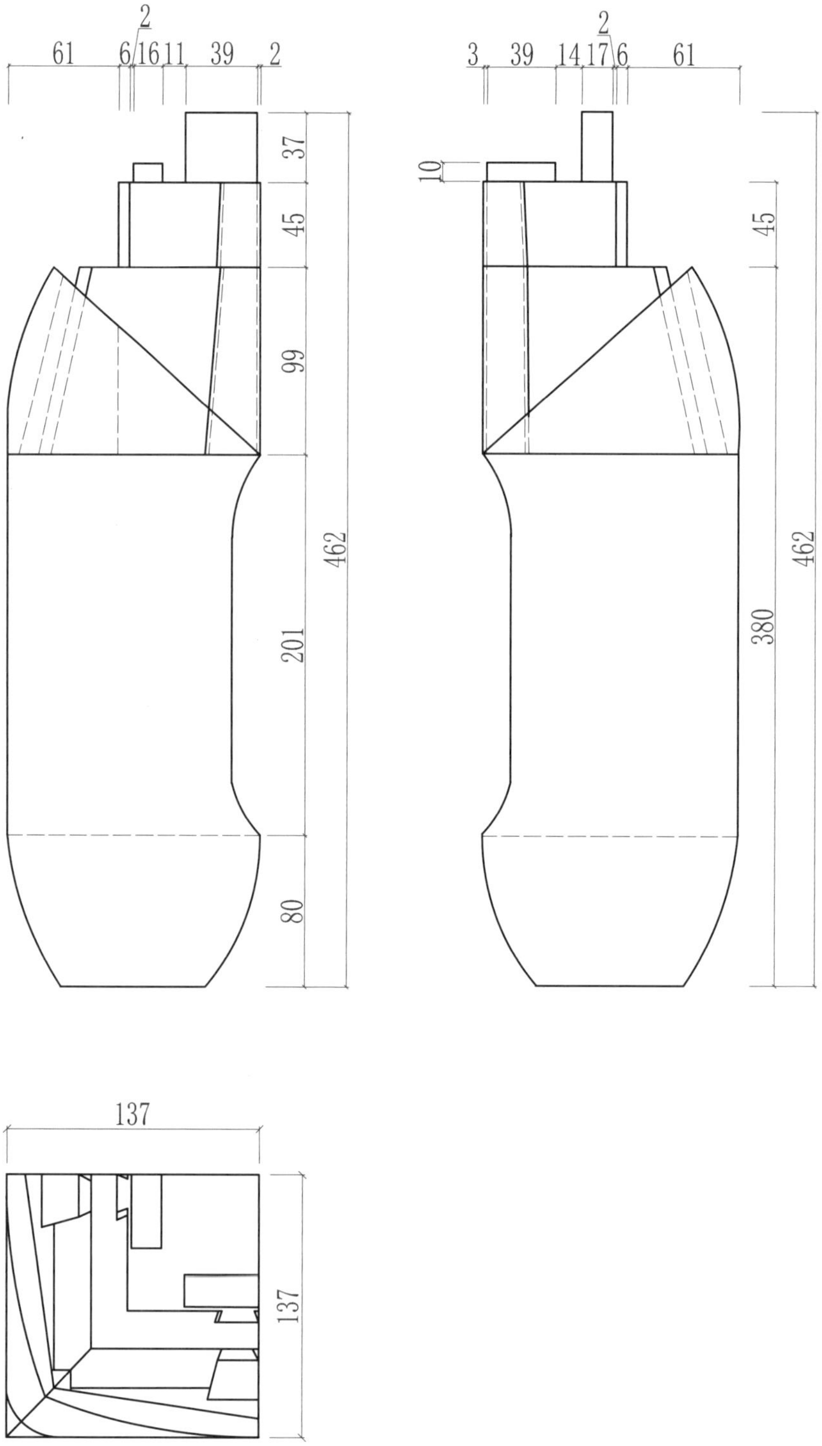

正视图 左视图

俯视图

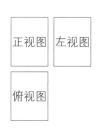

比例：1 ∶ 4

腿子三视图

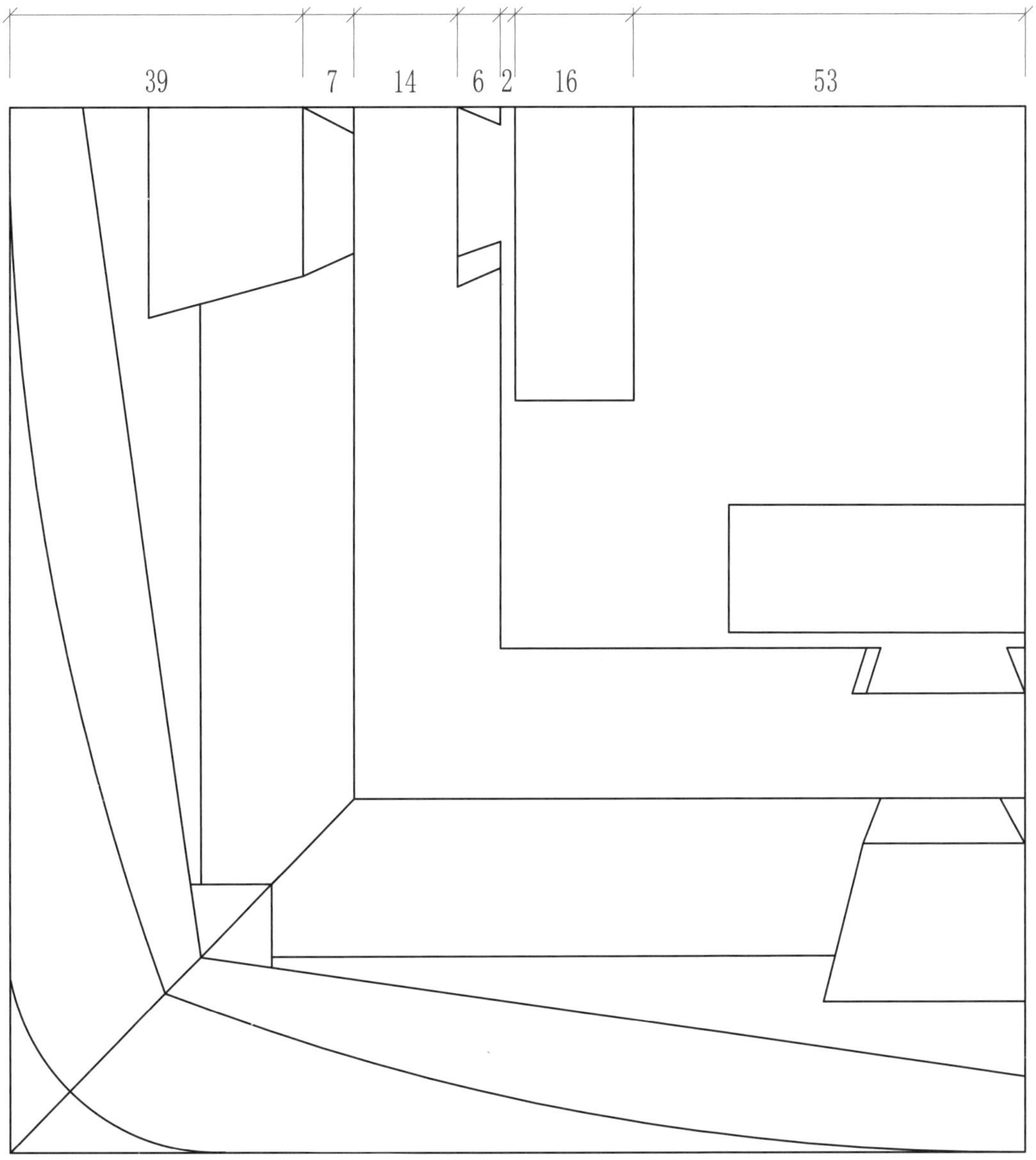

俯视图

大样图比例：1 : 1

腿子俯视图—大样图

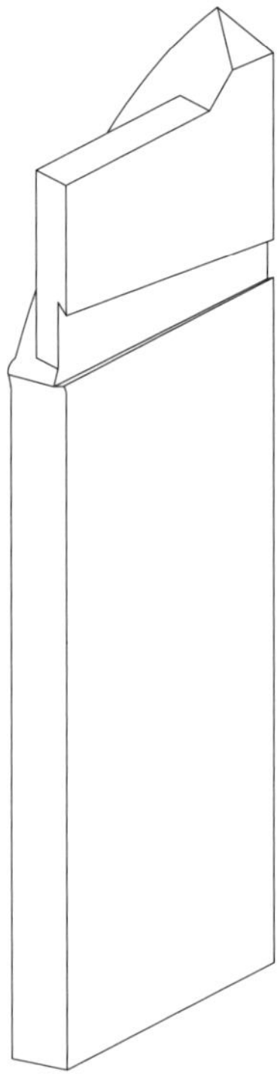

牙板透视图

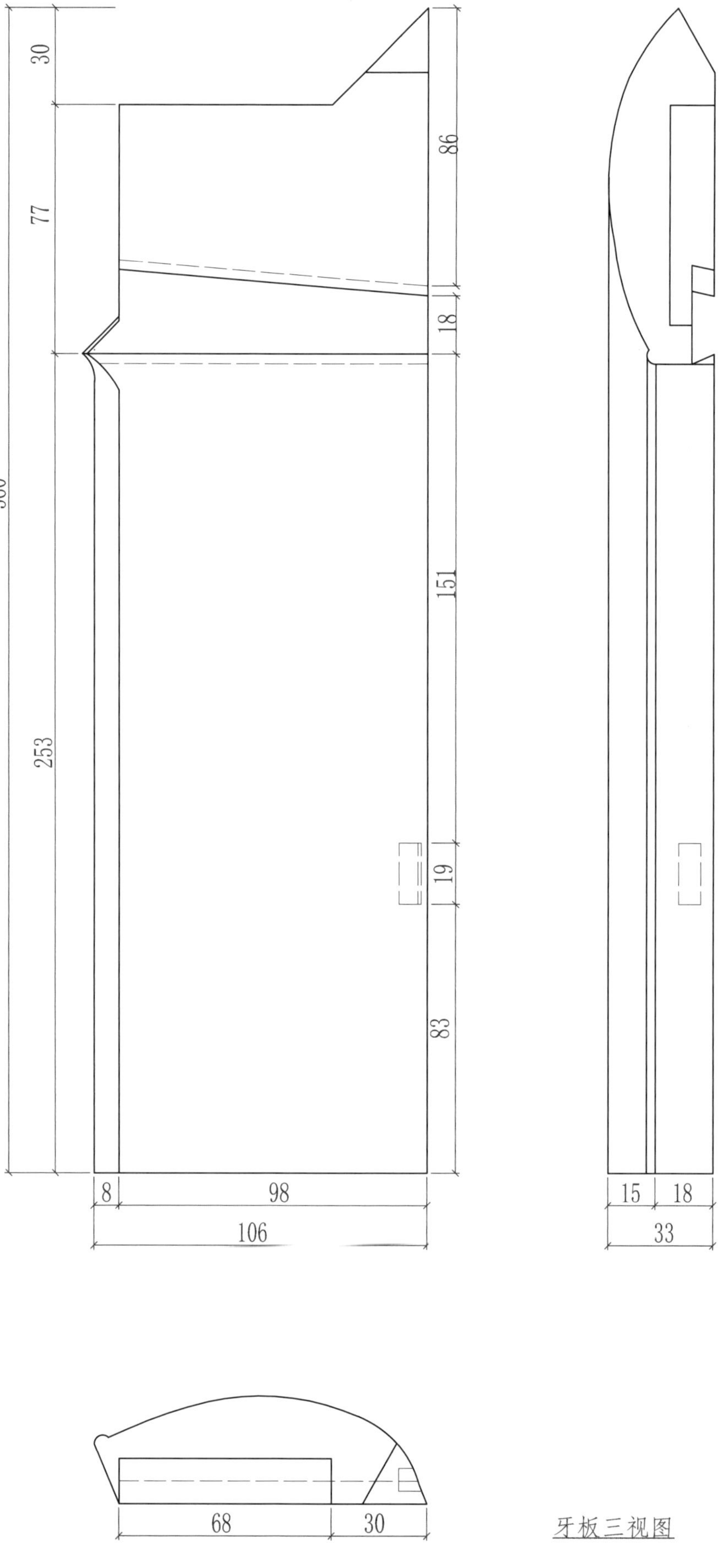

正视图 左视图
俯视图

比例：1：2

牙板三视图

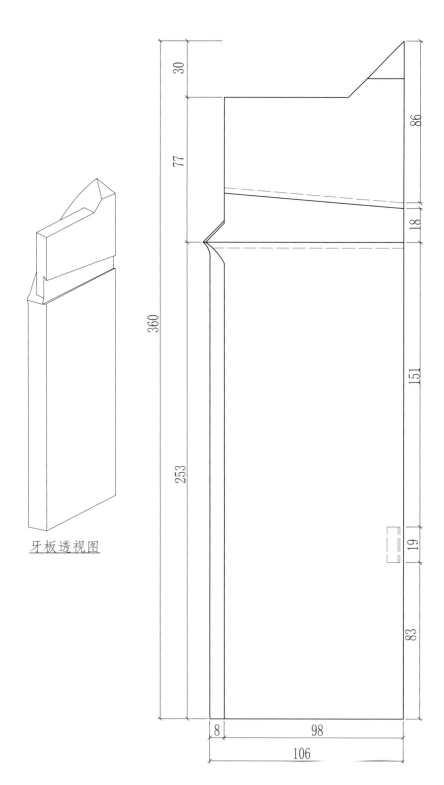

束腰三视图

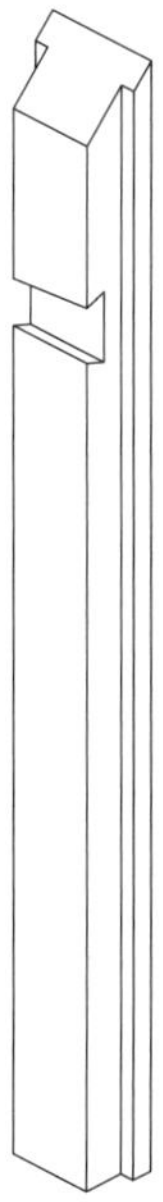

束腰透视图

正视图 左视图

俯视图

比例：1：2

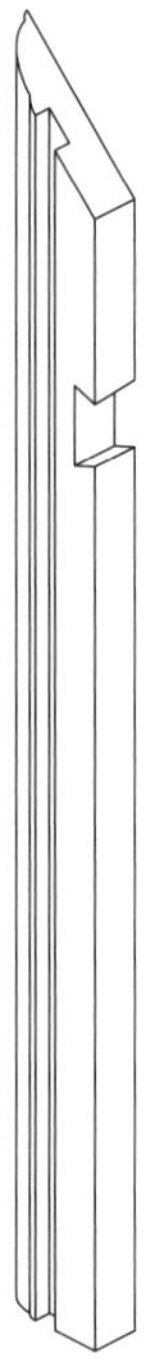

托腮透视图

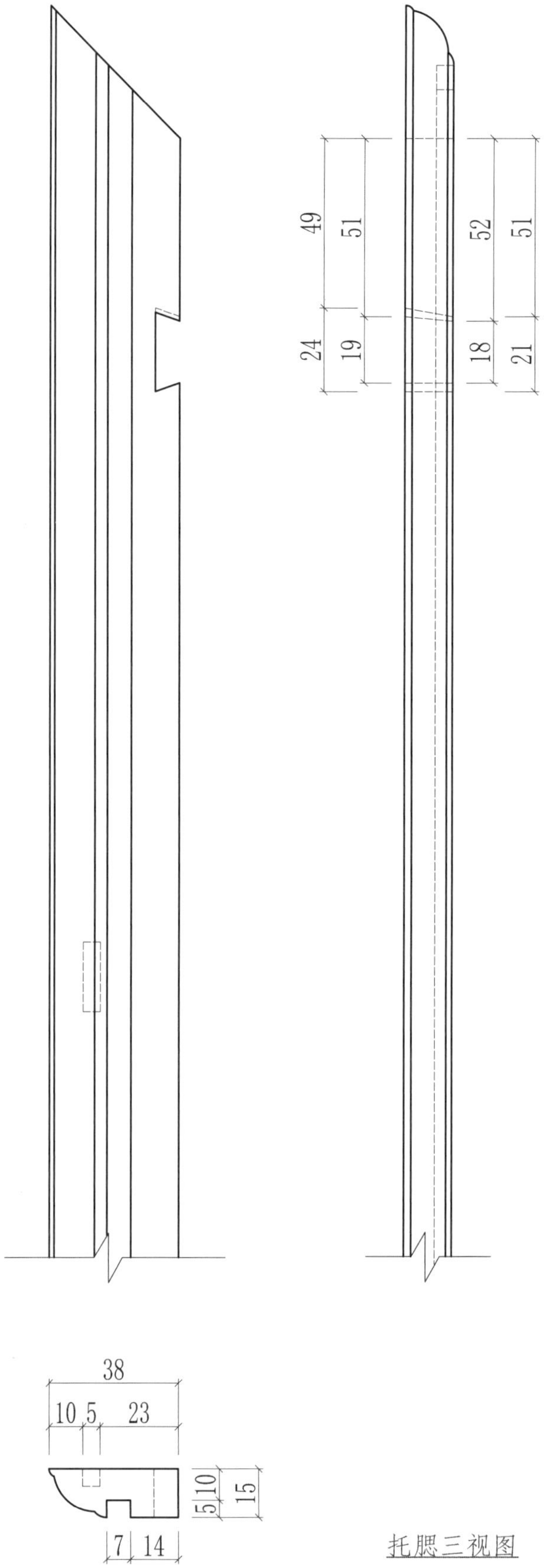

托腮三视图

正视图	左视图
俯视图	

比例：1：2

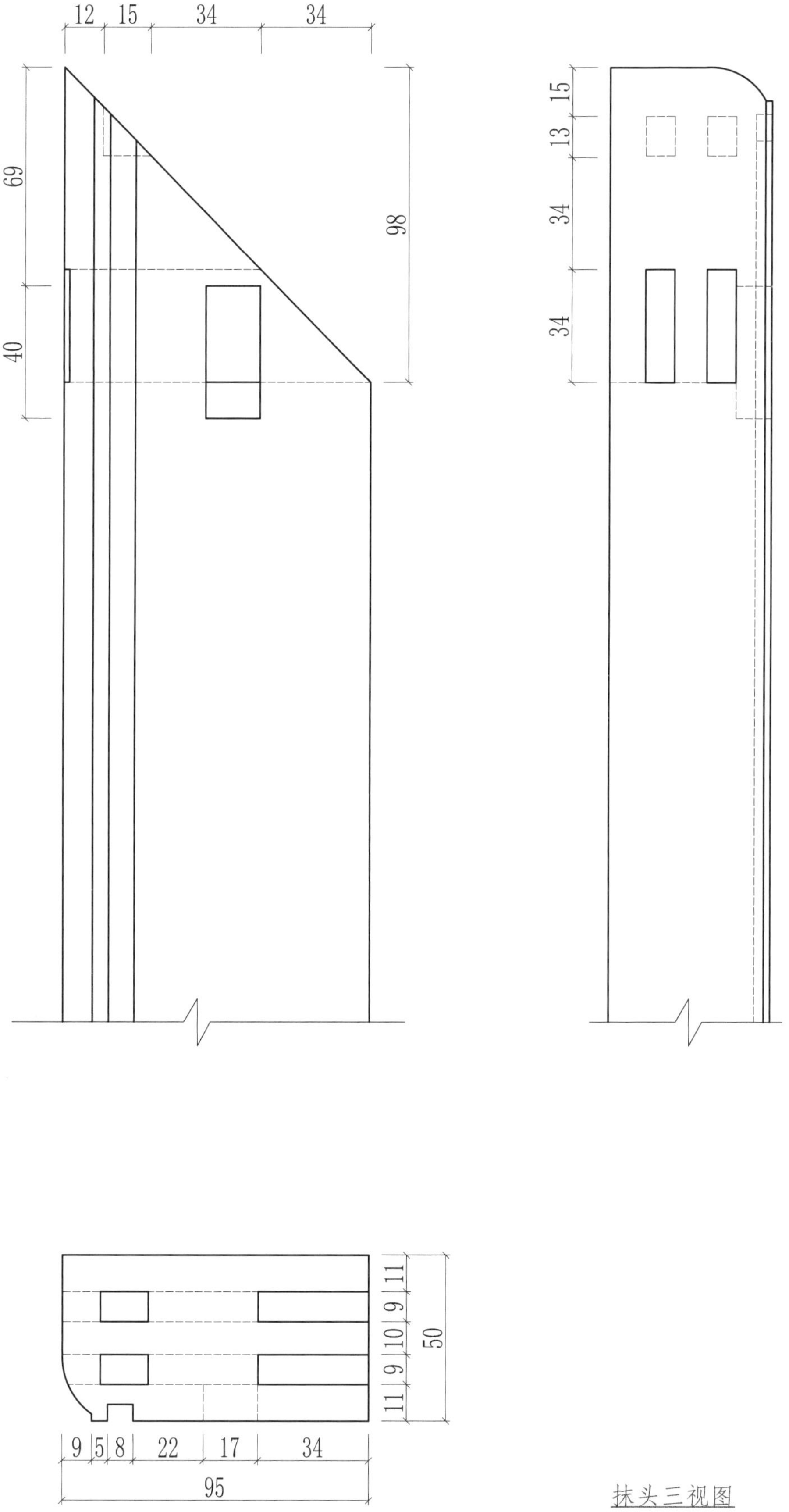

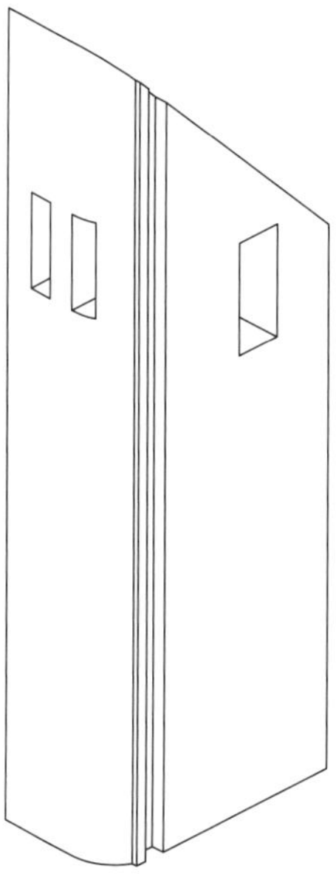

抹头透视图

正视图 左视图

俯视图

抹头三视图

比例：1：2

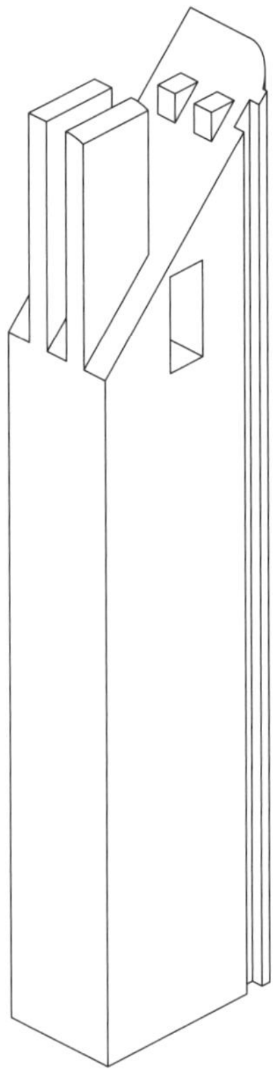

大边透视图

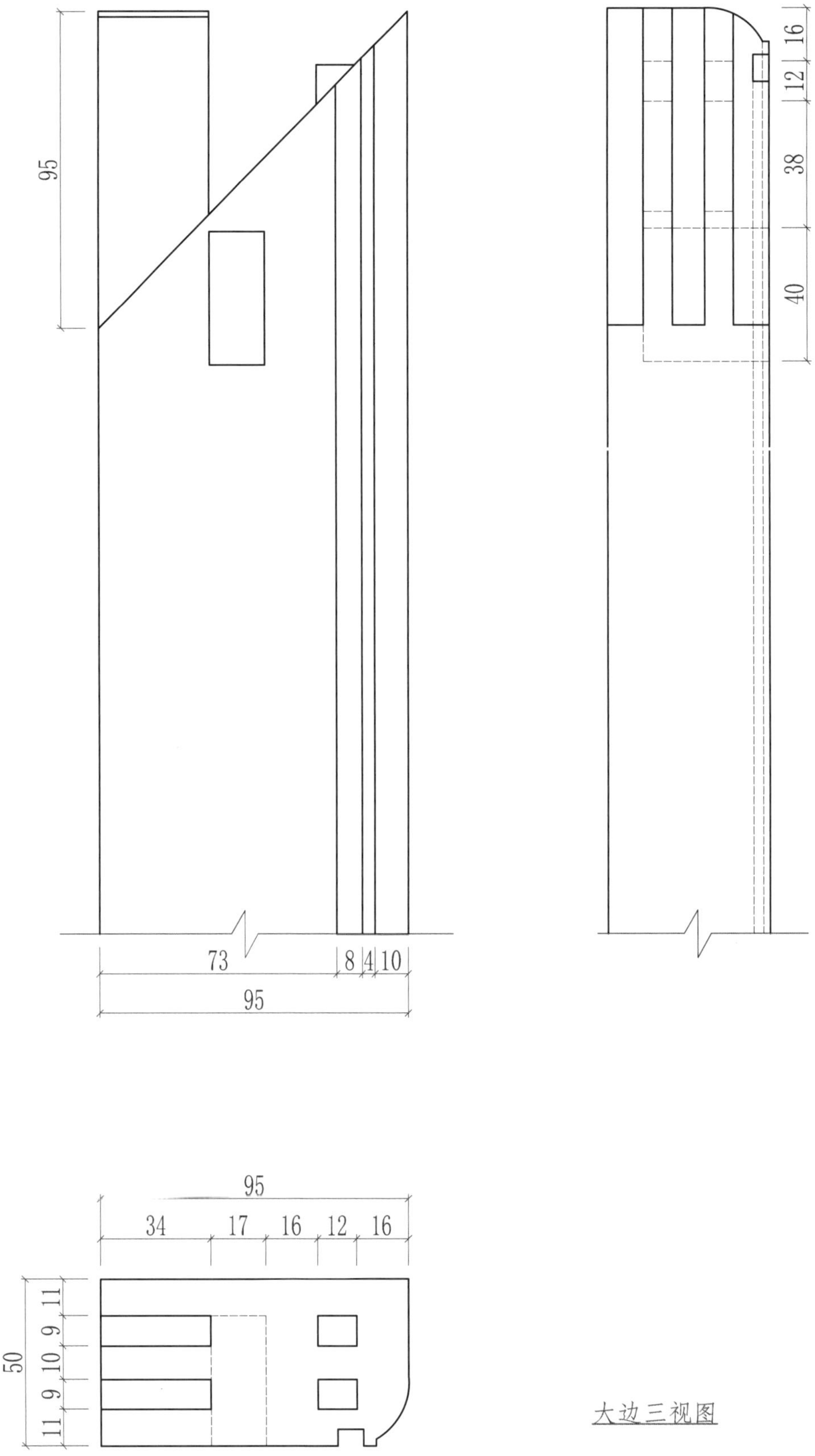

正视图 左视图

俯视图

比例：1：2

大边三视图

3）家具实例：清式酸枝木太师椅

清式酸枝木太师椅—整体图

清式酸枝木太师椅—细节图

图版清单（抱肩榫之五）：
整体结构示意图
拆分结构示意图
整体透视图
腿子透视图
牙板透视图
束腰透视图
托腮透视图
抹头透视图
大边透视图
腿子三视图
牙板三视图
束腰三视图
托腮三视图
抹头三视图
大边三视图
腿子俯视图—大样图
清式酸枝木太师椅—整体图
清式酸枝木太师椅—细节图

13. 抱肩榫之六

1）基本概念

牙板和腿齐肩接合是一种制作相对简单的榫卯结构，牙板出榫头，插入腿子的榫眼中，束腰与牙板两木分做，以栽榫与大边接合，再与腿子拍合。齐肩的造法有利于腿子肩处施加雕刻，以防格肩的拼缝破坏雕刻纹饰。

2）应用部位

适用于肩处有兽头雕刻的腿子与牙板、束腰的接合。

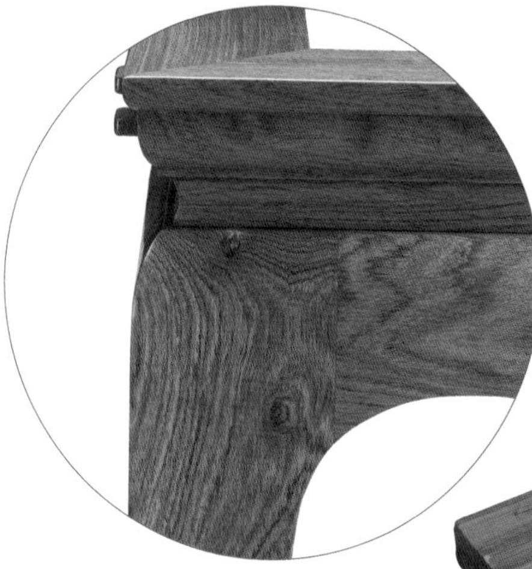

整体结构示意图

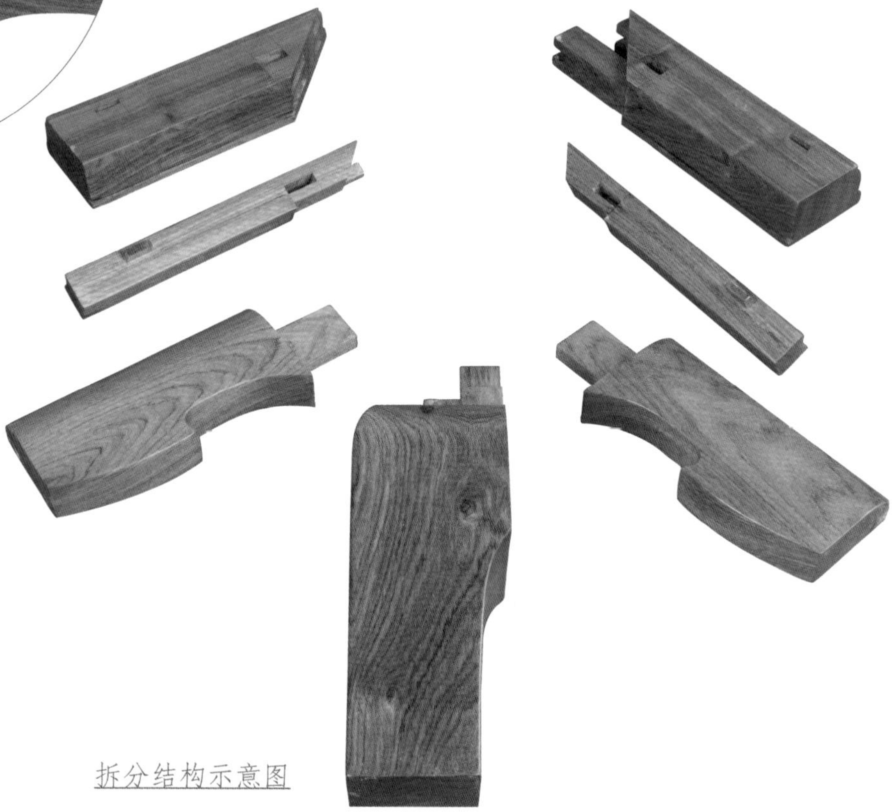

拆分结构示意图

【榫卯口诀】

牙板与腿齐肩接，
制作简单利雕刻。
牙板束腰两木做，
腿子要出四榫头。

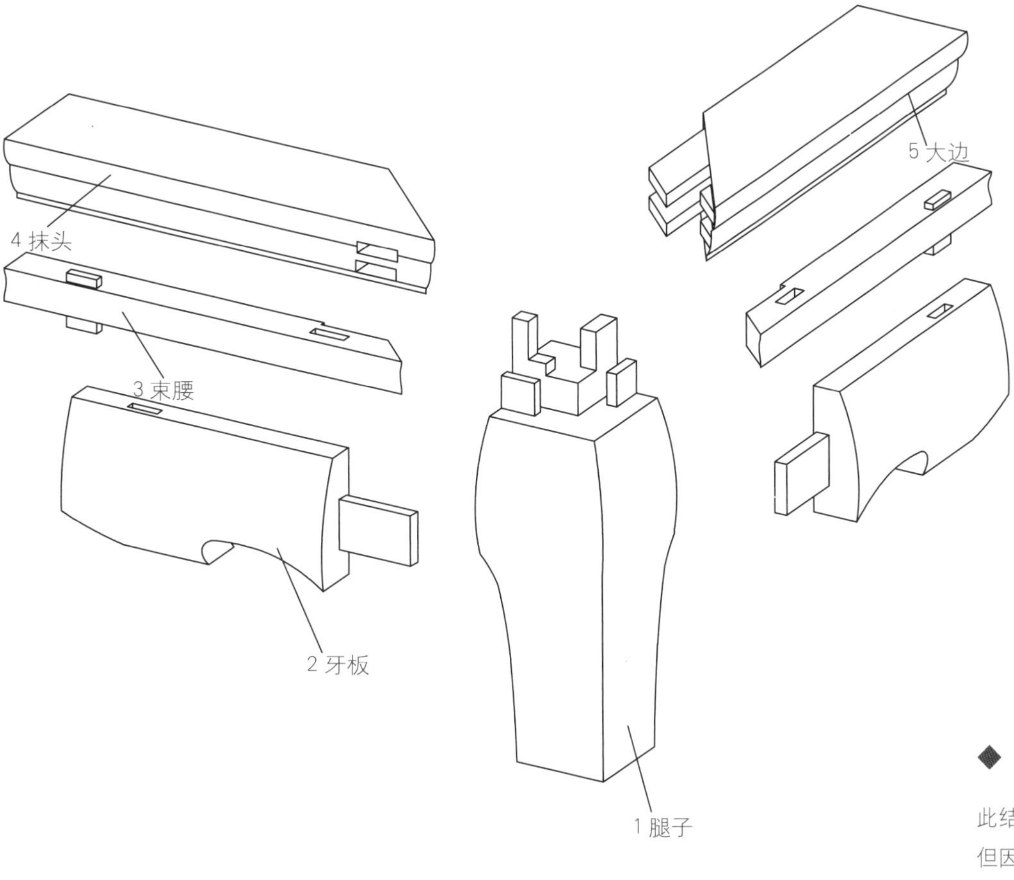

整体透视图

◆ 制作要点：

此结构制作相对简单，但因束腰与腿子是用榫头连接的，所以束腰要有一定的宽度。

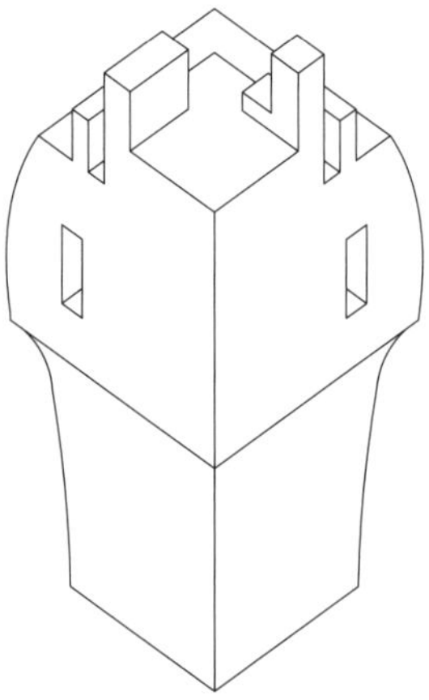

腿子透视图

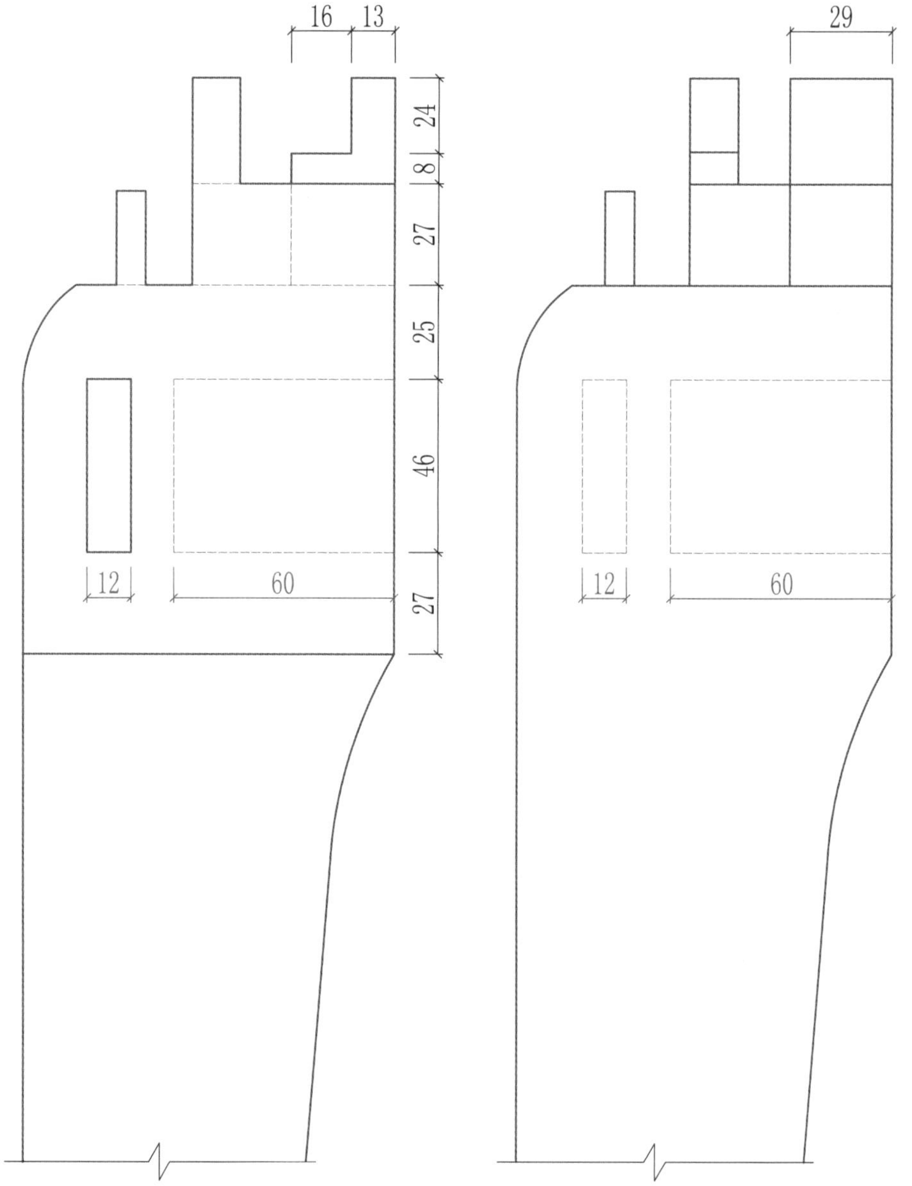
16
13
29
24
8
27
25
46
27
12
60
12
60

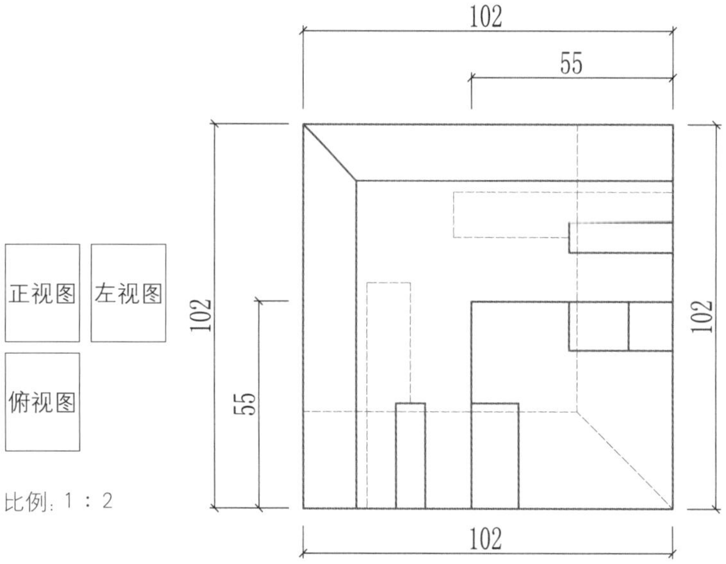
102
55
102
55
102
102
正视图
左视图
俯视图
比例：1 ： 2

腿子三视图

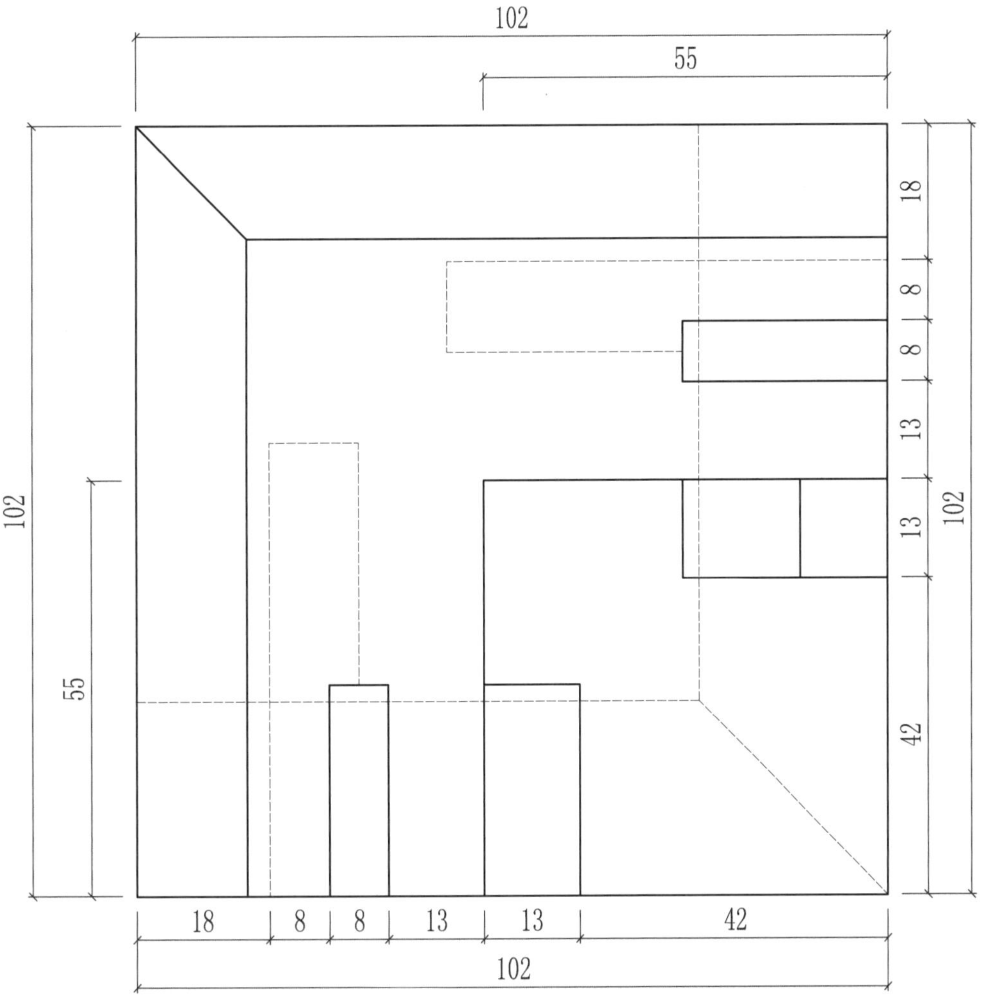

腿子俯视图—大样图

大样图比例：1：1

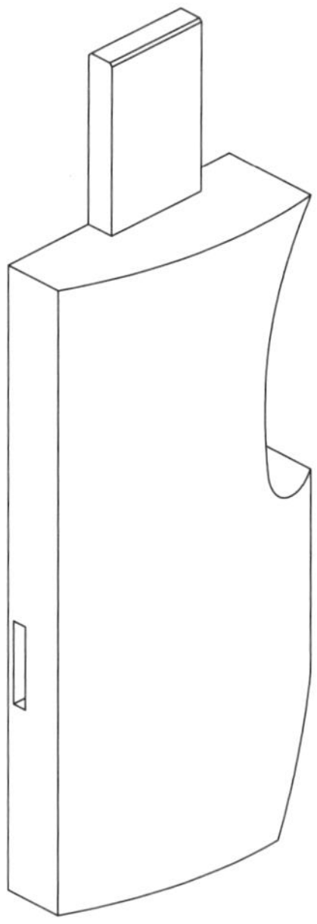

牙板透视图

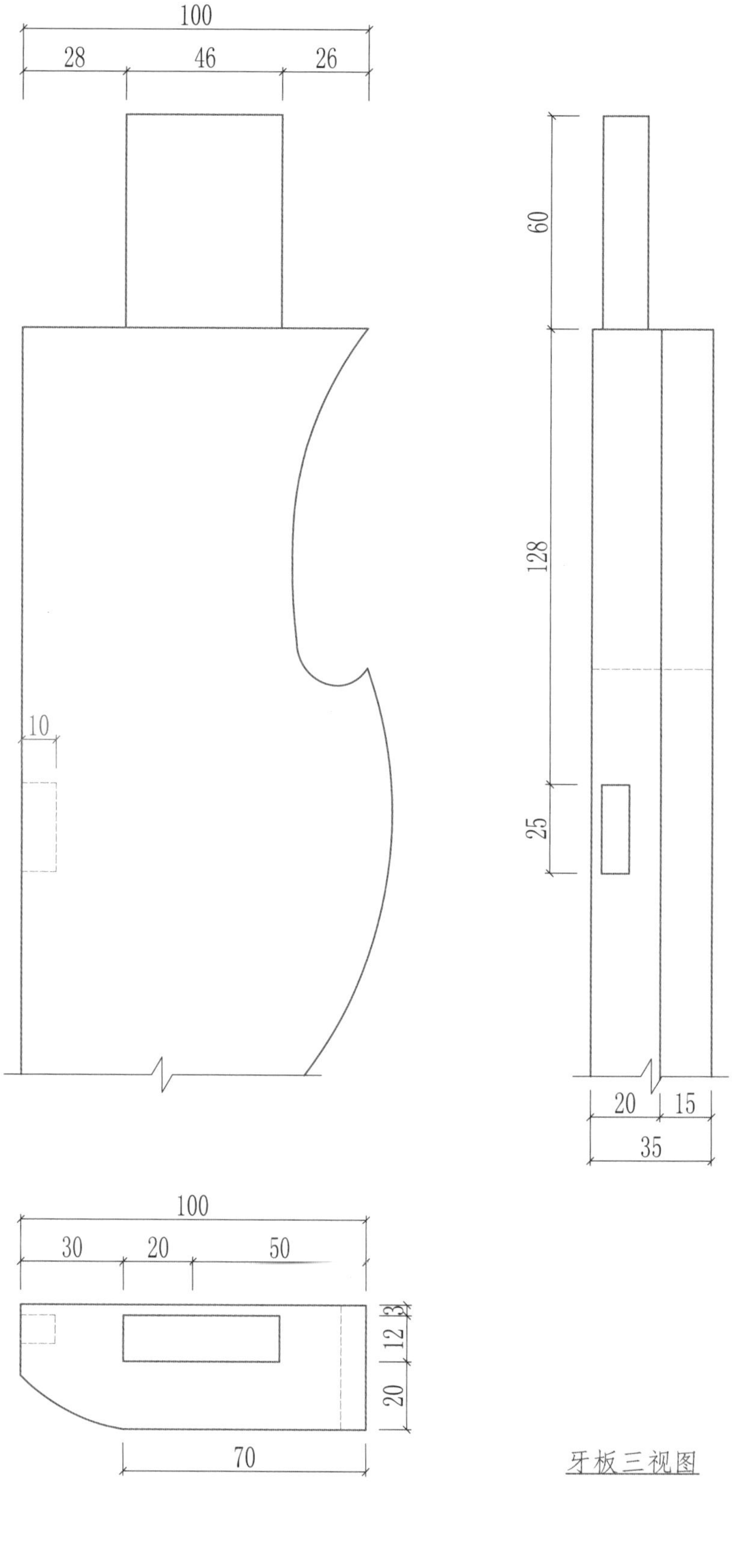

正视图 左视图

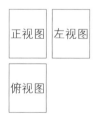

俯视图

比例：1：2

牙板三视图

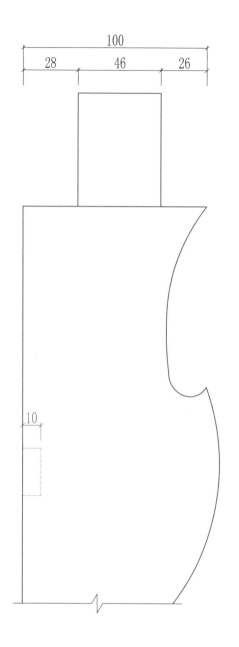

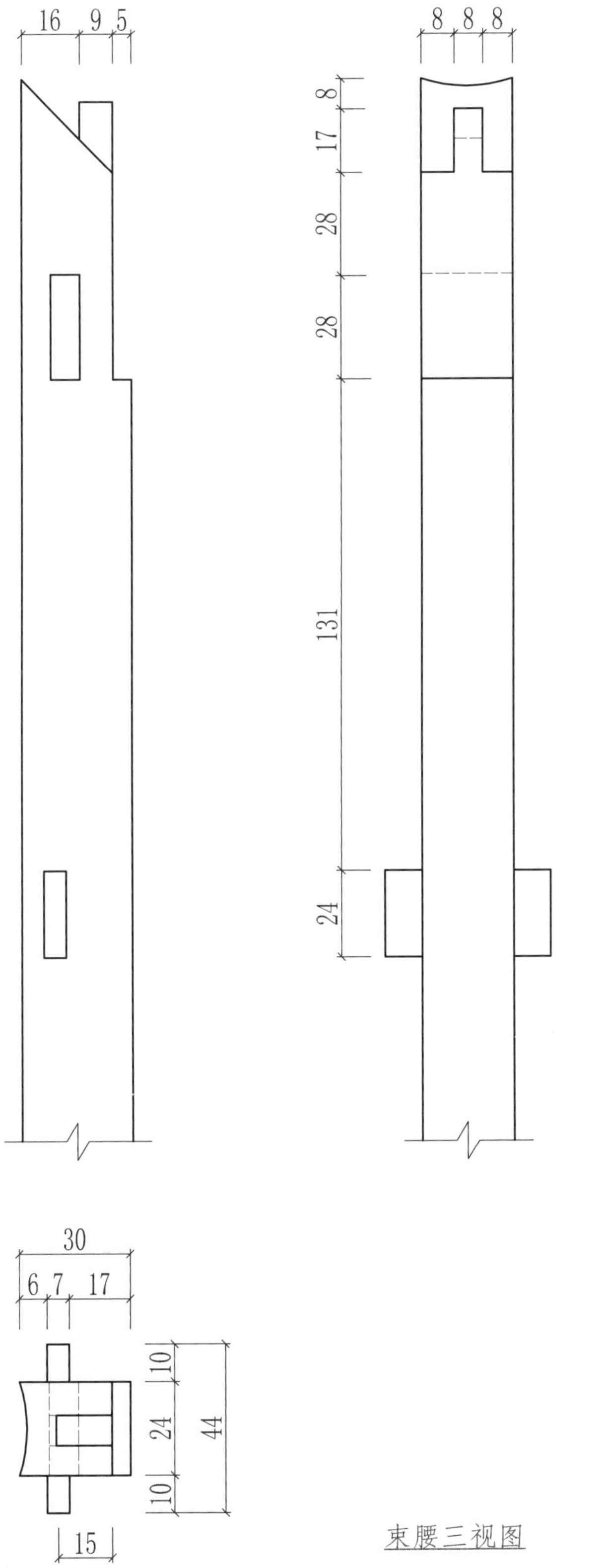

束腰三视图

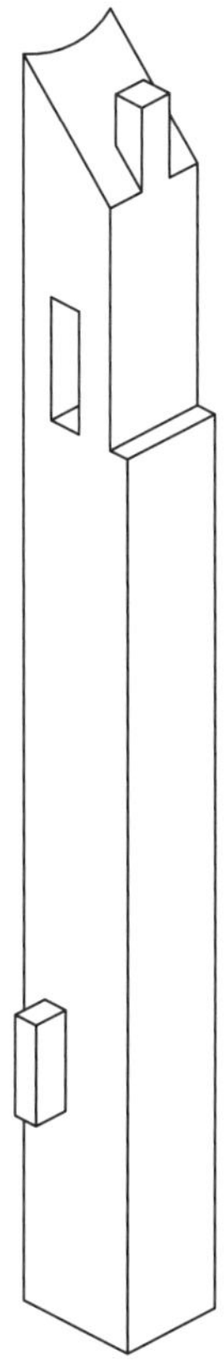

束腰透视图

正视图	左视图
俯视图	

比例：1：2

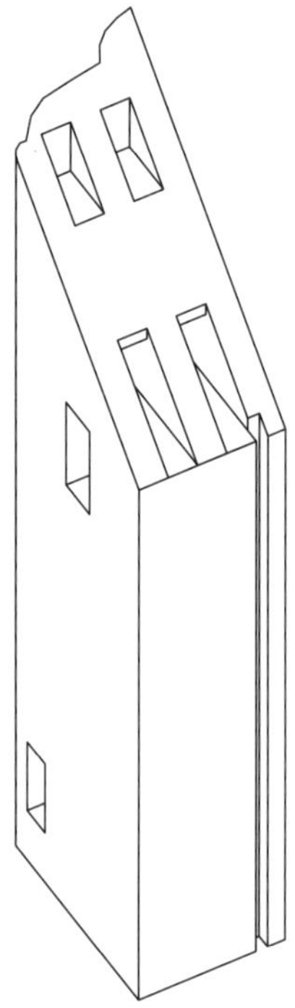

抹头透视图

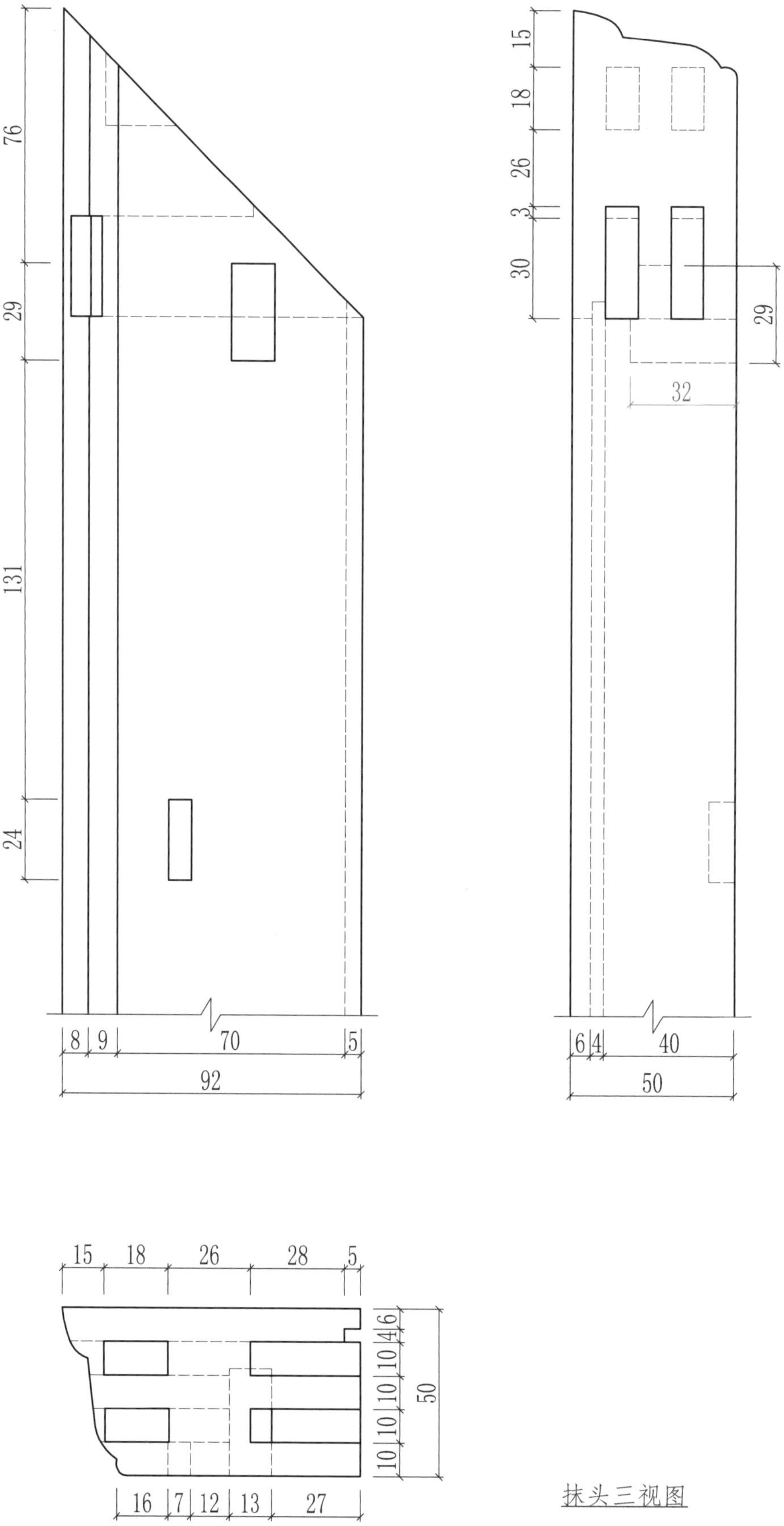

正视图 左视图

俯视图

比例：1 ：2

抹头三视图

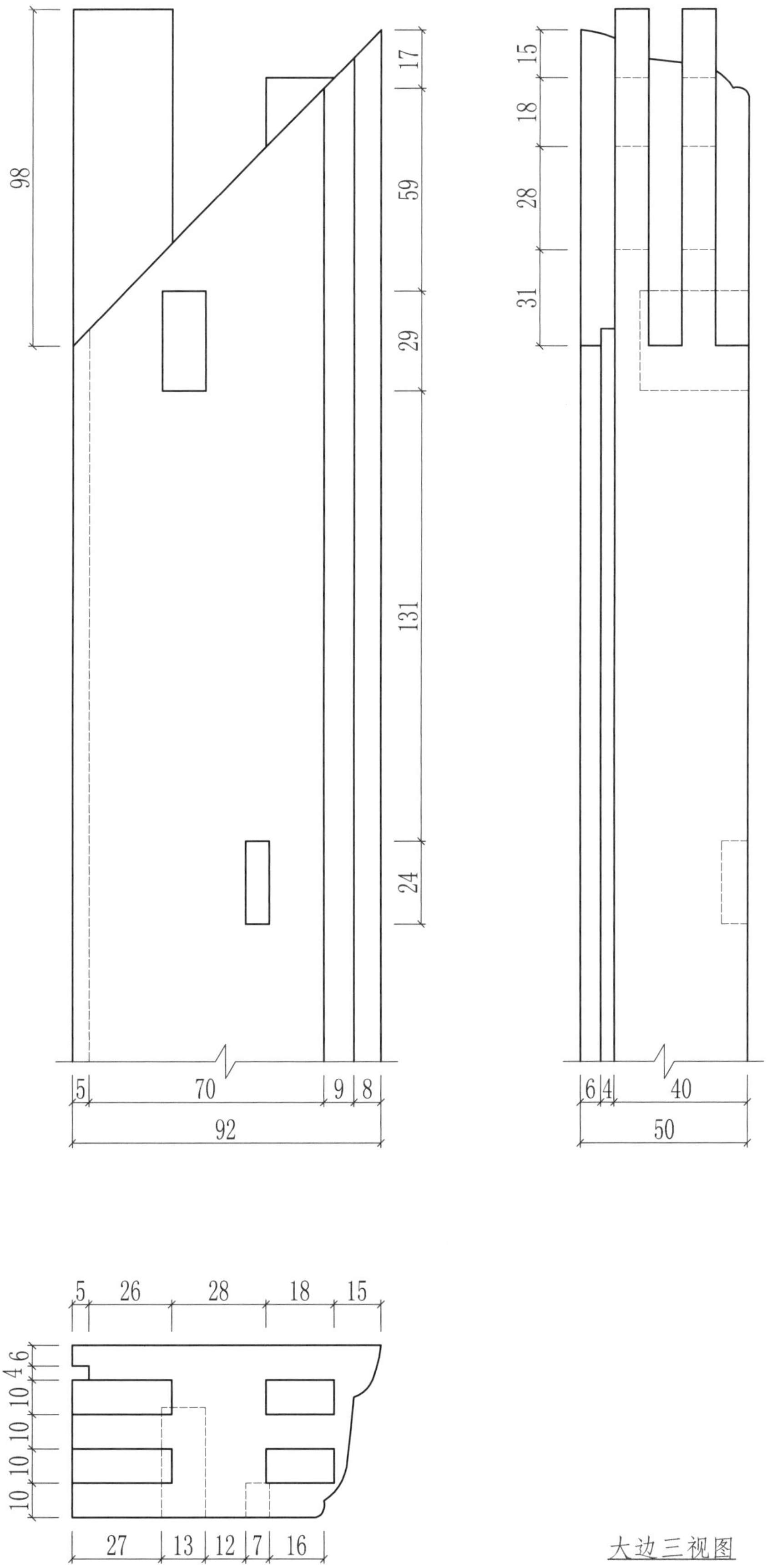

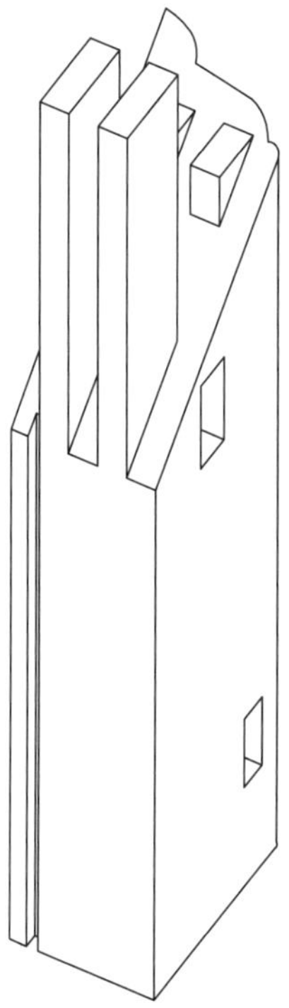

大边透视图

正视图	左视图
俯视图	

大边三视图

比例：1：2

3）家具实例：清式红酸枝龙纹罗汉床

清式红酸枝龙纹罗汉床—整体图

图版清单（抱肩榫之六）：

整体结构示意图
拆分结构示意图
整体透视图
腿子透视图
牙板透视图
束腰透视图
抹头透视图
大边透视图
腿子三视图
牙板三视图
束腰三视图
抹头三视图
大边三视图
腿子俯视图—大样图
清式红酸枝龙纹罗汉床—整体图
清式红酸枝龙纹罗汉床—细节图

清式红酸枝龙纹罗汉床—细节图